Think Patent & IP

4차 산업혁명 시대 특허전략 중심

특허경영 가이드 북

| 권기섭 · 전삼현 공저 |

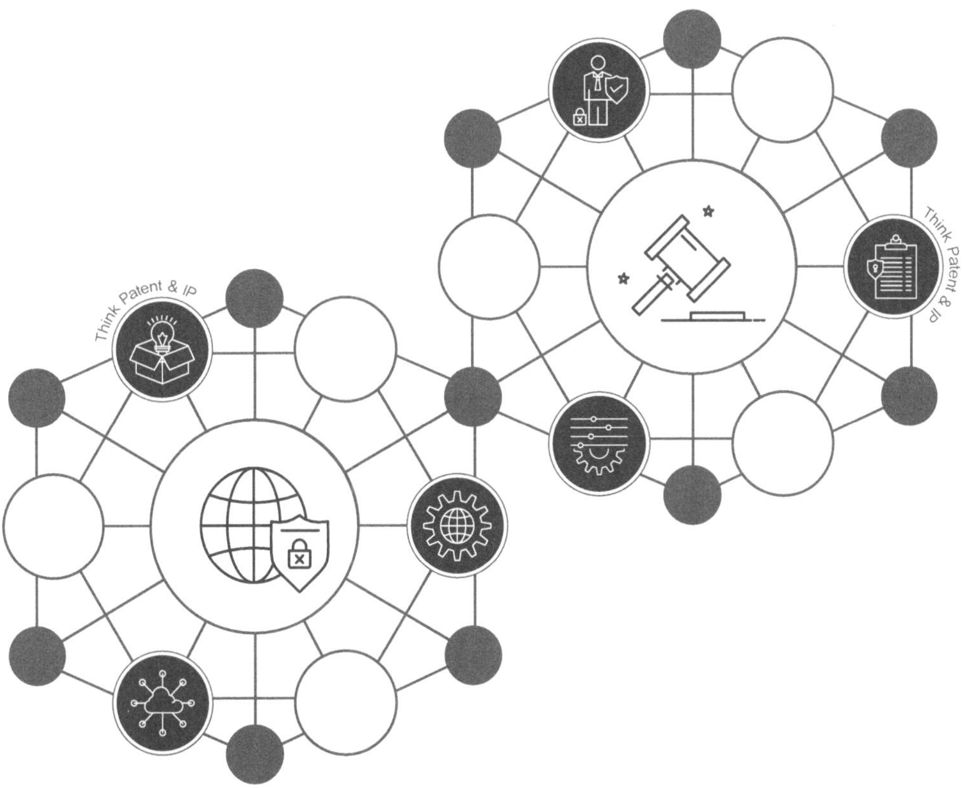

화산미디어

서 문

최근 화두는 4차 산업혁명 시대에 디커플링[1]에서 디리스킹,[2] 기술패권 격화 등 급변하는 환경에서 국가나 기업들은 미래시장 선점을 위해 치열하게 기술 경쟁력을 확보하려고 고군분투하는 것이 아닐까 생각된다. 이렇게 확보된 기술을 보호하기 위한 특허의 중요성은 나날이 증대되고 있고 국가나 기업의 생존 여부와 직결되고 있는 것이 오늘의 현실이다.

B사는 레이저 프린터 부품 생산업체로 매출 규모 600억 원까지 성장했으나, C사로부터 특허소송을 당한 이후 만원에 매각되었다.[3]

세기의 소송이라고 불린 국내 배터리 제조업체 간의 미국 ITC[4] 소송은 2조원의 거액의 합의금으로 마무리되었다.

왜 미국에서 소송을 제기했을까?

지식재산의 가치, 신속한 결정(미국 ITC는 1년 이내에), 미국에서 생산, 판매(시장의 크기), 영업비밀(전직을 통한 기술정보 유출), 디스커버리(Discovery) 제도,[5] 글로벌 배터리 제조업체들에 대한 엄중 경고 등도

---

1) 한 국가의 경제가 인접한 국가 또는 전반적인 세계의 흐름과는 달리 독자적으로 움직이는 현상을 말하며, 또한 경쟁 혹은 적대세력과의 관계 단절을 의미한다.

2) 적대적이지 않은 관계를 유지하면서 위험요소를 점차 줄여나가는 것을 의미하는데, 특정국가에 대한 과도한 경제적 의존을 낮춰 이로 인해 발생할 수 있는 위험요소를 줄이자는 의미이다.

3) 전자신문 2014년 7월 31일 3면

4) USITC, United States International Trade Commission, 관세법 337조에 따라 미국의 지식재산권을 침해하는 수입행위를 제한한다. 디스커버리(Discovery) 제도가 있고 기간은 1년을 넘지 않는다.

5) 디스커버리(Discovery, 증거개시제도) : 특허소송에서 소송과 관련한 모든 증거를 확보하고 재판을 진행하는 제도, 소송당사자는 소송이 제기될 것으로 예상되는 시점에서 모든 관련 증거를 그대로 놔둬야 한다. 합리적인 이유 없이 상대방이 요구

있지만, 특허로 보호되는 기술을 무단사용하는 것에 대해 무겁게 처벌하는, 지식재산권이 존중받는 나라가 아닐까 조심스럽게 답을 하면서 특허를 다시 한번 생각하게 된다.

개발된 기술을 사업화하는 방법으로는 자체적으로 개발된 기술을 생산하고 판매하는 것과 생산하고 판매할 수 있는 곳으로 기술을 이전하는 것이다. 자유롭게 그 기술을 사용할 수 있는 것은 특정기술을 인식하고 활용할 수 있는 기술력과 그 특정기술을 활용할 수 있는 권리를 함께 갖추었을 때만이다.

의류관리기는 'LG 스타일러'와 '삼성 BESPOKE 에어드레서'가 대표적으로 제품화되어 있다. 2011년 LG는 스타일러를 개발하고 지금까지 200건이 넘는 특허를 확보하여 후발주자의 진입을 견제해 왔다. 삼성은 2018년에 의류관리기를 시장에 출시했다. 이러한 삼성의 출시 시기에 대해 여러 가지 요인이 있겠으나, 양사가 의류관리기에 적용한 기술을 보면 짐작이 가는데, LG의 특허로 인해 삼성이 기술개발하는 데 많은 시간과 노력이 들었음을 알 수 있다. LG는 행어를 흔들어 옷의 먼지를 제거하지만 삼성은 제트에어를 공급하여 옷의 먼지를 털어내는 방식이다. 또한 LG는 물통에 물을 끓여 내부에 스팀을 공급하고 저온에서 습기를 제거하는 기술을 채택한 반면 삼성은 파이프에 열을 가해 스팀을 공급하고 외부 공간을 제습하는 방식을 채택한 것이다.[6] 후발주자인 삼성은 LG가 깔아

하는 자료를 주지 않고, 삭제, 변조하거나 거짓 자료를 제출하다 적발되면 판사가 제재를 할 수 있다. 판사는 증거개시를 제대로 하라고 명령을 할 수 있고, 증거제출명령에 따르지 않는 측의 주장을 받아들이지 않거나, 상대방 주장을 그대로 인용할 수 있다. 고의로 증거를 훼손하거나 제출하지 않을 경우 그대로 패소 판결을 내릴 수 있다. 삭제한 전자문서 증거는 포렌식을 통해 복구한 후 제출하도록 명령할 수 있다. 상대방 변호사가 현장조사를 하고, 제3자를 소환해 신문하고 증거를 제출하도록 할 수도 있다.

6) LG 스타일러 홈페이지, 삼성 BESPOKE 에어드레서 홈페이지

놓은 특허를 회피하여 특허침해가 발생되지 않도록 기술개발 전략을 수립하고 실행한 것이다.

일본의 수출규제[7]에 의해 촉발된 반도체, 디스플레이, 배터리 등 해외 의존도가 높은 소재 · 부품 · 장비의 공급망 안정화에 대한 노력은 민관산학연 모두 여전히 진행 중이다.

당시 일본은 소재 · 부품 · 장비 기술은 특허 선점으로, 생산 · 공정 노하우는 영업비밀보호로, 이를 통해 소재 · 부품 · 장비 공급망을 장악하고 후발주자의 추격을 차단하는, 소재 · 부품 · 장비 분야에서 단단한 장벽을 구축하고 있었다.

소재 · 부품 · 장비 등에서 이를 해소하기 위한 많은 노력을 하였고 그의 결과로 성과도 많았지만, 여전히 가야 할 길이 먼 것이 현실이다.[8]

지금까지 한 것을 특허 측면에서 소개하면, 기술자립의 핵심은 IP-R&D(특허기반 연구개발 전략)를 통한 특허장벽을 극복하는 것이다. 경쟁사 특허를 분석하고 기술자립을 위한 기술개발 정보를 획득하며, 특허분쟁 가능성을 분석하고 대응전략을 마련하여 기술자립을 추진하는 것이다. 해외국가의 핵심기술에 대한 노하우를 파악하여 R&D 성공률을 극대화하고, 또한 대체기술을 해외로부터 도입하고 확보하며, 선점된 특허를 회피하거나 우회하는 전략과 함께 무효화하는 등 다각적인 전략추진이 핵심이다.

기술을 확보하는 것은 물론 그 기술에 대한 특허를 확보하는 것이 중

7) 2019년 7월 4일, 일본수출규제, 3개 품목(플루오르폴리이미드, 포토레지스트, 에칭가스(HF))에 대해 수출 간소화 등 우대조치 폐지로 수출 신청 · 심사 90일 소요 또는 수출 불허 가능성도 있음
8) 권동준, 김지웅, 박소라, 전자신문 2023년 1월 1일, 신년기획-반.디.배 공급망 진단...여전히 먼 소부장 독립

요하다. 또한 그 기술과 관련하여 이미 존재하는 특허권이 있다면 이에 대한 철저한 대응방안을 마련하는 것도 중요하다. 따라서 기술을 개발할 때부터 기술 사업화를 염두에 두고 체계적인 특허전략을 수립하여 실행해야 한다.

본서가 4차 산업혁명 시대에 특허전략 중심의 특허경영을 하는 데 도움이 되길 바라는 마음이다.

목 차

1. 4차 산업혁명 시대 특허전략 중심의 특허경영

1. 특허전략 중심의 특허경영 ······ 14
2. 기술보호방안 ······ 17
3. 영업비밀 ······ 20
4. NPE(특허관리기업) ······ 22

2. 강한 특허를 어떻게 획득할 것인가

1. 특허로부터 무엇을 얻으려고 하는가. ······ 26
2. 원하는 것을 얻기 위해서는 특허는 어떠해야 하는가 : 강한특허 ··· 29
3. 강한특허를 어떻게 획득할 것인가. ······ 38

3. 특허등록 가능성 검토

1. 자연법칙을 이용한 기술적 사상인가. ······ 57
2. 산업상 이용할 수 있는 것인가. ······ 61
3. 새로운 발명인가. ······ 62
4. 기존 기술보다 진보한 것인가. ······ 65
5. 명세서에 발명이 구체적으로 기재되고 청구범위는 명확한가. ······ 73
6. 가장 먼저 출원하였는가. ······ 76
7. 파라미터발명의 특허등록 가능성 검토 ······ 78

4. 특허정보를 어떻게 얻고 활용하는가

1. 특허정보는 무엇인가. ······ 90
2. 가치가 있고 유용한 특허정보는 어떻게 얻는가. ······ 95
3. 특허정보를 어떻게 활용하는가. ······ 103

5. 특허명세서는 어떻게 작성하는가

1. 특허명세서의 역할과 구성은 무엇인가. ········ 108
2. 특허명세서는 어떻게 작성하는가. ········ 110
3. 강한특허는 어떻게 설계하는가. ········ 114
4. 특허포트폴리오는 어떻게 설계하고 구축하는가. ········ 121

6. 특허출원부터 등록까지 효율적 관리

1. 특허출원부터 공개까지 관리 ········ 125
2. 실체심사 대응 및 관리 ········ 136
3. 특허등록 후 관리 ········ 144

7. 해외특허출원전략

1. 해외출원 여부 및 출원 국가의 결정 ········ 152
2. 해외출원의 방법 ········ 154
3. 해외출원전략 ········ 157
4. 특허심사하이웨이 (Patent Prosecution Highway, PPH) ········ 162

8. 특허활용전략(1) : 특허권자의 공격전략

1. 특허권자의 공격전략 ········ 166
2. 특허침해 판단 ········ 169

9. 실시자의 방어전략

1. 분쟁예방전략 ········ 178
2. 경고장 검토 및 유의사항 ········ 185

10. 특허포트폴리오 설계 및 구축 전략

1. 특허포트폴리오 ······ 188
2. 특허포트폴리오 설계, 구축 및 활용 ······ 192

11. 특허분석을 통한 연구개발(R&D) 방향 제시 전략

1. 기존사업의 기술 갭 극복(Catch-up) 방안 ······ 202
2. 신규사업 도출 및 기술확보방안 ······ 206

12. 특허활용전략(2)

1. 특허가치평가 ······ 220
2. 기술성 평가 관점 기업가치 향상 ······ 227
3. 기술이전 및 라이선싱 ······ 230
4. IP 금융 ······ 233

첨 부

지식재산권 ······ 238
산업재산권 ······ 239
신지식재산권 ······ 241
저작권 ······ 243
직무발명 ······ 253
특허법 ······ 255

01

4차 산업혁명 시대 특허전략 중심의 특허경영

1. 특허전략 중심의 특허경영
2. 기술보호방안
3. 영업비밀
4. NPE(특허관리기업)

1. 특허전략 중심의 특허경영

오늘날 기업이 당면한 현실은 시장과 경쟁환경이 변화하고 있고, 고객니즈가 다양화. 세분화되고 있으며 기술 또한 융복합화 되는 등 시장환경의 변화로 인해 경쟁에서 생존하고 이익을 창출하기 어려운 상황이다.

이를 타개하고 지속적인 성장과 이윤 창출을 위해 기업들은 앞다투어 기술경영을 하고 있다.

기업이 지속적으로 생존하기 위해서는 기업 생존 부등식[1]인 가치(Value) 〉 가격(Price) 〉 원가(Cost)의 부등식을 성립시켜야 한다는 것으로서, 소비자가 느끼는 제품의 가치(value)가 가격(price)보다 크고, 또 가격은 생산자가 부담하는 원가(cost)보다 커야 한다는 것이다.

기술경영은 가치를 창출하고 상승시키기 위한 신규사업개발(신규사업개발에 필요한 핵심기술과 제품을 창조하는 활동)과 원가를 지속해서 낮추는 활동인 기존사업의 경쟁력을 강화하는 것이 핵심이다.

기술경영은 사업전략, 기술전략, 지식재산(IP, Intellectual Property) 전략이 유기적인 체계로 운영되어야 시너지를 창출할 수가 있다.

사업전략은 어떤 제품을 어느 시장에서 팔 것인가가 주요 활동이라면, 기술전략은 사업전략에서 필요한 제품과 관련된 기술을 언제까지 어떻게 확보하는 것이 주된 활동이고, 지식재산(IP) 전략은 사업전략과 기

---

1) 한양대 윤석철 석좌교수 저서 "프린시피아 매네지멘타(Principia Managementa)"

술전략을 전폭적으로 지원하기 위해 필요한 IP를 창출하고 보호하고 활용하는 것이 핵심적인 활동이다.

기술전략은 사업전략에서 필요한 제품과 관련된 기술을 언제까지 어떻게 확보하는 것이 주된 활동이라고 했는데, 특정기술을 인식하고 활용할 수 있는 기술력만으로 그 기술을 온전히 자유롭게 사용할 수 있는 것은 아니다.

그 이유는 특허권은 발명을 출원하여 등록한 주체에게 해당 청구항에 명시된 특정기술을 일정기간 동안 배타적으로 사용할 수 있는 권한을 부여하기 때문이다. 따라서 자유롭게 그 기술을 사용할 수 있는 것은 특정기술을 인식하고 활용할 수 있는 기술력과 그 특정기술을 활용할 수 있는 권리를 함께 갖추었을 때만이다.

이러한 활동이 특허경영이다. 즉 특정기술을 인식하고 활용할 수 있는 기술력과 그 특정기술을 활용할 수 있는 권리를 함께 갖추는 것이다.[2)]

특허경영의 주요내용 및 책의 구성을 함께 살펴본다.

첫째는 특허 리스크 검증 및 대응 방안 수립 전략이다.

특허침해판단, 핵심특허도출 및 대응전략수립을 중심으로 살펴본다. 특허침해판단은 구성요소가 완비되어 있는가, 균등범위 내에 있는가, 출원인이 의도적으로 배제한 것인가 등을 검토하여 판단하며, 이렇게 도출된 핵심특허는 비침해논리, 무효화논리, 회피설계 등을 통해 대응방안을

---

2) 박규호, 지식재산연구 제6권 제4호(2011. 12), 전략적 특허경영의 구조와 주요 이슈에 대한 개념적 고찰, 189쪽

수립한다. 제8장, 제9장에서 설명한다.

둘째는 특허정보활용 및 IP 중심 R&D 방향 제시 전략이다.

특허정보활용은 특허정보, 특허검색, 특허정보분석 및 활용 중심이고, 또한 IP 중심 R&D 방향 제시는 시장요구를 반영한 차별화된 제품개발 방향 제시로서 제4장과 제11장에서 설명한다.

셋째는 강한특허 창출 및 특허포트폴리오 구축 전략이다.

강한특허 창출은 특허창출 및 강한특허 설계, 선행기술조사 및 특허성 판단, 명세서 작성 등을 중심으로 제2장~제5장에서 설명한다.

특허포트폴리오 구축은 특허포트폴리오 설계와 구축으로 제10장에서 설명한다.

넷째는 특허활용 전략이다.

특허활용은 특허권자의 공격전략을 먼저 알아보고, IP금융, 기술거래 및 라이선싱, 특허가치평가에 대해서도 살펴본다. 제8장, 제12장에서 설명한다.

다섯째는 IP 인프라 구축 전략이다.

직무발명보상제도, 영업비밀관리, DB 구축, 경쟁사 모니터링 시스템 구축 등에 대해 제1장, 제4장에서 설명한다.

2. 기술보호방안

연구개발 등을 통해 확보한 기술을 보호하는 방안은 특허 또는 영업비밀이 있다. 특허는 그 기술 내용을 공개하는 대가로 그 기술에 대해 출원일로부터 20년 동안 독점 · 배타권을 부여하는 반면, 영업비밀은 기술상 또는 경영상 정보가 비밀로 유지되는 한 보호기간에 제한이 없다.[3)]

구분	특허	영업비밀
대상	기술(기술적 사상, 기술 그 자체)	기술상 정보(노하우), 경영상 정보
보호 요건	신규성, 진보성, 산업상 이용가능성	비공지성, 비밀관리성, 경제적 유용성
기술 공개	특허 출원 또는 등록 후, 기술 공개	비공개
절차	특허청에 특허를 출원하고, 심사관의 심사를 거쳐 특허등록	신청, 심사, 등록 등 관청에 별도 절차 진행 불필요
보호 기간	특허출원일부터 20년	기간 제한 없음 (비밀 관리 시, 영원히 보호)
비용	국가별로 특허 출원, 등록 및 유지 비용 필요	직접 비용 불필요
보호 지역	특허가 등록된 국가	全세계 모든 국가[4)](WTO 회원국)
권리 행사	독점·배타적으로 권리 행사 (추후 독자 개발한 경우에도 특허침해 성립)	추후 독자 개발, 역설계·분석 등으로 기술 취득 시 영업비밀 침해 미성립

[그림 1] 특허와 영업비밀 비교[4)]

3) 특허청, 기술보호 최적화를 위한 지식재산 믹스(IP-MIX) 전략 매뉴얼, 9~11쪽
4) 특허청, 기술보호 최적화를 위한 지식재산 믹스(IP-MIX) 전략 매뉴얼, 5쪽
TRIPs 협정(Agreement on Trade-Related Aspects of Intellectual Property

기술을 효과적으로 보호하기 위해 특허와 영업비밀을 상호 보완적으로 활용할 수 있는데, 특허와 영업비밀 중 어느 하나를 선택할 수도 있고, 특허와 영업비밀을 함께 활용할 수도 있으며, 기술을 방어적으로 공개하거나 일반자료로 관리하는 방법이 있다.

방어적 공개는 개발한 기술을 누구에게나 공개하는 것인데, 기술을 보호할 실익이 없어서 특허와 영업비밀 보호가 불필요하지만, 타인이 특허로 독점하거나 영업비밀로 보호하는 것을 방지하고 싶을 때 선택된다.

기술을 공개하는 방법으로는 학술지에 투고할 수 있고, 특허출원을 통해 18개월 후에 특허공개공보로 공개할 수도 있으며, 특허청 누리집에 있는 '인터넷 기술공지 자료실'을 이용할 수 있다.

일반자료로 관리는 특허나 영업비밀 보호가 모두 필요하지 않고, 타 기업이 그 기술에 대해 특허를 획득해도 상관없는 경우에 적용될 수 있다.[5]

기술을 보호하는 방법을 고려할 때 기술의 발달로 분해 등으로 역설계가 쉽고, 인력의 이동이 빈번하다는 점을 염두에 두어야 한다.

Rights) 제2부 제7절 제39조에서 '미공개 정보(Undisclosed Information)'를 지식재산권의 하나로 포함시키고 있다. 한편, TRIPs협정은 특허권 · 의장권(디자인보호권) · 상표권 · 저작권과 같은 지식재산권에 대한 최초의 다자간 규범이며, WTO(세계무역기구)협정의 부속협정으로 WTO 회원국 모두에게 적용된다.

5) 기술정보가 일반자료로 관리되는 경우 영업비밀로 보호받을 수는 없지만, 그 기술을 보유한 기업의 임직원 등이 다수의 사람들에게 공개되지 않은 영업상 주요자산인 기술정보를 유출한 경우 형법상 '업무상배임죄'에 해당될 수 있다. 특허청, 기술보호 최적화를 위한 지식재산 믹스(IP-MIX) 전략 매뉴얼, 11쪽

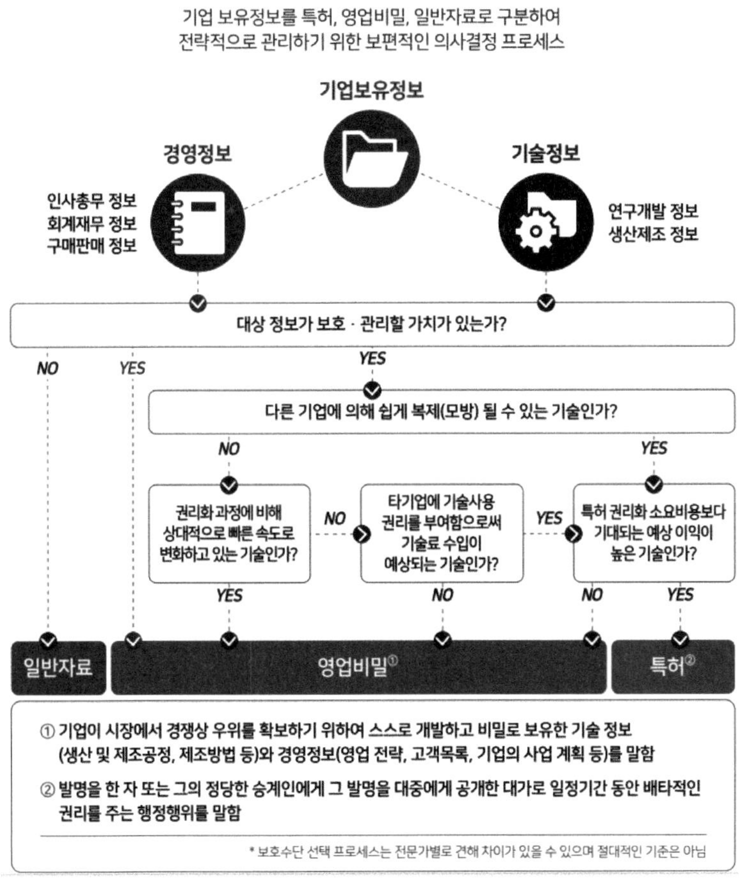

[그림 2] 기업 보유 기술 보호수단 선택 프로세스[6)]

6) 특허청, 기술보호 최적화를 위한 지식재산 믹스(IP-MIX) 전략 매뉴얼, 12쪽

3. 영업비밀

영업비밀을 좀 더 살펴보면, 영업비밀보호 요건으로 부정경쟁방지 및 영업비밀보호에 관한 법률 제2조 제2호에서는 '영업비밀'이란 공공연히 알려져 있지 아니하고 독립된 경제적 가치를 가지는 것으로서, 비밀로 관리된 생산방법, 판매방법, 그 밖에 영업활동에 유용한 기술상 또는 경영상의 정보를 말한다 라고 하여, 비공지성, 경제적 유용성, 비밀관리성을 말하고 있다.

다음은 경영정보의 사례로서 원가분석, 거래처 정보, 인사 · 재무관리 정보, 경영분석 정보, 경영전략, 마진율, 신규 투자 계획, 신제품 개발 · 생산 계획, 마케팅 · 판매 계획, 지역별 고객리스트, 연령별 또는 직업별 분류표, 대리점 · 영업점 영업자료, 그 회사의 독특한 기법을 담은 모든 매뉴얼 등이 있다.

그리고 기술정보는 주요 공장의 설계도면, 기계장치의 배치도, 생산라인 및 공정 설계도, 시제품의 성능 실험, 기계장치 시운전 데이터, 물질의 배합방법, 제품의 생산, 가공, 조립 또는 제조방법, 연구개발 보고서 및 데이터 등이 주요 사례들이다.

공공연히 알려져 있지 아니하고, 즉 비공지성[7)]은 공개된 간행물 등에 게재되지 않고 비밀상태이며, 보유자를 통하지 않고서는 입수할 수 없는 것을 말한다.

7) 2007도11409

독립된 경제적 가치를 가지는 것으로, 즉 경제적 유용성[8]은 기술상 또는 경영상 정보가 경제적 가치가 있어야 한다는 것이다. 경쟁사나 후발기업이 제품의 개발 · 제조에 참고할 만한 정보이기만 하면 경제적 유용성은 대부분 인정된다고 한다.

비밀로 관리된, 즉 비밀관리성[9]은 정보가 비밀이라고 인식될 수 있는 표시를 하거나 고지를 하고, 정보에 접근할 수 있는 대상자나 접근방법을 제한하여 비밀준수 의무를 부과하는 등 객관적으로 정보가 비밀로 유지 및 관리되고 있다는 사실이 인식 가능해야 한다고 한다.

8) 대법원 2008. 2. 15. 선고 2005도6223 판결
9) 비밀관리성이 '상당한 노력에 의하여 비밀로 유지'에서 '합리적 노력에 의하여 비밀로 유지'로 개정된 후 2019년 7월 9일부터 '비밀로 관리'로 완화되었다.

4. NPE[10](특허관리기업)

특정기술을 인식하고 활용할 수 있는 기술력과 그 특정기술을 활용할 수 있는 권리를 함께 갖추는 것이 특허경영이라고 했지만, NPE는 보유 특허권으로 직접 제조, 판매 등 생산활동을 하지 않고 특허권 행사(라이선스, 손해배상 소송)로 수익을 창출하는 기업으로 다른 특허경영 활동을 하고 있으며, 많은 기업들에게 경계의 대상이다.[11]

삼성전자를 대상으로 특허침해 소송을 제기한 '스크래모지테크놀로지'는 소송 제기를 위해 1년 전 무선충전 사업에서 철수하는 LG이노텍으로부터 응용 특허 123건을 50억 원 수준에서 무더기로 매입했다. 업계에서는 이번엔 피해를 주장하는 상품군의 매출 규모가 더 큰 만큼 보상 요구 금액도 6,000만 달러를 넘어설 것으로 보고 있다. LG이노텍 측은 "공개 입찰로 이뤄진 거래였다"면서 "매각 후 소송으로 인한 수익이 발생하더라도 LG이노텍이 공유하는 구조가 아니다"라고 설명했다.[12]

해외 특허관리기업(NPE)에 대한 특허분석 결과[13]를 보면, 소송에 사용한 특허들은 평균적으로 일반소송에 사용된 특허권보다 '피인용 수'와

---

10) NPE(Non Practicing Entity) : 특허관리금융회사, 특허괴물(Patent Troll), 생산활동을 하지 않은 채 확보한 특허를 바탕으로 소송, 라이선싱 등 방식으로 수익을 추구하는 단체

11) 특허청 보도자료 2023. 3. 23. '특허청, 우리기업 괴롭히는 해외 특허관리기업(NPE) 대응대책 발표'

12) 매일경제 2022. 2. 22. '이러려고 한국 기술 샀구나 ... 특허괴물, 한국기업 무차별 공격' NPE는 전체특허 중 9%를 보유한 특허괴물(NPE)이 소송을 통해 특허이익의 80%를 독식한다.

13) 특허청 보도자료 2023. 3. 23. '특허청, 우리기업 괴롭히는 해외 특허관리기업(NPE) 대응대책 발표'

‘다국가 출원 특허(패밀리특허) 수’가 월등히 높은 특징이 있고, 특허소송 전 사전작업으로 특허를 신규로 매입하거나 매입한 특허권의 권리범위를 재등록(Reissue)하는 경향이 있다. 미국에서의 소송을 기준으로 보면, 우리기업과 특허관리기업(NPE)의 특허분쟁의 약 85%가 정보통신과 전기전자 분야에 집중되어 있고,[14] 해외 특허관리기업(NPE)은 소송수익 극대화를 위해 다수기업을 동시에 공격하는 경향이 있다.[15] 이러한 특징을 바탕으로 철저한 방안을 강구하여 대응하는 것이 피해를 최소화하는 길이다.

그리고 대학 · 공공연의 특허가 부메랑 특허로 돌아오는 상황을 방지하기 위하여, 해외로 특허이전 시 국내기업에 대한 보호장치를 두도록 실무지침(국내기업 부제소 특약, 국내기업 제소 시 이전기관 동의 등의 계약 문구 제공)을 제공한다.[16]

14) 우리기업-NPE 분쟁은 정보통신 46%(284건), 전기전자 39%(239건)에 소송이 집중되어 있으며, 화학 · 바이오 분야 NPE 특허소송은 0건임.

15) 최근 5년(2018~2022) 동일한 NPE 특허로 다수 국내기업 공동 제소 사례 41건

16) 특허청 보도자료 2023. 3. 23. ‘특허청, 우리기업 괴롭히는 해외 특허관리기업(NPE) 대응대책 발표’

02

강한 특허를 어떻게 획득할 것인가

1. 특허로부터 무엇을 얻으려고 하는가.
2. 원하는 것을 얻기 위해서는 특허는 어떠해야 하는가 : 강한특허
3. 강한특허를 어떻게 획득할 것인가.

1. 특허로부터 무엇을 얻으려고 하는가.

1990년대 초 Altair(모토롤라)의 무선 LAN 기술은 실내 장애물들에 의한 다중경로 문제로 데이터 전송률이 떨어지는 것을 호주연방과학원(CSIRO)의 설리반 박사(John O'Sullivan)는 기존 무선 LAN기술에서 다중경로 문제를 해결하였다. 설리반 박사(John O'Sullivan)는 신호를 다수 채널로 패킷 전송하는 방식을 채택하고 미국,[1] 유럽, 일본 등에 특허 등록하였고, 1997년 IEEE 국제표준(IEEE 802.11a, 802.11g, 802.11n 표준)으로 채택되었다. 호주연방과학원(CSIRO)은 WiFi 기술로 전세계 기업들과 실시권 계약(License Agreement)을 맺고 특허수입(Licensing Revenue)으로 4억 3천만 달러 이상을 받았고 계속해서 협상을 진행하고 있다고 한다.[2]

1) 미국 특허 5,487,069
2) www.csiro.au

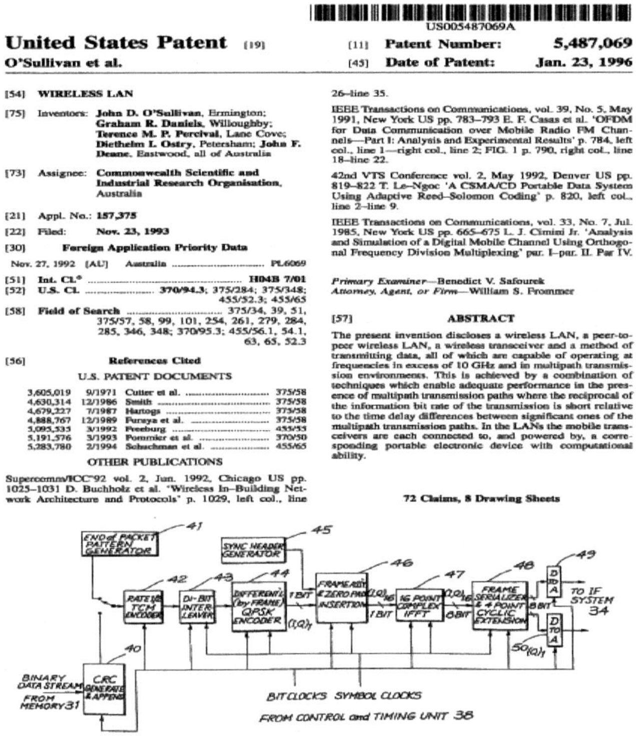

US005487069A

United States Patent [19]
O'Sullivan et al.

[11] **Patent Number: 5,487,069**
[45] **Date of Patent: Jan. 23, 1996**

[54] **WIRELESS LAN**

[75] Inventors: **John D. O'Sullivan**, Ermington; **Graham R. Daniels**, Willoughby; **Terence M. P. Percival**, Lane Cove; **Diethelm I. Ostry**, Petersham; **John F. Deane**, Eastwood, all of Australia

[73] Assignee: **Commonwealth Scientific and Industrial Research Organisation**, Australia

[21] Appl. No.: **157,375**

[22] Filed: **Nov. 23, 1993**

[30] **Foreign Application Priority Data**

Nov. 27, 1992 [AU] Australia PL6069

[51] **Int. Cl.**[6] **H04B 7/01**
[52] **U.S. Cl.** **370/94.3**; 375/284; 375/348; 455/52.3; 455/65
[58] **Field of Search** 375/34, 39, 51, 375/57, 58, 99, 101, 254, 261, 279, 284, 285, 346, 348; 370/95.3; 455/56.1, 54.1, 63, 65, 52.3

[56] **References Cited**

U.S. PATENT DOCUMENTS

3,605,019	9/1971	Cutler et al.	375/58
4,630,314	12/1986	Smith	375/58
4,679,227	7/1987	Hartogs	375/58
4,888,767	12/1989	Furuya et al.	375/58
5,095,535	3/1992	Freeburg	455/53
5,191,576	3/1993	Pommier et al.	370/50
5,283,780	2/1994	Schuchman et al.	455/65

OTHER PUBLICATIONS

Supercomm/ICC'92 vol. 2, Jun. 1992, Chicago US pp. 1025–1031 D. Buchholz et al. 'Wireless In–Building Network Architecture and Protocols' p. 1029, left col., line 26–line 35.

IEEE Transactions on Communications, vol. 39, No. 5, May 1991, New York US pp. 783–793 E. F. Casas et al. 'OFDM for Data Communication over Mobile Radio FM Channels—Part I: Analysis and Experimental Results' p. 784, left col., line 1—right col., line 2; FIG. 1 p. 790, right col., line 18–line 22.

42nd VTS Conference vol. 2, May 1992, Denver US pp. 819–822 T. Le–Ngoc 'A CSMA/CD Portable Data System Using Adaptive Reed–Solomon Coding' p. 820, left col., line 2–line 9.

IEEE Transactions on Communications, vol. 33, No. 7, Jul. 1985, New York US pp. 665–675 L. J. Cimini Jr. 'Analysis and Simulation of a Digital Mobile Channel Using Orthogonal Frequency Division Multiplexing' par. I–par. II. Par IV.

Primary Examiner—Benedict V. Safourek
Attorney, Agent, or Firm—William S. Frommer

[57] **ABSTRACT**

The present invention discloses a wireless LAN, a peer-to-peer wireless LAN, a wireless transceiver and a method of transmitting data, all of which are capable of operating at frequencies in excess of 10 GHz and in multipath transmission environments. This is achieved by a combination of techniques which enable adequate performance in the presence of multipath transmission paths where the reciprocal of the information bit rate of the transmission is short relative to the time delay differences between significant ones of the multipath transmission paths. In the LANs the mobile transceivers are each connected to, and powered by, a corresponding portable electronic device with computational ability.

72 Claims, 8 Drawing Sheets

[그림 1] 미국특허 5,487,069

특허의 필요성 및 특허로부터 무엇을 얻으려고 하는가를 상기예에서 단적으로 보여주고 있다.

특허는 새롭게 발명한 기술에 대해서 일정 기간 독점권[3]을 부여하는 대가로 그 기술을 공개하게 하는 무형의 자산이다.

3) 특허법 제94조(특허권 효력) 특허권자는 업으로서 그 특허발명을 실시할 권리를 독점한다.

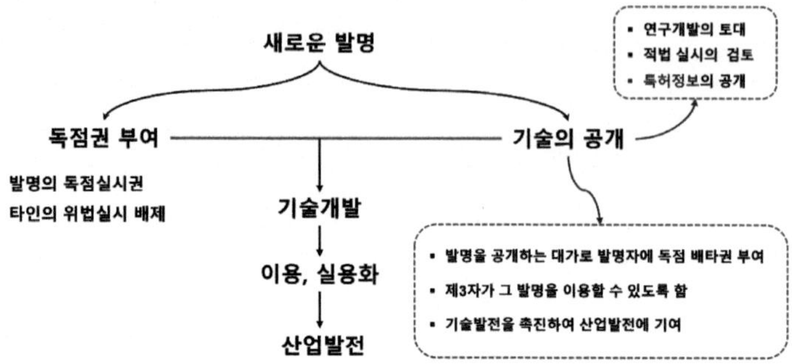

[그림 2] 특허법의 목적[4)]

특허는 왜 필요할까. 특허로부터 무엇을 얻으려고 하는가.

특허권을 행사하여 경쟁자의 제품을 시장에서 퇴출시키는 것이다. 새로운 기술을 이용하여 제조한 제품과 동일한 제품을 타인이 모방하여 제작하거나 판매할 수 없도록 하는 것이다. 후발주자 입장에서는 획득한 특허로 선점한 경쟁사와 좋은 조건으로 협상할 수도 있다.

실시권을 허락하여 로열티 수익을 얻는 것이다. 특허가 등록된 후 타인에게 이전하거나 실시권을 부여하여 영업 이외의 수익을 창출할 수 있다.

정부기관 또는 지방자치단체로부터 인증을 받을 때에 사용할 수 있고 고객사에게 자사 기술력을 입증하는 자료로서 사용하거나, R&D과제 등에 가점으로 사용할 수 있다. 또한 취득한 권리로 세제지원 혜택, 보증 및 담보대출, AC(Angel Capital)/VC(Vencher Capital) 등을 받는 데도 사용할 수 있다.

4) 특허법 제1조(목적) 이 법은 발명을 보호·장려하고 그 이용을 도모함으로써 기술의 발전을 촉진하여 산업발전에 이바지함을 목적으로 한다.

2. 원하는 것을 얻기 위해서는 특허는 어떠해야 하는가 : 강한특허

원하는 것을 얻기 위해서는 특허는 어떠해야 하는가에 대해 상기 호주연방과학원(CSIRO)의 무선 LAN 기술에서도 알 수 있듯이, 로열티를 창출하는 가치 있는 특허는 업계의 숙원사항 해결이나 시장의 요구에 부합하는 기술임을 알 수 있다.

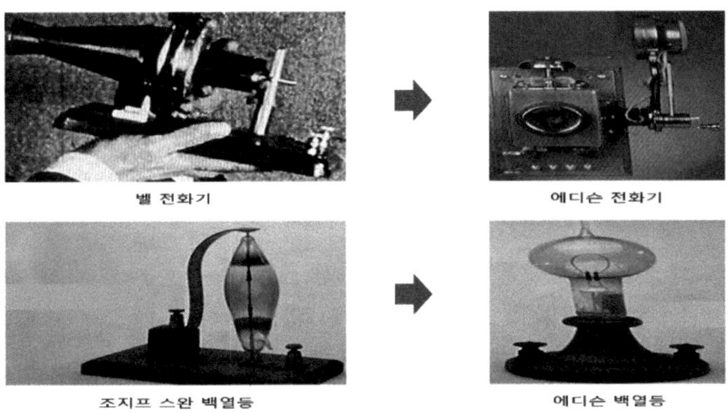

[그림 3] 가치 있는 발명(사례)

[그림 3]은 벨이 전화기를 최초로 발명을 하였으나 개량한 에디슨 전화기가 많이 사용되었다. 또한 조지프 스완의 백열등도 먼저 발명되었으나 상업용으로 사용하기에는 많이 부족한 것을 에디슨이 개량하여 지금까지도 사용되고 있는 백열등을 소개한 사례다.

가치 있는 것이 강한특허가 아닌가. 그리고 꼭 원천기술일 필요는 없는 것 같다. 또한 가치 있는 특허는 소송 친화적으로 큰 시장을 차지하기 위해 피할 수 없는 것으로 인식되어야 한다.

강한특허[5]는 먼저 제품의 필수기술을 포함해야 한다. 자사의 제품뿐만 아니라 타사의 제품의 필수기술을 포함해야 한다. 또한 제3자에 의해 활용될 가능성이 크고, 또한 가까운 미래에 사용될 가능성도 있어야 하며, 시장성 측면에서 매출 규모가 커야 하고, 특허분쟁 가능성도 높아야 한다. 이는 추후 협상할 때 라이선스, 크로스라이선스 등에서 실시료 등이 커지기 때문이다.

두 번째는 용이하게 설계 변경할 수 없어야 한다. 즉 회피설계(Design Around)가 까다롭고 또한 회피설계를 했다고 해도 원하는 물성치에 못 미치도록 해야 한다.

세 번째는 침해발견이 어렵지 않고 쉬워야 한다. 강한특허를 위해 특허청구범위를 작성할 때 타인의 모방품이 특허침해가 되려면 청구항 하나가 포함하는 구성요소를 모두 이용해야 하므로 구성요소를 최소화하여 작성하여야 하는데, 제품의 필수기술을 포함하면서 침해발견이 용이하게 하려는 의도가 있다. 또한 포괄적인 용어를 사용하거나 불필요한 제한을 하지 않거나 청구항을 단계적으로 작성하고 또한 발명의 다양한 형태로 표현하는 것이 모두 권리범위는 최대로 넓게 하면서 침해발견을 쉽게 하

5) Mr.Patrick Muir, Muir Patent Consulting, PLLC, What are "Strong" Patents? 1. Cover large revenue product of competitor. 2. Patents targeting third party that client has increased likelihood of a patent dispute. 3. Infringement is easily detected. 4. Design around invention is difficult or commercially inferior.

기 위해서다.

네 번째는 타사로부터의 공격에 강해야 한다. 네 번째 조건은 강한특허의 조건에서 1순위이다. 일단 특허가 등록이 되어야 하고 등록 후에도 무효심판 등에서 살아남아야 권리를 행사할 수 있기 때문이다. 특허가 쉽게 무효되거나 권리행사가 불안정한 특허는 가치를 제대로 인정받을 수가 없다. 따라서 발명 아이디어를 도출하고 구체화할 때부터 선행기술조사를 철저히 하여 특허성이 있는 발명만을 특허출원하고 특허청구범위도 선행기술조사를 바탕으로 등록받을 수 있도록 작성하여야 하는 것을 잊지 말아야 할 것이다.

강한특허의 하나의 예로 길목특허를 들 수 있다. 길목특허는 충족되지 않은 요구사항이나 부족한 성능 그리고 잠재된 욕구 등의 공통의 문제에 대해 해결안을 도출함으로써 미리 길목을 선점하는 것이다.

구체적으로는 상기 공통의 문제에 대해 핵심적인 기능, 부품, 소재, 공정을 도출하고, 관련특허를 검색하고 정리하여 구성과 기술에 대한 최적안을 도출하고, 특허권리분석을 통해 개량안을 확보하는 것이다.

길목특허의 예로는 세계 최고의 기술을 보유한 경쟁사 제품을 구매한 후 역설계와 시연을 함과 동시에 구매자들에게 설문을 통해 현재까지 드러난 경쟁사 제품의 문제점을 청취하고, 경쟁사 특허를 통해 과제 및 해결수단을 확인하여 경쟁사 제품의 기술수준을 확인한다. 이를 통해 알게 된 문제점과 최신기술의 한계를 극복할 방안에 대해 관련 연구자들의 브레인스토밍으로 개량안을 도출하고 특허를 출원하여 길목특허를 선점한다.

길목특허는 원천 또는 기본특허는 아님에도 불구하고 경쟁사에게는 치명적인 특허가 될 수 있다.

[그림 4]는 길목특허의 하나의 예로서, 2차 전지의 4대 구성요소 중의 하나인 분리막에 관한 것이다. A사가 출원하여 등록된 특허로 내용을 보면 분리막에 관한 것이지만 전지 조립 시 길이방향의 열수축률로 인해 길이방향으로 전지를 감아 조이는 힘이 불충분하고 전극과 분리막과의 밀착성이 나빠지는 것을 개선한 내용이다. 현재까지 2차 전지는 모두 분리막을 사용하고 있으며 전지를 감아 조이는 힘과 전극과 분리막과의 밀착성을 위해 분리막의 길이방향의 열수축률이 있어야 하는 분리막의 필수기술이고 2차 전지의 길목특허에 해당한다. 현재 특허법원에서 무효심결을 받은 상태다.6)

> 청구항 1. 두께가 1㎛ 이상 50㎛ 이하, 기공률이 30% 이상 70% 이하, 막 두께 1㎛로 환산한 천공 강도가 0.15N/㎛ 이상, 길이 방향의 인장 강도(MD 인장 강도)와 폭 방향의 인장 강도(TD 인장 강도)가 각각 30MPa 이상이고, 65℃에서의 길이 방향의 열 수축률과 폭 방향의 열 수축률의 비(MD/TD 열 수축률 비)가 2보다 크되, 여기서, 길이 방향의 열 수축률은 0%보다 크며, 길이 방향의 인장 강도(MD 인장 신도)와 폭 방향의 인장 신도(TD 인장 신도)가 각각 10% 이상 200% 이하, MD 인장 신도와 TD 인장 신도의 합계가 20% 이상 250% 이하인 폴리올레핀제 미다공막(이하 '이 사건 제1항 정정발명'이라 하고, 나머지 청구항도 같은 방식으로 부른다).

[그림 4] 2차 전지 분리막 특허(사례)

[그림 5]는 LFP의 C-LiMPO4의 합성방법으로 등록 특허인데 2차 전지 양극재 LFP의 화염열분무법 관련 길목특허라고 생각되어서 소개한다. 현재는 특허존속기간이 만료된 상태다.7)

6) 특허법원 2023. 2. 1. 선고 2020허7760 판결

청구항 193

물질 C-$LiMPO_4$의 합성 방법으로, 여기서 C-는 실질적으로 감람석 구조를 갖는 $LiMPO_4$ 타입의 복합 산화물과 가교된 탄소를 나타내고, M은 2 또는 3의 원자가를 갖고 Mg^{+2}, Ca^{+2}, Al^{+3}, Sc, Ti, V, Cr, Cu 또는 Zn으로부터 선택된 1종 이상의 금속으로 임의로 부분적으로 치환된 Mn, Fe, Co 및 Ni 또는 이들의 혼합물이고, P는 인(phosphorus)이며,

- 가스 분위기가 하기 원천 a), c), d) 및 e)를 요구되는 비율로 포함하는 혼합물과 열역학적 또는 동적 평형이 되도록 하여 합성 반응을 시작하고:
  a) M의 원천;
  c) 리튬의 원천;
  e) 원소 P의 원천인 화합물 및 임의로 Si 및 S의 원천인 화합물;
  e) 전도성 탄소의 원천,
- 전이 금속의 산화상태를 $LiMPO_4$ 타입의 복합산화물의 조성에서 요구되는 원자가가 되도록, 상기 가스 분위기의 조성, 합성 반응 단계의 온도 및 전구제 a) 및 d)의 양에 대한 전구체 c)의 양을 조절함으로써 합성 반응을 수행하고,
- 추가로 e) 원천의 열분해 단계를 하나 이상 포함하는 것

을 특징으로 하는 물질 C-$LiMPO_4$의 합성 방법

[그림 5] C-LiMPO4의 합성방법 특허(사례)

강한특허의 또 다른 하나의 예로 표준특허를 들 수 있다. 표준은 제품, 프로세스, 서비스 등의 공통적이고 반복적인 사용을 위하여 제시된 규칙이나 가이드라인 또는 특성이나 관련 공정 및 생산방법을 규정하는 문서를 말한다.[8]

표준특허는 표준문서의 규격을 기술적으로 구현하는 과정에서 해당 특허를 침해하지 않고서는 구현이 불가능한 필수특허로서, 특허의 권리범위인 청구항들 중 하나 이상의 청구항이 표준문서와 매칭되는 특허를 말한다.[9]

7) 대한민국 등록특허 제0879839호
8) ISO/IEC Guide 2: 1996, WTO TBT Annex 1
9) 특허청, 2011, 글로벌 시대 경쟁력 확보를 위한 알기쉬운 표준특허 핸드북

따라서 표준특허는 침해주장이 매우 용이하며, 침해범위가 상당히 넓고, 회피설계가 불가능한 특징을 가지고 있고, 특히 청구항의 기재내용이 많고 적은 것과 무관하게 표준문서와 매칭 여부만이 중요하다.

운용은 라이센싱을 대행하는 그룹이 표준특허를 수집하여 특허풀을 형성하고, 표준특허권자가 Licensor, 표준기술을 사용하는 자가 Licensee가 되며, 특허풀 대행그룹이 Licensee로부터 로열티를 받아 Licensor에게 지급하는데 특허건수에 비례해서 지급한다. 이때 Licensor에게는 'FRAND[10]'를 요청하게 되는데 Licensee에게 공정하고 합리적인 조건에 의해 비차별적으로 기술 실시를 허용해야 한다는 것이다.

표준특허는 누구나 사용할 수 있어야 하고 이에 대한 대가로 실시료를 받으므로 특허발명에 대한 사용을 금지하지는 못한다. 삼성과 애플의 특허전쟁에서도 삼성의 통신표준특허[11]를 애플이 침해하였으므로 애플 제품의 수입 금지를 해야 한다는 ITC의 결정을 이끌어 내는 데 성공하였으나, 표준특허의 특허권 행사에 관한 제약이 문제가 되기도 하였다.

표준화 활동은 표준안 제안, 타사안과 경합, 평가 및 의견수렴, 표준 제정으로 진행이 되는데, 표준특허는 이와 철저하게 병행하여 진행된다. 즉 표준안 제안 전에 최소한 미국에서 가출원을 하고 정규출원 후 표준화 변동상황을 추적하며, 명세서 내용이나 구조를 표준과 일치되도록 보정 또는 추가출원을 진행하고, 해외출원도 진행하면서 표준 규격서와 매칭되도록 권리화를 추진하는 것이다. 이때 권리범위가 축소되더라도 등록

10) Fair, Reasonable and Non-Discrimination
11) 미국 등록 특허 7,706,348

가능성과 표준 매칭에 집중하는 것이 중요하며, 표준이 확정되면 카테고리 별로 분할출원을 하여 특허건수를 늘리는 것도 잊지 말아야 한다.

상기의 방법은 R&D-특허-표준 연계에 기초하여 연구개발 방향 또는 결과에 따라 특허를 출원하고 이와 연계하여 표준화를 추진하고, 이후 표준화 방향에 따라 출원된 내용을 보정하여 표준특허를 확보하는 방법이라고 할 수 있다.

이외에 표준화 진행되는 과정에서 사용될 수 있는 방법으로 직접적인 기고 활동이 없어도 제출되고 있는 기고내용 및 표준화 진행방향, 관련 특허분석을 통해 표준특허 확보가 가능한 방법이 있고, 표준화 완료 단계에서 효과적으로 사용될 수 있는 방법으로 해당 기업이 보유 중인 특허의 포트폴리오 분석 및 클레임차트 작성을 통해 특허 청구항의 보정이나 재등록출원(Reissue[12)]) 등을 통해 표준특허가 가능한 특허를 발굴하는 방법이 있다.[13)]

LG전자는 미국 디지털방송 관련 표준특허를 보유한 제니스[14)]를 인수

---

12) 미국특허법 제251조 (흠결 있는 특허의 재등록(Reissue))
(a) 흠결 있는 명세서나 도면을 이유로 또는 특허권자가 당해 특허에서 청구할 수 있었던 권리보다 많이 또는 적게 청구하였음을 이유로, 당해 특허가 실수로 인해 전체적으로 또는 부분적으로 작동하지 않거나 무효라고 볼 수 있는 경우, 청장은, 당해 특허의 포기 및 법률에서 정한 수수료의 납부를 조건으로, 새로 보정된 출원에 따라, 원특허에 기재된 발명에 대해 원특허의 잔여 존속기간 동안 그 특허를 재등록하여야 한다. 신규사항이 재등록출원에 도입되어서는 안 된다.

13) 특허청, 2011, 글로벌 시대 경쟁력 확보를 위한 알기쉬운 표준특허 핸드북

14) 제니스사는 북미방식의 전송기술인 'VSB'에 대한 원천특허를 보유.
* US5416524 - Digital Television Synchronization System and Method
* US5598220 - Digital Signal with Multilevel Symbols and Sync Recognition
* US5619269 - Frame Sync Signal for Digital Transmission System

하여 2008년에 약 1억 달러의 특허료 수익을 벌었다. 당시 시장이 형성되지 않았던 기술분야의 표준특허 보유기업을 인수하는 과감한 투자와 이후 시장이 형성된 후 수익을 창출한 사례다.

호주연방과학원(CSIRO)은 Wi-Fi 특허권으로 미국의 인텔, HP, DELL, MS 등으로부터 2009년에 약 4억3천만 달러의 특허료 수익을 벌었다. IEEE에서 호주연방과학원(CSIRO)의 특허 보유 사실을 알면서도 우수한 기술과 더불어 높은 가격경쟁력이라는 명분을 통해 표준을 제정하게 된 사례다.

1985년 미국 샌디에이고에서 출발한 퀄컴은 1990년대 초반 한국전자통신연구원(ETRI)과 공동 개발한 CDMA 기술로 세계적인 기업으로 발돋움했다. 퀄컴은 전 세계 스마트폰에 칩세트(chipset)와 프로세서 등 핵심부품을 공급하는 글로벌 기업으로서 다수의 특허를 보유해 막대한 특허료 수입도 올리고 있는데 다른 기술로 대체가 불가능한 표준특허만 6천건이 넘는다.

칩세트 매출과 특허 사용료를 포함한 퀄컴의 전세계 매출액은 2015년 251억 달러를 기록했다. 이 가운데 특허 사용료가 차지하는 비중은

---

* US5629958 - Data Frame Structure and Synchronization System for Digital Television Signal
* US5636251 - Receiver for a Trellis Coded Digital Television Signal
* US5677911 - Data Frame Format for a Digital Signal Having Multiple Data Constellations
* US5802107 - Symbol Rotator
* USRE36992 - VSB HDTV Transmission System with Reduced NTSC Co-Channel Interference
* US5534938 - Digital TV System Using Segment and Field Sync Signals
* US5602595 - ATV/MPEG Sync System

30%다. 금액으로는 79억 달러, 한화로는 약 10조 원에 육박한다.

퀄컴은 국내에서도 연간 약 1조5천억 원의 특허 사용료를 받아가는 것으로 전해졌다.[15] 이중 한국전자통신연구원(ETRI)은 퀄컴과의 공동 개발 계약서를 근거로 절반 정도를 받아냈다고 한다.

15) 연합뉴스, 2016년 12월 28일 기사내용

3. 강한특허를 어떻게 획득할 것인가.

Step 1. 어느 분야에서 특허를 창출할 것인가.
Step 2. 발명 아이디어 도출 위한 사전조사
Step 3. 발명 아이디어 도출
Step 4. 도출된 발명 아이디어 확대재생산
Step 5. 선행기술조사
Step 6. 특허성 검토
Step 7. 특허청구범위 및 특허 포트폴리오 설계
Step 8. 명세서 작성
Step 9. 특허출원부터 등록까지 관리

☞ Step 8. 명세서 작성과 Step 9. 특허출원부터 등록까지 관리는 제5장 명세서 작성과 제6장 특허출원부터 등록까지 효율적 관리를 참조하시기 바란다.

Step 1. 어느 분야에서 특허를 창출할 것인가.

어느 분야에서 특허를 창출하기 위해서는 먼저 현재 위치를 알 필요가 있다. 즉 선도자(First Mover), 추격자(Fast Follower) 그리고 후발주자(Follow)인지를 알아야 한다.

대부분 기업에 종사하는 분들은 현재 또는 가까운 장래에 생산하여 판매하는 제품이 시장에서 어느 위치를 점하는가를 누구보다 잘 알 것이다. 그렇지만 시장에서 제품 또는 기술발전 추이를 면밀히 살펴보고 자사가 보유한 기술과 특허를 분석함과 동시에 경쟁사의 기술과 특허를 철저히 분석하여 위치를 재점검할 필요가 있다.

먼저 선도자(First Mover)라면 제품의 핵심기술을 도출해서 특허화

하는 것이 첫 번째 이고, 두 번째는 제품의 특성과 기능을 고려하여 주변 기술을 확정하고 이를 특허화 하여 특허장벽을 형성하는 것이다. 그리고 세 번째는 제품과 관련한 핵심기술과 주변기술 이외에 생산과 관련된 필수적인 핵심공정과 방법들에 대한 기술에 대해서도 특허화 하는 것이 필요하다(IP-3 Process[16]).

기술을 보호하는 방법으로 특허만 있는 것은 아니고 Know-how도 있다. 특히 필수적인 핵심공정과 방법은 Know-how로 보호하는 것이 유리할 수도 있다. 그 이유는 침해를 입증하기가 쉽지 않기 때문이다. 코카콜라는 100년이 넘도록 성분에 대해 Know-how로 보호하고 있다. 그러나 종업원들의 이직이 빈번하게 일어나고 있는 상황과 기술의 발달로 분해 등 역설계(Reverse Engineering) 기술을 통해 제품을 분석하는 기술이 나날이 발전하고 있는 상황에서 Know-how로 보호한다는 것이 쉽지만은 않다고 생각된다.

추격자(Fast Follower)는 먼저 선도자(First Mover)의 공격에 대비하여야 할 것이다. 특허의 세계에서는 선도자의 영역에 발을 들여 놓는 순간 냉혹하게 물어 뜯을 것이기 때문이다. 이와 동시에 선도자를 공격할 특허를 창출하여 선점하여 놓는 것이고 또한 후발주자를 공격할 지뢰를 잘 묻어 놓는 것이 핵심이다.

선도자의 공격에 대비하기 위해서는 선도자의 특허를 회피설계하고, 기술을 보강할 수 있는 특허를 확보하며, 선도자가 미처 발견하지 못한

16) IP-3 Process, Rivette & Kline

공백기술에 대한 특허를 확보하는 것이 중요하다.

선도자를 공격할 수 있는 특허는 선도자 차세대 제품 컨셉, 핵심특허 추이, 제품의 문제점 해결, 시장의 니즈 반영 등을 고려하여 특허를 창출하고 선점할 수가 있다.

현재 위치를 알고 특허를 어떻게 확보하는 것을 어느정도 알았다면 다음으로는 시장에서 제품 또는 기술 발전 추이를 면밀히 살펴보고 자사가 보유한 기술과 특허를 분석함과 동시에 경쟁사의 기술과 특허를 철저히 분석하여 기술트리(Tech Tree)를 구성할 필요가 있다.

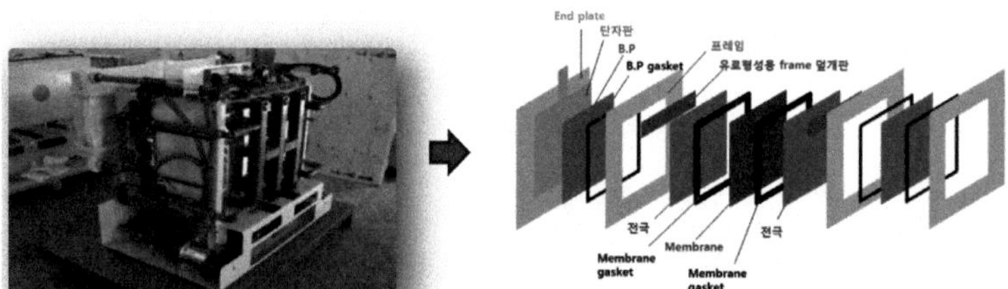

중분류	소분류	소소분류	분류코드
셀/스택(S)	구조(Sa)	End plate	Sa1
		단자판	Sa2
		BP+BP gasket	Sa3
		프레임+유로형성용 덮개	Sa4
		전극	Sa5
		Membrane Gasket+Membrane	Sa6
	구성방법(Sc)	-	Sc
	운영방법(Sd)	-	Sd
	적층방법(Se)	-	Se
	기타 (So)	-	So

[그림 6] 기술트리(Tech Tree) 도출 프로세스(사례)

기술트리 구성방법은 다양한 방법으로 할 수 있으나 그 중 한 가지 예를 든다면 기술개발목표와 함께 경쟁사의 기술개발현황을 바탕으로 현재의 수준을 파악한 후 기술갭 및 개발 이슈를 분석함과 아울러 해소방안을 도출하는 자사기술분석을 한다. 그리고 제품의 핵심구성요소 별 요소기술을 나열한 후 기술파급성, 기술차별성, 개발난이도 등을 기준으로 요소기술을 평가하여 핵심기술을 도출하고 경쟁, 대체, 부상기술과 함께 벨류체인(가치사슬)분석[17]으로 경쟁구도분석 후 기술트리를 도출한다.

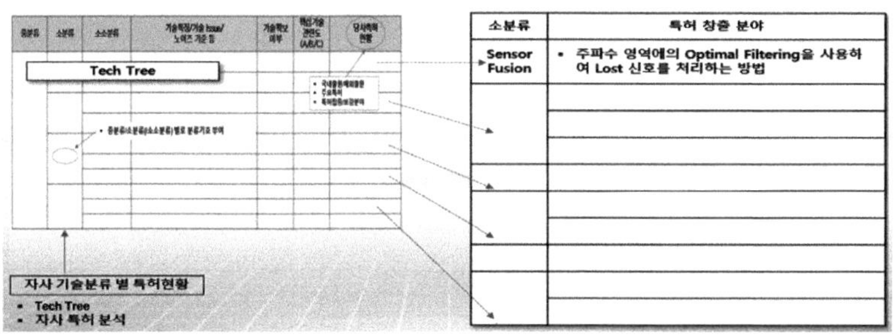

[그림 7] 특허포트폴리오 설계 활동(사례 재구성)

기술트리가 완성되었다면 기술트리의 소분류 단위로 경쟁사와 자사의 특허를 나열하고 철저한 분석을 통해 기술분야별로 경쟁사 특허 대응방안과 함께 상기에서 언급한 선도자(First Mover), 추격자(Fast Follower) 위치에 따른 특허확보방안, 자사특허의 보강방안 및 특허출원계획을 도출한다.

기술트리의 소분류 단위로 경쟁사와 자사의 특허를 나열하고 철저한 분석을 한다면 이를 통해 특허포트폴리오도 설계할 수 있고, 특허전략도

17) 마이클포터 하버드대 교수가 주창한 개념으로 기업이 원재료를 사서 가공·판매해 부가가치를 창출하는 일련의 과정을 뜻한다.

수립할 수가 있다. 특허전략 내에 포함되는 특허 리스크도 검증할 수가 있으며, 특허경쟁력 분석을 통해 자사의 강·약점을 분석하고 보완할 수도 있다. 특히 몇 건의 특허를 출원하여야 하는가의 답이 될 수도 있다.

Step 2. 발명 아이디어 도출위한 사전조사

브레인스토밍 참여자의 발명 아이디어를 넓히기 위해 최근 1~2년 사이에 공개된 정보를 중심으로 하며, 기술이용형태, 과제, 해결하기 위한 기술요소를 정리한다.

[그림 8]은 봉지재에 대한 발명 아이디어 도출을 위한 사전조사의 예로서, 최근 1~2년 사이에 공개된 정보를 중심으로 정리한 것이며, 이를 바탕으로 Mix-up, 문제해결, 변형적용 등을 통해 기술과제에 대한 해결수단을 브레인스토밍을 통해 도출한다.

과제 : 열가소성, 경화성 수지를 이용하는 경우 열공정에 의해 전해질이나 색소가 떨어지는 문제
전해액에 옥소를 포함하는 경우 접착제의 경화반응이 저해되어 양호한 포장상태를 확보할 수 없음
전해질에 대한 내성과 바깥 공기에 대한 내성을 겸비하는 봉지재의 선택이 한정되어 있음

해결 수단 : 포장 부재를 복수의 층으로 구성하여, 최내층에는 전해액성에 우수한 재료를 사용하고, 외측에는 접착성과 바깥 공기성에 우수한 재료를 선택하여, 각 층의 막두께나 재료의 편성을 자유롭게 하고 우수한 포장 신뢰성을 얻음

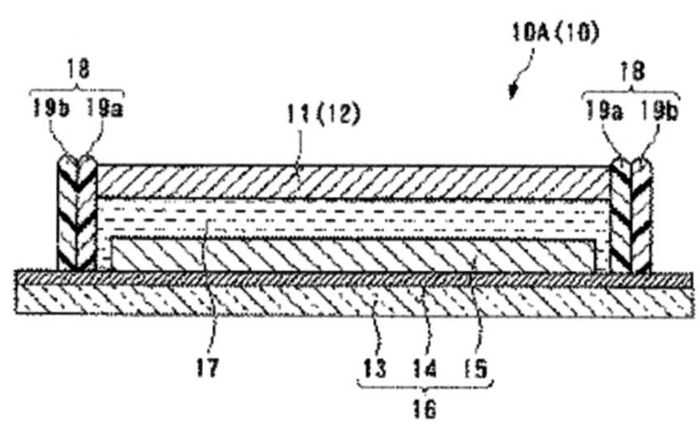

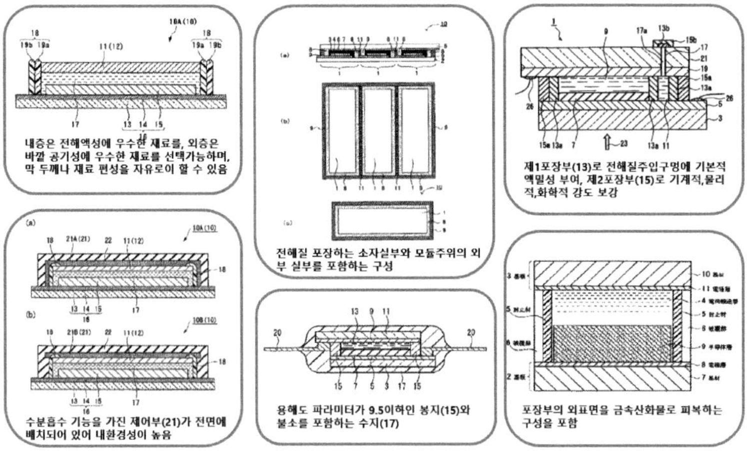

[그림 8] 봉지재에 대한 발명 아이디어 사전조사 작성(사례 재구성)

Step 3. 발명 아이디어 도출

발명 아이디어 도출은 무(無)에서 유(有)를 창조하는 것이 아니다.

브레인스토밍[18]은 자유로운 토론으로 창조적인 아이디어를 끌어내는 것을 말하며, 질보다 양(Go for quantity), 비판보류(Withhold criticism), 어떠한 아이디어도 환영(Welcome wild idea), 아이디어 결합 및 개선(Combine and improve ideas) 등의 4가지 원칙이 있다.

발명 아이디어를 도출하는 방법은 많이 존재하는데 크게 나누어 보면 제품개발(R&D) 과정에서 창출하는 방법과 선행특허 분석 기반 맵을 통한 방법이 있다.

제품개발(R&D) 과정에서 창출하는 방법은 기술개발 목표를 세분화

18) Alex F. Osborn, Applied Imagination

하여 기술 개발시 문제점을 파악하고, 기술적 문제점 해결과 목표 달성을 위해 고려해야 하는 해결방안을 정리한 후 기술개발 결과와 진행자료를 분석하여 발명 아이디어를 도출한다.

선행특허 분석 기반 맵을 통한 방법으로는 브레인라이팅, 기술트리맵, 마인드맵,[19] 5 Why 방법,[20] 5W1H, SCAMPER 기법,[21] 역설계(Reverse Engineering),[22] 트리즈의 기술특성 모순 메트릭스 등이 있는데 본서에서는 브레인라이팅과 기술트리맵 중심으로 설명하고자 한다.

브레인라이팅과 기술트리맵은 기술과제와 해결수단을 사용하여 발명 아이디어를 도출하는 대표적인 방법론이며 마인드맵도 같은 방법을 사용한 것이다.

기술과제와 해결수단은 명세서를 작성하는 데 필수 구성요소이다.

명세서는 발명의 명칭, 발명의 설명, 특허청구범위로 구성되고 발명의 설명은 기술분야, 배경기술, 발명의 내용, 발명의 실시를 위한 구체적인 내용으로 구성되며, 발명의 내용은 해결하고자 하는 과제, 해결수단

---

19) 해결하고자 하는 과제 확인 → 해결수단을 포함한 특허, 제품 분류 → 특허, 제품의 관련 특징 및 시사점 분류 → 신규 아이디어, 분석된 특징 및 시사점을 이용하여 아이디어 창출함.

20) 주제를 놓고 최소 5번 '왜'를 자문해 보고 이를 통해 발견한 새로운 문제가 무엇인지 살펴봄으로써 개선 아이디어를 도출함.

21) Substitute(대체), Combine(경합), Adapt(적용), Modify(수정), Put to another use(다른 용도로 사용), Eliminate(제거), Reverse effective(반대 효과)를 적용하여 개선 아이디어를 도출함.

22) 경쟁사 제품 구입 → 리버스엔지니어링 → 경쟁사 제품 구성요소 별로 경쟁사 특허와 비교 → 경쟁사 특허 대응전략 수립(자유실시기술, 비침해, 무효화, 회피설계, 타사 특허 License-in 또는 구매 등) → 회피설계 아이디어 도출 및 선행기술 비교 → 특허출원 아이디어 도출함.

그리고 효과로 나누어진다. 이외에 요약서, 도면 및 도면의 간단한 설명도 있다.

발명의 핵심내용을 빠르게 이해하기 위해서는 기술과제와 해결수단을 먼저 보고, 필요하다면 나머지 구성요소를 읽어보면 된다.

【요약서】
  【요약】
  【대표도】
  【색인어】

【명세서】
  【발명의 명칭】
  【발명의 상세한 설명】
    【기술분야】
    【배경기술】
    【발명의 내용】
      【해결하고자 하는 과제】
      【과제해결수단】
      【효과】
    【발명의 실시를 위한 구체적인 내용】

  【특허청구범위】
    【청구항 1】
【도면의 간단한 설명】
【도면】
  【도 1】

[그림 9] 명세서 구성

브레인라이팅과 기술트리맵 설명에 앞서 5W1H 만 간략하게 소개하고자 한다. 5W1H(6하원칙, When, Where, Who, What, Why, How)은 너무나 잘 알려져 있지만 발명 아이디어를 도출하는 데 어떻게 이용할 수 있는지 간단한 사례로 설명하면 다음과 같다.

다양한 사람들이 다양한 용도로 사용하고 있고 우리와는 매우 가까워서 친근함 마저 느껴지는 많은 제품 중의 하나가 자전거다. 자전거를 타는 데 불편함이 있다면 문제가 있는 것이고 개선이나 개량되어야 하는 발명 요소이다. 먼저 언제(When)를 기준으로 생각하면 새벽에는 안장이 이슬에 젖는다. 따라서 해결방안은? 또한 겨울에는 손이 시리다. 어떻게 하지? 버스나 지하철 탈 때 휴대가 불편하다. 그렇다면? 등등이 있다.

언제(When)	불편한 점	해결방안
새벽	이슬에 안장이 젖는다.	안장을 돌릴 수 있는 자전거(?)
저녁	사물이 보이지 않는다.	라이트 달린 자전거
겨울	손이 시리다.	열선이 내장된 자전거(?)
비가 올 때	옷이 젖는다. 미끄럽다.	우산 거치대가 달린 자전거
더운 여름	피부가 타고 뜨겁다.	햇빛 차단 자전거
눈이 올 때	미끄럽다.	스노우 타이어 자전거
자전거를 탈 때	페달을 올려야 한다.	불균형 페달 자전거
처음 배울 때	넘어질까 두렵다.	쓰러지지 않는 자전거
버스에 탈 때	휴대가 불편하다.	휴대할 수 있는 자전거

거치대가 달린 우산	접을 수 있는 가벼운 자전거 (A바이크)	쓰러지지 않는 자전거

*그림 : JPNews블로그(http://jp-news.tistory.com/153). 2014.11.26. 엔하위키미러(https://mirror.enha.kr/wiki/A-bike). 2014.11.26 egloos(http://egloos.zum.com/kmit/v/5524412). 2014.11.26

[그림 10] 언제(When) 아이디어 도출 사례[23)]

브레인라이팅[24)]은 [그림 11]과 같이 먼저 사전조사하고 정리한 내용

23) 창업을 부르는 발명과 특허 42쪽, 한국발명진흥회, 2014년 12월

24) 브레인라이팅(Brainwriting)은 1968년에 독일의 베른트 로르바흐(Bernd Rohrbach) 교수가 브레인스토밍의 문제점을 개선하기 위해 창안한 것으로 말이 아닌 글로 표현하기이다. 6-3-5 기법으로서 6명이 3개의 아이디어를 5분 내에 기록하고 옆 사람에게 돌려 30분 내에 108개의 새로운 아이디어를 얻는 브레인스토밍의 변형된 방법이다(http://en.wikipidia.org/wiki/6-3-5_Brainwriting).

을 소주제별로 기술과제와 해결수단을 3분 이내로 발표한다. 참가자는 사전 조사되고 발표된 해결수단을 보고 혼합(mix up)하여 새로운 수단을 도출하거나 문제점에 대한 해결방안을 마련하거나 수단을 변형하여 적용할 수 있는 안을 도출하는 등의 발명 아이디어를 미리 나누어 준 쪽지에 3분 내로 기재한다. 그리고 참석자 전원이 자신의 의견을 간단하게 돌아가면서 발표한다. 발표 후 발명 아이디어에 대해 유사한 것은 그룹핑하는 등 평가하고 필요하면 반복해서 실시하여 많은 발명 아이디어를 도출한다.

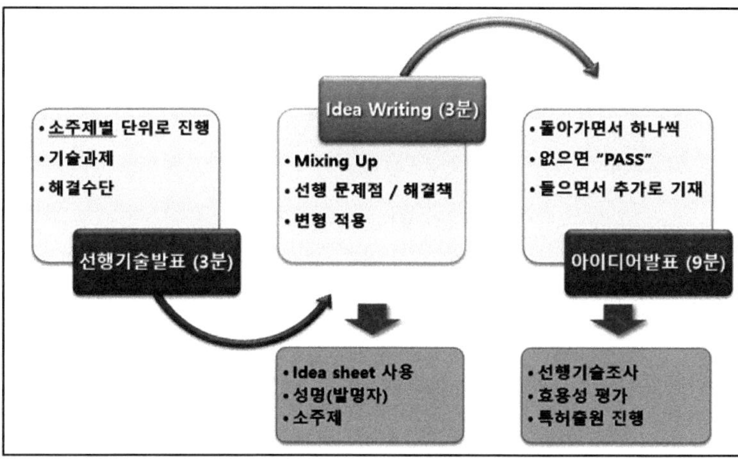

[그림 11] 브레인라이팅

기술트리맵[25)]은 [그림 12]와 같이 특허별로 기술과제와 해결수단을 도출한 후 동일 과제에 대한 유사한 수단을 시간순으로 나열하면 개선 또는 진화 방향으로 새로운 수단을 예측할 수가 있고, 동일한 기술과제에 대한 여러 해결수단의 장단점 분석을 통해 기존 수단들을 새롭게 조합하

25) 특허청, 2016, 특허관점의 R&D 혁신전략, 109쪽

여 다양한 발명 아이디어를 도출할 수 있는 유용한 방법이다. 이외에도 요소기술이 어떤 기술과제를 가지고 있는지 그리고 최근 주로 연구되고 있는 기술과제도 알 수 있다.

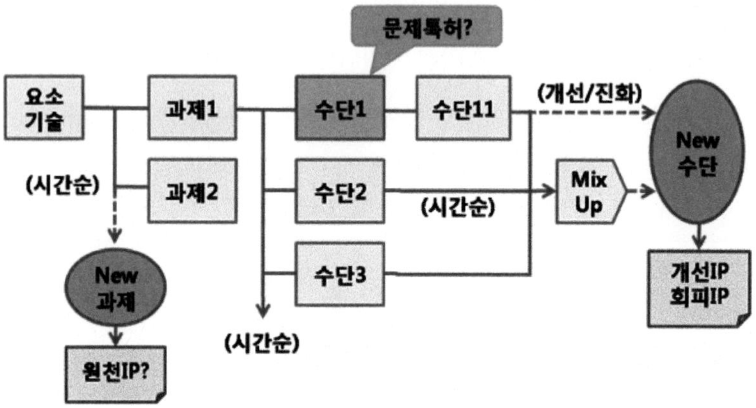

[그림 12] 기술트리맵

Step 4. 도출된 발명 아이디어 확대재생산

1차 발명 아이디어를 확대재생산하는 방법으로는 상향전개, 하향전개, 수평전개가 있고, 이외에 POWER 기법[26]이 있다.

수평전개는 발명의 카테고리, 즉 용도, 방법, 장치, 물건 등으로 전개하는 것이고, 상향전개는 유사한 것을 하나로 묶어 더 포괄적인 용어를 사용하는 것으로 구리, 니켈, 알루미늄은 금속으로 표현할 수 있다. 하향전개는 수평전개를 지지하기 위한 실시예를 더욱 구체적으로 전개하는 것으로서 특허청구범위의 독립항에 대한 종속항과 같이 한정하고 부가하

---

26) THINK BETTER, Tim Hurison, 231~241쪽

는 형태로 전개한다.

POWER 기법은 [그림 13]에서 보는 바와 같이, 1차 발명 아이디어에 대해 무엇이 좋은가(P, Positive), 무엇이 문제인가(O, Objection), 다르게 구현 가능한가(W, What else), 긍정적인 요인을 강화하려면(E, Enhancement), 부정적인 요인을 치료하려면(R, Remedy) 등으로 다방면으로 관점을 달리하여 1차 발명 아이디어를 확대재생산하는 것으로 유용한 방법이다.

이 방법을 통해 원하는 것을 얻기 위해서는 POEWER 기법을 적용하여 아이디어를 확대 재생산한 후 선행기술조사를 실시하여 특허성을 검토하고, 제품 적용 평가를 통해 최선의 솔루션을 얻을 때까지 순환 반복 실시하는 것이 중요하다.

Positive	장점이 무엇인가?	규명
	활용 가능한가?	
Objection	어떤 문제가 있는가?	현재 상태와 개선된 상태로 문제 정의
	이상적인 형태는? 어떤 장애가 있는가?	
What else	Value Chain을 확장하면?	어플리케이션 / 구현기술
	페리미터를 확장하면?	특유(수직 확장) / 유사(수평 확장)
	다른 해결수단은?	장단점 분석 / 특성전이
	다음 단계의 기술은?	진화패턴(시스템/구성요소 별)
	불필요하거나 좁은 한정은?	비본질적 부분의 변경/제거
Enhancement	어떤 조건에서 장점이 더욱 효과적인가?	최적화
Remedy	문제를 해결하려면?	
	근본원인은 무엇인가?	5-Why

[그림 13] POWER 기법, POWER Work Sheet for Ideation

Step 5. 선행기술조사

선행기술조사는 출원 전에 특허성이 있는지 없는지를 확인하기 위한 특허성 조사로서 특허출원 전에 해당 발명이 특허 등록을 받을 수 있는지 판단하기 위해 선행기술자료를 조사하여 신규성, 진보성 등의 특허요건을 만족하는지 여부를 예비적으로 판단하는 것이다.

선행기술자료 조사는 발명의 핵심 구성요소를 파악하고 검색범위 설정과 함께 검색전략을 수립한다. 검색전략은 구성요소 중 어느 부분을 중점적으로 검색할지를 이미 가지고 있는 국내외특허, 논문 등 비특허 문헌, 타국 심사이력 등을 참조하여 먼저 결정하고, 적정 검색 DB와 키워드 등 검색방법을 선정한 후 검색을 실시한다.

<table>
<tr><th colspan="5">선행기술조사 보고서(Search Report)</th></tr>
<tr><td>발명의 명칭</td><td colspan="4"></td></tr>
<tr><td colspan="5">발명의 요지</td></tr>
<tr><td colspan="5"></td></tr>
<tr><td rowspan="3">국제특허분류</td><td>IPC</td><td colspan="3">IPC 설명</td></tr>
<tr><td></td><td colspan="3"></td></tr>
<tr><td></td><td colspan="3"></td></tr>
<tr><td colspan="5">검색결과</td></tr>
<tr><td>검색 DB</td><td colspan="4">검색식</td></tr>
<tr><td>KIPRIS</td><td colspan="4"></td></tr>
<tr><td colspan="5">조사분석 결과</td></tr>
<tr><td>No</td><td>국가</td><td>문헌번호</td><td>발명의 명칭</td><td>관련도</td></tr>
<tr><td>D1</td><td></td><td></td><td></td><td></td></tr>
<tr><td>D2</td><td></td><td></td><td></td><td></td></tr>
<tr><td>D3</td><td></td><td></td><td></td><td></td></tr>
<tr><td colspan="5">* 관련도 : X-관련 높은, Y-관련 있음, A-관련은 있으나 참고할 자료</td></tr>
</table>

<table>
<tr><td colspan="4">선행기술 세부 검토 결과 : D1</td></tr>
<tr><td>공개번호
(공개일자)</td><td></td><td>관련도</td><td></td></tr>
<tr><td>출원인</td><td></td><td>출원번호
(출원일자)</td><td></td></tr>
<tr><td>명칭</td><td colspan="3"></td></tr>
<tr><td colspan="2">D1의 요지</td><td colspan="2">본 발명과의 유사점 및 차이점</td></tr>
<tr><td colspan="2"></td><td colspan="2"></td></tr>
<tr><td colspan="4">종합의견</td></tr>
<tr><td colspan="4"></td></tr>
<tr><td colspan="4">보완 요청 사항</td></tr>
<tr><td colspan="4"></td></tr>
</table>

[그림 14] 선행기술조사 보고서 (예시)[27]

Step 6. 특허성 검토

특허성 검토는 도출된 발명 아이디어가 새로운 것인지 그리고 선행기술보다 진보된 것인지를 선행기술자료 조사 결과를 바탕으로 검토하여 특허성을 판단한다.

출원 후 실체심사에서 행해지는 특허성 검토를 사전에 실시하여 등록 가능성을 판단한다. 이를 통해 특허성이 부족하다면 발명 아이디어를 좀 더 보완하는 활동을 집중적으로 해야 하며, 특허성이 있다면 도출된 발명 아이디어와 선행기술과의 차이점을 더욱 강화하는 활동을 통해 최대로 넓은 권리범위를 설계해야 한다.

제3장 특허성 판단에서 자세하게 설명하였으므로 참조바라며, 간단하게 신규성과 진보성에 대해 살펴본다.

27) 쉽게 풀어 쓴 지식재산입문, 한국발명진흥회, 박문각, 221~222쪽

신규성 판단은 출원시를 기준으로 하며, 하나의 선행기술에서 특허출원된 발명의 청구항이 가지는 모든 구성요소가 발견되면 신규성이 없는 발명으로 특허를 받을 수 없다.[28)]

그리고 기술적 구성에 차이가 있더라도 그 차이가 '과제해결을 위한 구체적 수단에서 주지 · 관용기술의 부가 · 삭제 · 변경 등에 해당하여 새로운 효과가 발생하지 않는 정도의 미세한 차이'에 불과하면 두 발명은 서로 실질적으로 동일하다고 판단한다.[29)]

진보성의 판단은 신규성이 있는 것을 전제로 해서 그 기술분야에 종사하는 통상의 기술자의 입장에서, 인용발명의 내용에 청구항에 기재된 발명에 이를 수 있는 동기가 있는지 또는 인용발명과 청구항에 기재된 발명의 차이가 통상의 기술자가 가지는 통상의 창작능력 발휘에 해당하는지 여부를 주요 관점으로 하여, 인용발명에 비해 더 나은 효과가 있는지를 참작하여 판단한다.[30)]

Step 7. 특허청구범위 및 특허포트폴리오 설계

선행기술조사 보고서를 바탕으로 도출된 발명 아이디어와 선행기술과의 차이점을 면밀히 분석하고 선행기술과의 차이점을 더욱 강화한다. 상기에서 찾아낸 차별화 구성요소 후보를 선택하고 조합하여 최대로 넓은 권리범위를 설계한다. 이를 위해 청구항의 구성요소를 최소로 하고,

---

28) 특허법원 2005. 5. 20. 선고 2004허5160 판결
29) 대법원 2011. 4. 28. 선고 2010후2179, 대법원 2001. 6. 1. 선고 98후1013 판결
30) 특허청, 특허 · 실용신안 심사기준, www.kipo.go.kr

포괄적인 용어를 사용하며, 불필요한 제한을 하지 않고, 발명의 다양한 형태로 표현한다. 또한 제품을 구성하는 주요 소재.부품 또는 제조기술의 발전방향을 분석하여 반영한다. 작성된 권리범위를 선행기술과 대비하여 진보성이 부족하면 상기 과정을 반복하여 최선의 솔루션을 얻을 때까지 순환 반복 실시하는 것이 중요하다.

그리고 Step 1에서 도출된 기술트리의 소분류 단위로 특허확보방안, 자사특허의 보강방안 및 특허출원계획에 따라 기술트리의 소분류 단위로 상기의 방법을 순환 반복 실시를 하여 특허포트폴리오를 구축할 수가 있다.

특허경영 가이드 북

03

특허등록 가능성 검토

1. 자연법칙을 이용한 기술적 사상인가.
2. 산업상 이용할 수 있는 것인가.
3. 새로운 발명인가.
4. 기존 기술보다 진보한 것인가.
5. 명세서에 발명이 구체적으로 기재되고 청구 범위는 명확한가.
6. 가장 먼저 출원하였는가.
7. 파라미터발명의 특허등록 가능성 검토

선행기술자료 조사 결과를 바탕으로 특허등록 가능성을 판단한다. 특허등록 가능성을 판단하기에 앞서 특허를 받기 위해서는 '발명'이어야 한다. 발명은 특허법 제2조에서는 "발명이란 자연법칙을 이용한 기술적 사상의 창작으로서 고도한 것을 말한다"라고 하여 발명을 정의하고 있다. 따라서 자연법칙을 이용한 기술적 사상인지를 먼저 검토해야 한다.

특허법 제29조[1] 특허요건에서는 산업상 이용할 수 있는 발명, 신규성, 진보성 그리고 확대된 선원을 언급하고 있다.

이외에도 불특허사유[2]가 있고, 또한 명세서에 발명이 구체적으로 기재되고 청구범위는 명확하게 기재되어 있는가를 보는 명세서 기재불비[3]가 있다.

---

1) 제29조(특허요건)

① 산업상 이용할 수 있는 발명으로서 다음 각 호의 어느 하나에 해당하는 것을 제외하고는 그 발명에 대하여 특허를 받을 수 있다.

1. 특허출원 전에 국내 또는 국외에서 공지(公知)되었거나 공연(公然)히 실시된 발명
2. 특허출원 전에 국내 또는 국외에서 반포된 간행물에 게재되었거나 전기통신회선을 통하여 공중(公衆)이 이용할 수 있는 발명

② 특허출원 전에 그 발명이 속하는 기술분야에서 통상의 지식을 가진 사람이 제1항 각 호의 어느 하나에 해당하는 발명에 의하여 쉽게 발명할 수 있으면 그 발명에 대해서는 제1항에도 불구하고 특허를 받을 수 없다.

③ 특허출원한 발명이 다음 각 호의 요건을 모두 갖춘 다른 특허출원의 출원서에 최초로 첨부된 명세서 또는 도면에 기재된 발명과 동일한 경우에 그 발명은 제1항에도 불구하고 특허를 받을 수 없다. 다만, 그 특허출원의 발명자와 다른 특허출원의 발명자가 같거나 그 특허출원을 출원한 때의 출원인과 다른 특허출원의 출원인이 같은 경우에는 그러하지 아니하다.

1. 그 특허출원일 전에 출원된 특허출원일 것
2. 그 특허출원 후 제64조에 따라 출원공개되거나 제87조제3항에 따라 등록공고된 특허출원일 것

2) 제32조(특허를 받을 수 없는 발명) 공공의 질서 또는 선량한 풍속에 어긋나거나 공중의 위생을 해칠 우려가 있는 발명에 대해서는 제29조제1항에도 불구하고 특허를 받을 수 없다

3) 제42조(특허출원)

① 특허를 받으려는 자는 다음 각 호의 사항을 적은 특허출원서를 특허청장에게 제출하여야 한다.

1. 자연법칙을 이용한 기술적 사상인가.

자연법칙은 자연계에 존재하는 원리, 만류인력의 법칙, 부력의 법칙 등과 같이 명시적인 과학원리뿐만 아니라 자연계에서 관찰되는 자연현상과 경험칙도 포함된다. 발명이 되기 위해서는 이러한 자연법칙을 이용하여야 한다.

그러나 경제법칙, 수학공식, 작도법 등과 같은 자연 이외의 법칙, 게임의 규칙 그 자체인 인위적인 약속, 영업계획 그 자체, 교수방법 그 자체, 과세제도 등 인간의 정신활동 그리고 자연법칙에 반하는 것은 자연법

---

1. 특허출원인의 성명 및 주소(법인인 경우에는 그 명칭 및 영업소의 소재지)
2. 특허출원인의 대리인이 있는 경우에는 그 대리인의 성명 및 주소나 영업소의 소재지[대리인이 특허법인 · 특허법인(유한)인 경우에는 그 명칭, 사무소의 소재지 및 지정된 변리사의 성명]
3. 발명의 명칭
4. 발명자의 성명 및 주소

② 제1항에 따른 특허출원서에는 발명의 설명 · 청구범위를 적은 명세서와 필요한 도면 및 요약서를 첨부하여야 한다.

③ 제2항에 따른 발명의 설명은 다음 각 호의 요건을 모두 충족하여야 한다.

1. 그 발명이 속하는 기술분야에서 통상의 지식을 가진 사람이 그 발명을 쉽게 실시할 수 있도록 명확하고 상세하게 적을 것
2. 그 발명의 배경이 되는 기술을 적을 것

④ 제2항에 따른 청구범위에는 보호받으려는 사항을 적은 항(이하 "청구항"이라 한다)이 하나 이상 있어야 하며, 그 청구항은 다음 각 호의 요건을 모두 충족하여야 한다.

1. 발명의 설명에 의하여 뒷받침될 것
2. 발명이 명확하고 간결하게 적혀 있을 것

⑥ 제2항에 따른 청구범위에는 보호받으려는 사항을 명확히 할 수 있도록 발명을 특정하는 데 필요하다고 인정되는 구조 · 방법 · 기능 · 물질 또는 이들의 결합관계 등을 적어야 한다.

⑧ 제2항에 따른 청구범위의 기재방법에 관하여 필요한 사항은 대통령령으로 정한다.

⑨ 제2항에 따른 발명의 설명, 도면 및 요약서의 기재방법 등에 관하여 필요한 사항은 산업통상자원부령으로 정한다.

칙이 아니므로 발명의 대상이 아니다.

이용은 청구항 전체로서 판단[4]하여야 하고, 반복 재현성[5]이 있어야 한다. 즉 그 발명이 속하는 기술 분야에서 통상의 지식을 가진 사람이 명세서에 기재된 바에 따라 용이하게 반복실시하여 목적하는 기술적 효과를 얻을 수 있는 것을 말한다.

기술은 지식으로서 전달이 가능하여야 하고 제3자가 같은 방법으로 그 기술을 이용하면 같은 결과를 얻을 수 있어야 한다. 그러나 연주기술, 무용기술, 체육기술 등은 개인의 능력을 요구하는 기량이므로 발명에는 해당되지 않는다.

기술적 사상은 발명의 개념을 구체화된 유체물에 한정하지 않고 관념화된 기술적 사상 까지 넓힌 것으로 기술 그 자체로 발명이 제한되는 것이 아니라 기술로부터 추론되는 아이디어까지 범위가 확장된다.

해결하고자 하는 문제점	기술 (구체적인 실시예)	기술적 사상
 나무 바퀴에 의한 충격	 나무바퀴에 고무 띠 부착	바퀴에 충격을 완화할 수 있는 무엇인가를 부착하면 어떨까?

[그림 1] 기술적 사상 (사례)[6]

4) 대법원 2010. 12. 23. 선고 2009후436 판결
5) 특허법원 2001. 12. 7. 선고 2000허7519 판결
6) 제4차 산업혁명 기술과 지식재산권, 특허청/국제지식재산연수원, 2019, 225쪽

[그림 1]에서 보면 '해결하고자 하는 문제점'은 나무 바퀴에 의한 충격을 완화하는 것인데, 구체적인 실시예, 즉 직접 발명한 아이디어는 나무바퀴에 고무 띠를 부착한 '기술'이다. 그러나 '기술적 사상'으로 보면 바퀴에 충격을 완화할 수 있는 무엇인가를 부착하면 어떨까? 로 확장되는 것을 알 수 있다.

창작은 새로이 만들어 낸 것이다. 그러나 자연계에 이미 존재하는 물건이나 법칙을 단순히 찾아내는 발견은 창작이 아님을 알 수가 있다. 새로이 만들어 낸 것인 창작은 '신규성'에서 보기로 하고, 여기서는 발견에 대해 알아보기로 하자.

발견의 예로는 천연물에서 어떤 물질을 인위적으로 분리하는 방법, 분리된 화학물질 또는 미생물은 발명의 대상이 된다. 자연계에 존재하는 물의 속성을 발견하고 그 속성에 따라 새로운 용도의 제시 행위가 통상의 기술자가 자명하지 않은 발명적 노력을 가한 경우이기 때문이다. 기술적 사상의 창작적 요소는 물질의 특정 성질을 발견하여 그 성질을 특정 용도로 이용하는 것이다. 이러한 발명을 용도발명이라고 한다.

용도발명의 예로는 이미 안료(페인트)로 알려진 물질 DDT에 살충효과가 있다는 속성을 발견하고 이 속성을 이용하여 살충제를 발명한 것이 대표적 사례이다.

고도한 것은 기술적 사상의 창작 중 비교적 기술의 정도가 높은 것은 발명으로 그렇지 못한 것은 고안으로 본다는 것이다.

실용신안은 물품의 형상, 구조 또는 조합에 관한 것을 보호의 대상으로 하고 있으므로 사용방법, 제조방법, 조성물, 화학물질, 일정 형상을 갖지 않는 것, 동물품종, 식물품종 등은 실용신안의 대상이 아니다. 권리를 향유할 수 있는 존속기간은 특허권의 1/2에 해당하는 출원일로부터 10년이지만, 라이프사이클이 짧은 기술분야는 실용신안 대상이라면 적극적으로 활용해볼 만하다. 특히 중국은 실용신안이 무심사이지만 특허권과 같은 권리를 누릴 수 있으므로 활용 가치가 높을 것이다.

미완성 발명[7]은 발명의 과제를 해결하기 위한 구체적 수단이 결여되어 있거나 또는 제시된 과제 해결수단 만으로는 과제해결이 명백하게 불가능하다고 인정된 경우로 발명이 복수의 구성요건을 필요로 하는 경우에는 어느 구성요건을 결여한 경우, 해결하고자 하는 문제에 대한 인식은 있으나 그 해결수단을 제시하지 못하는 경우, 해결과제와 해결수단이 제시되어 있어도 그 수잔을 실행하였을 때 효과가 없는 경우, 용도를 밝히지 못하는 경우, 발명의 실시의 결과기 사회적으로 용납되지 않는 위험한 상태로 방치되는 경우 등이 이에 해당된다.

그렇다면 완성된 발명[8]은 그 발명이 속하는 분야에서 통상의 지식을 가진 자가 반복 실시하여 목적하는 기술적 효과를 얻을 수 있을 정도까지 구체적, 객관적으로 구성되어 있는 발명으로, 그 판단은 특허출원 명세서에 기재된 발명의 목적, 구성 및 작용효과 등을 전체적으로 고려하여 출원 당시의 기술수준에 입각하여 판단한다.

---

7) 대법원 2003. 5. 16. 선고 2001후3149 판결
8) 대법원 1994. 12. 27. 선고 93후1810 판결

2. 산업상 이용할 수 있는 것인가.

산업상 이용할 수 있는 발명은 실무상 한 가지 이상의 산업상 용도만 기재되면 충분하다.

산업상 이용할 수 있는 발명은 발명이 산업으로 실시되는 것이 장래에 실시되어도 좋다는 의미일 뿐 장래 관련 기술의 발전에 따라 기술적으로 보완되어 장래에 비로소 산업상 이용가능성이 생기는 경우까지 포함하는 것은 아니다.[9)]

산업상 이용할 수 없는 발명은 개인적, 실험적 또는 학술적으로 만 이용하는 것과 현실적으로 명백하게 실시할 수 없는 발명이 해당된다.[10)]

특히 산업상 이용할 수 없는 발명으로는 ⓐ 인간을 수술, 치료 또는 진단하는 방법의 발명, ⓑ 발명의 목적, 구성 및 효과 등에 비추어 보면 인간의 질병을 치료, 예방 또는 건강상태의 증진 내지 유지 등을 위한 처치방법의 발명인 경우, ⓒ 청구항에 의료행위를 적어도 하나의 단계 또는 불가분의 구성요소로 포함하고 있는 방법의 발명, ⓓ 치료효과와 비치료 효과를 구별 및 분리할 수 없는 방법은 치료방법으로 간주된다.[11)]

---

9) 대법원 2003. 3. 14. 선고 2001후2801 판결

10) 특허청 특허심사기준에서 산업상 이용할 수 없는 발명의 예로 '오존층의 감소에 따른 자외선의 증가를 방지하기 위하여 지구표면 전체를 자외선 흡수 플라스틱 필름으로 둘러싸는 방법'을 제시함.

11) 특허법원 2004. 7. 15. 선고 2003허6104 판결, 의료행위는 인간의 존엄 및 생존에 깊이 관여되어 있는 점, 모든 사람은 의사의 도움을 통하여 질병의 진단, 치료, 경감 또는 예방할 수 있는 의료방법을 선택하고 접근할 수 있는 권리가 보호되어야 한다는 점, 의료행위에 관한 발명을 특허대상으로 하게 되면 의사가 의료

3. 새로운 발명인가.

특허법 제29조(특허요건) 제1항에서는 산업상 이용할 수 있는 발명으로서 다음 각 호의 어느 하나에 해당하는 것을 제외하고는 그 발명에 대하여 특허를 받을 수 있다.

> 1. 특허출원 전에 국내 또는 국외에서 공지(公知)되었거나 공연(公然)히 실시된 발명
> 2. 특허출원 전에 국내 또는 국외에서 반포된 간행물에 게재되었거나 전기통신회선을 통하여 공중(公衆)이 이용할 수 있는 발명

으로 신규성을 규정하고 있다.

'산업상 이용할 수 있는 발명'을 전제로 하고 있으며, '특허출원 전'이라고 하여 기준 시점을 나타내고 있고 '국내 또는 국외'라고 하여 전세계를 대상으로 하고 있음을 알 수 있다.

공지(公知)는 그 내용이 비밀상태로 유지되지 않고 불특정인[12]에게 알려지거나 알려질 수 있는 상태를 의미한다.

공연(公然)은 그 발명이 공연[13]히 알려진 상태 또는 공연히 알려질 수 있는 상태에서 실시되고 있는 것이다.

행위를 수행함에 있어 특허의 침해 여부를 신경 쓰게 되어 의료행위에 대한 자유로운 접근이 어렵게 되는 점을 감안하여 의료방법 발명을 심사하여야 한다.

12) 그 발명에 대한 비밀준수 의무가 없는 일반 공중을 말한다.

13) 전면적으로 비밀상태가 아닌 것이다.

'반포된 간행물에 게재된 발명'에서 반포는 불특정인이 널리 인식할 수 있는 상태[14]이고, 간행물은 일반공중에게 공개할 목적으로 인쇄 기타의 기계적, 화학적 방법에 의하여 복제된 문서, 도면, 기타 이와 유사한 정보전달 매체[15]이며, 게재는 가독성만 있으면 족하고 언어는 불문하지만, 물건의 내부에 특징이 있는 경우 그 외형 사진만을 게재한 경우는 게재라고 할 수 없다[16]고 한다.

전기통신회선은 인터넷, 전기통신회선을 통한 공중 게시판, 이메일 그룹 등이고, 향후 기술의 발달로 신규로 나타날 수 있는 통신방법도 추가 포함될 수 있다. 인터넷 자료는 블로그, 유튜브 동영상, 홈페이지, 홈쇼핑, 인스타그램, 틱톡 등이 있다.

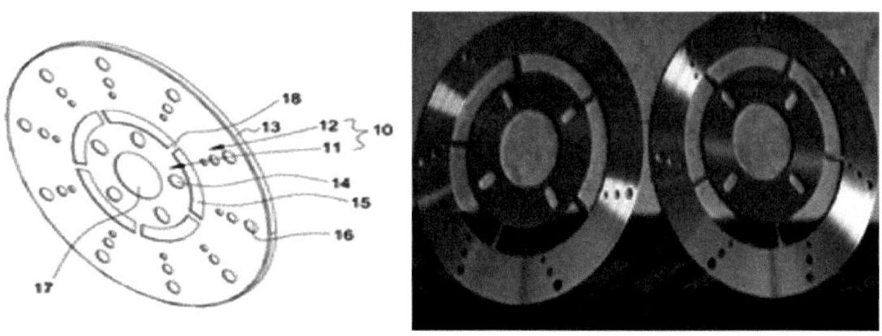

[그림 2] 왼쪽은 특허출원발명 내용, 오른쪽은 블로그에 게재된 제품

14) 대법원 1983. 2. 8. 선고 81후64 판결
15) 특허청, 특허 · 실용신안 심사기준, www.kipo.go.kr
16) 대법원 1997. 12. 23. 선고 97후433 판결

[그림 2]는 블로그에 제품을 먼저 게시한 후 특허출원을 진행하였으나 신규성이 없다는 이유로 거절된 사례이다. 카탈로그는 제작되었으면 배부, 반포되는 것이 사회통념이다.[17)]

학위논문은 그 내용이 논문 심사 전후에 공개된 장소에서 발표되었다는 특별한 사정이 없는 한 대학도서관의 입고시를 반포시기로 보아야 한다.[18)]

고문서 또는 사양서(仕様書, 설명서)에 출원 발명과 동일 내용의 기술이 공개된 것으로 인정되는 경우에는 이들을 참증으로 인용하여 출원 발명의 신규성, 진보성을 부정할 수 있다.[19)]

신규성 판단은 출원시를 기준으로 하며, 하나의 선행기술에서 특허출원된 발명의 청구항이 가지는 모든 구성요소가 발견되면 신규성이 없는 발명으로 특허를 받을 수 없다.[20)]

기술적 구성에 차이가 있더라도 그 차이가 '과제해결을 위한 구체적 수단에서 주지 · 관용기술의 부가 · 삭제 · 변경 등에 지나지 아니하여 새로운 효과가 발생하지 않는 정도의 미세한 차이'에 불과하다면 두 발명은 서로 실질적으로 동일하다고 할 것이다.[21)]

---

17) 대법원 2000. 12. 8. 선고 98후270 판결
18) 대법원 2002. 9. 6. 선고 2000후1689 판결
19) 대법원 1969. 5. 13. 선고 67후13 판결, 대법원 1985. 11. 12. 선고 84후9 판결
20) 특허법원 2005. 5. 20. 선고 2004허5160 판결
21) 대법원 2011. 4. 28. 선고 2010후2179, 대법원 2001. 6. 1. 선고 98후1013 판결

4. 기존 기술보다 진보한 것인가.

특허법 제29조(특허요건) 제2항에서는 "특허출원 전에 그 발명이 속하는 기술분야에서 통상의 지식을 가진 사람이 제1항 각 호의 어느 하나에 해당하는 발명에 의하여 쉽게 발명할 수 있으면 그 발명에 대해서는 제1항에도 불구하고 특허를 받을 수 없다."라고 기재하고 있다.

진보성은 신규성을 전제로 하고 있으며, 판단 시점은 특허출원 전이고, 기술분야는 그 발명이 속하는 기술분야로서 신규성에서는 언급하지 않은 부분이다. 판단 주체는 그 발명이 속하는 기술분야에서 통상의 지식을 가진 사람(통상의 기술자)[22]이며, 판단 방법은 출원 전 신규성이 있는 공지기술과 대비하여 쉽게 발명할 수 있는가로 진보성을 판단한다.

진보성 판단은 출원발명과 인용발명을 대비하여 그 구성의 차이를 명확히 한 후, 인용발명으로부터 출원발명에 이르게 된 것이 통상의 기술자에게 용이한지 여부를 판단한다.

용이성의 판단 근거[23]로는

ⓐ 발명에 이를 수 있는 동기가 있는 것인데, 구체적으로는 인용발명

---

22) 특허법원 2010. 3. 19. 선고 2008허8150 판결, 통상의 기술자란 출원 전의 해당 기술분야의 기술상식을 보유하고, 출원발명의 과제와 관련되는 출원 전의 기술수준에 있는 모든 것을 입수하여 자신의 지식으로 할 수 있는 자로서 실험·분석·제조 등을 포함하는 연구 또는 개발을 위하여 통상의 수단을 이용할 수 있으며, 공지의 재료 중에서 적합한 재료를 선택하거나 수치 범위를 최적화하거나 균등물로 치환하는 등 통상의 창작 능력을 발휘할 수 있는 특허법상의 상상의 인물이다.

23) 특허청, 특허·실용신안 심사기준, www.kipo.go.kr

에 출원에 대한 시사가 있는 경우, 기능 · 작용이 공통되는 경우, 인용발명과 출원발명의 과제가 공통되는 경우, 기술분야의 관련성이 있는 경우 등이 있다.

또한

ⓑ 통상의 기술자의 통상의 창작능력의 발휘에 해당하는 것인데, 일정한 목적 달성을 위하여 공지의 재료 중에서 가장 적합한 재료의 선택, 수치범위의 최적화 또는 호적화, 균등물에 의한 치환, 기술의 구체적 적용에 따른 설계변경, 일부 구성요소의 생략, 단순 용도의 변경 · 한정, 공지기술의 일반적인 적용 등이 있다.

그리고

ⓒ 유리한 효과면인데 이질적이거나 동질이라도 양적으로 현저한 차이가 있다면 진보성이 인정된다.[24]

진보성이 부정되는지 여부는 통상의 기술자의 입장에서, 인용발명의 내용에 청구항에 기재된 발명에 이를 수 있는 동기가 있는지 또는 인용발명과 청구항에 기재된 발명의 차이가 통상의 기술자가 가지는 통상의 창작능력 발휘에 해당하는지 여부를 주요 관점으로 하여, 인용발명에비해 더 나은 효과가 있는지를 참작하여 판단한다.[25]

진보성 판단 시 참고 사항 중 하나인 것은 상업적 성공,[26] 외국에서의 특허성 판단,[27] 정부기관으로 부터 지정 또는 인증,[28] 출원 전 미실

---

24) 대법원 1991. 10. 22. 선고 90후2003 판결
25) 특허청, 특허 · 실용신안 심사기준, www.kipo.go.kr
26) 특허법원 2004. 11. 5. 선고 2004허11 판결

시[29] 등이 있다.

선택발명[30]의 진보성 판단은 선택발명을 구성하는 하위개념 모두가 인용발명과 질적으로 다른 효과를 갖거나, 질적인 차이가 없더라도 양적으로 현저한 차이가 있어야 한다.[31]

수치한정발명의 진보성 판단은 청구항에 기재된 발명이 한정된 수치범위 내에서 인용발명의 효과에 비하여 유리한 효과를 가질 때에는 진보성이 인정될 수 있다.[32] 구체적으로는 수치한정 범위 전체에서 인용발명에 비하여 유리한 효과 즉, 이질적인 효과가 있거나 동질이라도 양적으로 현저한 차이가 있고, 수치한정을 경계로 발명의 유리한 효과와 관련된 특성에 급격한 변화가 있는 경우에 한해 진보성이 인정된다.[33]

Product by Process(PBP, 제조방법으로 기재된 물건 청구항) 청구항은 그 제조방법에 의해서만 물건을 특정할 수 밖에 없는 등의 특별한 사정이 없는 한, 그 제조방법 자체는 이를 고려할 필요 없이 그 특허청구범위의 기재에 의하여 물건으로 특정되는 발명 만을 그 출원 전에 공지된 발명 등과 비교하여야 한다.[34]

---

27) 특허법원 2001. 7. 12. 선고 2000허7557 판결

28) 특허법원 2001. 8. 17. 선고 2000허6189 판결

29) 대법원 2001. 12. 14. 선고 99후1140 판결, 출원고안이 우수한 작용효과를 가지고 있음에도 불구하고 그 출원 전에 실시된 바 없는 것으로 보면 통상의 기술자가 이 사건 출원고안을 극히 용이하게 고안할 수 없었다고 봄이 상당하다.

30) 총괄적인 상위개념으로 표현된 선행발명에 대해서 그 상위개념에 포함된 하위개념으로 표현된 발명에 있어서, 당해 선행발명에 구체적으로 개시되어 있지 않은 사항을 필수 구성요건의 전부 또는 일부로서 선택한 발명

31) 특허법원 2010. 8.12. 선고 2009허8973 판결

32) 특허청, 특허 · 실용신안 심사기준, www.kipo.go.kr

33) 대법원 2005. 1. 28. 선고 2003후1000 판결

진보성 판단 시에는 신규성과 달리 인용문헌을 2 이상 결합하여 판단할 수 있다. 여러 선행문헌을 조합 또는 결합하면 당행 특허발명에 이를 수 있다는 암시, 동기 등이 선행기술문헌에 제시되어 있거나, 그렇지 않더라도 당해 특허발명의 출원 당시의 기술수준, 기술상식, 해당 기술분야의 기본적 과제, 발전경향, 해당 업계의 요구 등에 비추어 보아 그 기술분야에 통상의 지식을 가진 자가 용이하게 그와 같은 결합에 이를 수 있다고 인정할 수 있는 경우에는 당해 특허발명의 진보성이 부정된다.[35]

2 이상의 인용문헌을 결합하여 진보성을 판단하기 위해서는 2 이상의 인용문헌이 ⓐ 기술분야가 동일해야 하고, ⓑ 해결하고자 하는 기술적 과제가 동일해야 하며, ⓒ 통상의 지식을 가진자가 용이하게 결합할 수 있는 동기를 제시하여야 한다.[36]

미국의 경우 미국 연방항소법원(CAFC, Court of Appeals for the Federal Circuit)이 인용예를 조합하므로써 비자명성을 부정하기 위해서는 해당 인용예에 구성요건을 조합하는 교시(가르침), 시사, 동기(TSM, Teaching, Suggetion, Motivation)가 기재되어 있어야 한다[37]고 하고, 또한 TSM 테스트를 진보성 판단기준으로 한 것에 대해서는 판단기준은 객관적이고 예측가능해야 하며, 특히 사후적 고찰[38]을 방지[39]하기 위해

34) 대법원 2009. 9. 24. 선고 2007후4328 판결
35) 대법원 2009. 7. 9. 선고 2008후3377 판결
36) 대법원 2007. 9. 6. 선고 2005후3284 판결
37) In re Kahn, 441 F.3d 977, 986(Fed. Cir. 2006)
38) 사후적 고찰(hindsight)은 특허발명의 기술내용에서 시사 또는 암시를 받아서 이를 바탕으로 선행기술의 내용을 파악하는 것이다. 특허발명은 출원 당시 시점에서 신규성과 진보성을 구비하여야 하는데, 진보성 여부를 판단하는 과정에서 심사관이나 법관은 과거로 돌아가 출원 당시의 기술수준을 가진 통상의 기술자 관

엄격하게 적용하여 왔다고 한다.

그러나 미국 대법원(Supreme Court)은 KSR사건[40]에서 TSM 테스트에 당해 특허발명의 출원 당시의 기술수준, 기술상식, 해당기술분야의 기본적 과제, 발전경향, 해당업계의 요구 등도 함께 고려되어야 한다고 하여 진보성 적용 여지를 넓혀 주었다.

다이슨의 날개없는 선풍기 특허[41]는 일본 공개특허 공보 소화 57-167897호(비교대상발명 1)와 베르누이 방정식의 응용사례(비교대상발명 2)에 비추어 보면 특허성이 없다는 것에 대해 '노즐은 공기 유동을 유도할 수 있도록 마우스부가 배치되는 표면을 포함하고, 상기 표면은 상기 축으로부터 테이퍼가 진 디퓨저뷰 및 상기 디퓨저뷰의 하류부에 각을 이루며 위치된 가이드부를 포함하는 무블레이드 선풍기 조립체'를 특허청구범위로 청구함으로써 비교대상발명 1과 비교대상발명 2와 구조가 달라 신규성이 있고, 용이하게 발명할 수 없으며, 구조가 다름에 따른 기존 선풍기의 문제점인 소음과 진동, 바람방향 등을 해소하는 효과가 인정되어 진보성을 인정받아 등록된 사례다.

점에서 진보성 여부를 판단하는 것이 아니라 사후적 고찰에 의하여 해당 발명과 관련 선행기술을 모두 알게 된 현재 시점에서 진보성 여부를 판단하는 오류를 범하기 쉽다.

39) 대법원 2011. 2. 10. 선고 2010후2698 판결

40) KSR International Co. v. Teleflex Inc. 550 U.S. 398, 418-427(2007)

41) 대한민국 공개번호 2011-0036647

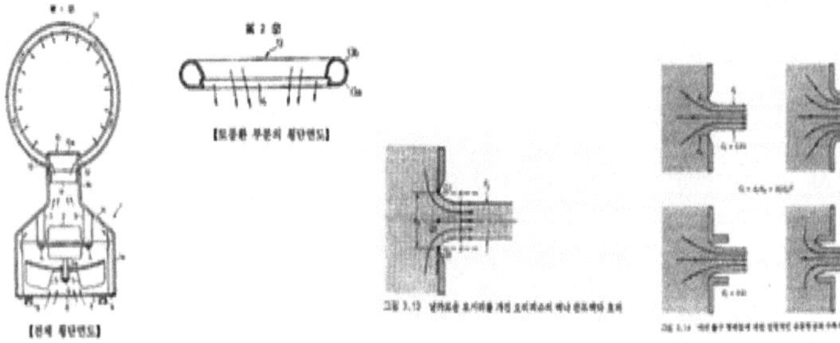

비교대상발명 1과 2

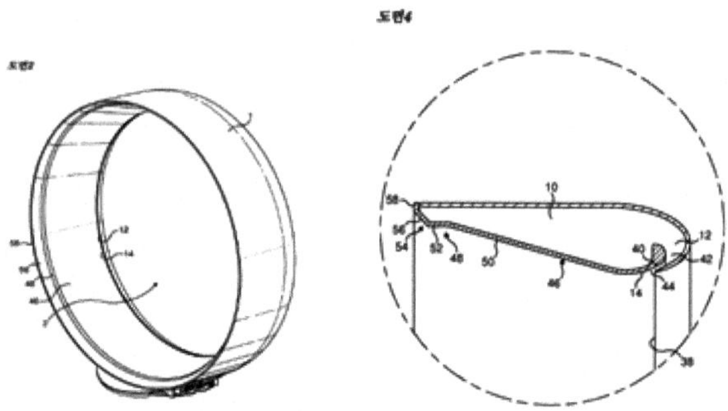

[그림 3] 다이슨의 날개 없는 선풍기 특허

[그림 4][42]는 IoT와 같이 이종기술 간의 융합이 특징인 발명에서 단순한 결합은 진보성을 인정 받기는 어렵다는 것을 보여주는 사례다. 그 이유는 각 분야의 공지 기술들을 단순하게 결합 만 하면 쉽게 도출할 수 있는 것으로 판단되기 때문이다.

42) 특허청, www.kipo.go.kr

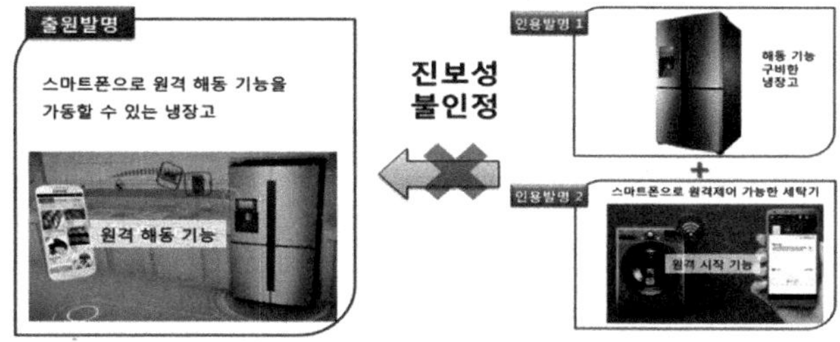

[그림 4] 이종 기술 간의 단순한 결합은 진보성 불인정(사례)

[그림 5][43]는 이용자의 사용패턴을 분석해서 응용하는 기술로서 진보성이 인정된 사례다. 물건이 네트워크와 접속됨으로써 얻을 수 있는 정보를 활용하는 경우에는 선행기술에 비해 더 나은 효과만 있다면 진보성은 긍정적이다.

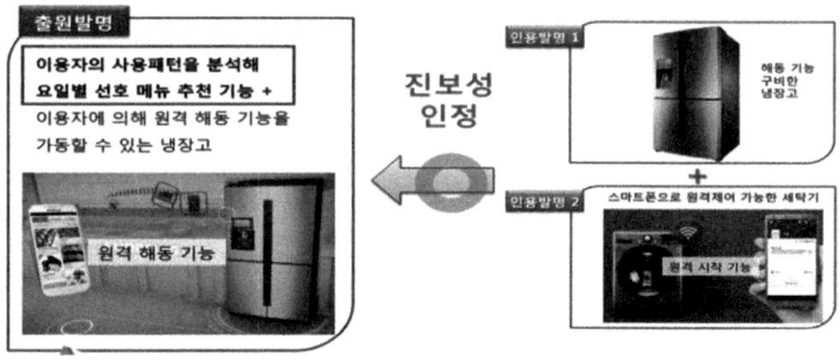

[그림 5] 이용자의 사용패턴을 분석하는 기술은 종래기술에 비해 진보성 인정 (사례)

정보통신 등 4차 산업혁명 관련 발명에서, 기존 기술의 단순한 결합이나 해당 서비스 분야에서 이전에 존재하였던 기술을 그대로 제공하는 경우는 진보성을 인정받기가 어렵다. 이에 반해 이종기술 간의 융합이나 초지능 및 초연결에 각별한 곤란성이 있거나, 예측 이상의 효과가 있는

43) 특허청, www.kipo.go.kr

경우는 진보성을 인정받을 가능성이 높다.

IoT, AI, 3D 프린팅 관련기술의 발명은 선행기술과의 차이점에서, 물건이 네트워크와 접속됨으로써 얻을 수 있는 정보의 활용, 특정과제를 수행하도록 학습된 모델에서 얻어지는 특유의 출력정보 또는 특정구조를 가지는 데이터에 의해서 규정되는 특유의 정보처리에 의해 더 나은 효과가 있는 경우에는 진보성을 인정받을 가능성이 높다.[44] 이를 위해 명세서 작성할 때도 기존기술 대비 새로운 효과를 얻어낼 수 있는 데이터적 요소나 이를 적용하는 알고리즘이 새로운 것임을 강조하여 작성할 필요가 있다.

44) 특허청 특허 · 실용신안 심사기준, www.kipo.go.kr

5. 명세서에 발명이 구체적으로 기재되고 청구범위는 명확한가.

특허발명의 보호범위는 청구범위에 적혀 있는 사항이다.[45] 그리고 도면과 발명의 설명을 참작하여 권리범위를 해석할 수가 있다. 특허청구범위는 보호받으려는 사항을 적은 항이 하나 이상 있어야 하며, 발명의 설명에 의하여 뒷받침될 것과 발명이 명확[46]하고 간결하게 적혀 있을 것의 요건을 모두 충족하여야 한다.[47]

특허청구범위는 발명의 설명에 의하여 뒷받침되어야 하는데 그렇지 못한 경우[48]는

① 청구항에 기재된 사항과 대응되는 사항이 발명의 설명에 직접적으로 기재되어 있지 않고, 암시도 되어 있지 않은 경우[49]

② 발명의 설명과 청구항에 기재된 발명 상호 간에 용어가 통일되어 있지 않아서 양자의 대응관계가 불명료한 경우[50]

③ 청구항에 기재된 사항이 특정기능을 수행하기 위한 수단 또는 공

---

45) 특허법 제97조(특허발명의 보호범위)

46) 특허법 제42조 제6항 청구범위에는 보호받으려는 사항을 명확히 할 수 있도록 발명을 특정하는 데 필요하다고 인정되는 구조.방법.기능.물질 또는 이들의 결합관계 등을 적어야 한다.

47) 특허법 제42조 제4항

48) 특허청, 특허 · 실용신안 심사기준, www.kipo.go.kr

49) 특허법원 2004. 2. 6. 선고 2003허2188 판결, 대법원 2006. 11. 24. 선고 2003후2072 판결

50) 특허법원 2006. 12. 13. 선고 2005허10916 판결, 특허법원 2006. 11. 23. 선고 2006허1926 판결

정으로 기재되어 있으나 이들 수단 또는 공정에 대응하는 구체적인 구성이 발명의 설명에 기재되어 있지 않는 경우

④ 출원 시 해당 기술분야의 통상의 지식에 비추어 보아 청구된 발명의 범위까지 발명의 설명에 기재된 내용을 확장하거나 일반화할 수가 없는 경우[51]

⑤ 발명의 설명에 기재된 발명의 과제를 해결하기 위한 수단이 청구항에 기재되어 있지 않아 발명의 설명에 기재된 범위를 벗어난 발명을 청구하는 경우[52] 등이 있다.

특허청구범위는 발명이 명확하고 간결하게 기재되어 있는가의 여부는 그 발명이 속하는 기술분야에서 통상의 지식을 가진 자의 입장에서 청구항, 발명의 설명, 도면의 기재 및 출원 시의 기술상식으로 판단[53]한다.

발명이 불명확하고 간결하게 기재되어 있지 않은 경우[54]는 청구항의 기재내용이 불명확한 경우는 물론이고, 청구항에 각 구성요소가 단순히 나열되어 있을 뿐으로 그 결합관계가 기재되어 있지 않아서 발명이 불명확한 경우,[55] 청구항에 기재된 발명의 카테고리가 불명확한 경우,[56] 동일한 내용이 중복으로 기재되어 있는 등 청구항의 기재가 너무 장황하여 보호를 받고자 하는 발명의 구성에 없어서는 아니되는 사항이 불명확한 경우, 청구항에 발명의 구성을 불명확하게 하는 표현이 기재되어 있는 경

51) 대법원 2006. 5. 11. 선고 2004후1120 판결
52) 대법원 2004. 12. 9. 선고 2003후496 판결
53) 대법원 2017. 4. 7. 선고 2014후1563 판결
54) 특허청, 특허 · 실용신안 심사기준, www.kipo.go.kr
55) 특허심판원 2006. 12. 26. 선고 2006원3237 판결
56) 특허법원 2007. 3. 22. 선고 2006허5751 판결

우,[57] 지시의 대상이 불명확하여 발명의 구성이 불명확한 경우, 청구항에 서로 다른 기능을 수행하는 복수의 동일한 표현의 기술용어가 있을 경우에 각각의 기능을 한정하여 기재하거나, 또는 도면에 사용된 부호에 의하여 명확하게 구별되도록 기재되어 있지 않아서 보호를 받고자 하는 발명의 구성이 불명확한 경우[58] 등이 있다.

그리고 명세서에 발명이 구체적으로 기재되어 있지 않은 예는 다음과 같다.

명세서에서 용어가 통일성과 일관성이 없는 경우, 발명의 동기가 불명확한 경우(종래기술로부터 본 발명이 도출되어야 함), 종래기술로 제시한 기술이 실제로 종래기술이 아닌 경우, 종래기술만 나열하되 본 발명과 관련된 종래기술의 문제점이 전혀 기재되지 않은 경우, 구성요소간 결합관계가 전혀 기재되어 있지 않고 구성요소만 나열한 경우(어떻게 작동되는지 이해하기가 어려운 경우), 수치한정발명에서 상한이나 하한을 기재하지 않은 겨우, 실제로 발명한 기술에 비하여 아주 포괄적인 개념에 대하여 청구한 경우, 청구하고자 하는 기술은 여러 가지이나 실시예에 의해 확인가능한 기술은 그 중 아주 일부이며 나머지 기술은 그로부터 그 효과를 예측할 수 없는 경우 등이다.

---

57) 2006허5560, 다만, 이러한 표현을 사용하더라도 그 의미가 발명의 설명에 의해 명확히 뒷받침되며 발명의 특정에 문제가 없다고 인정되는 경우에는 불명확한 것으로 취급하지 않는다. (예1) '소망에 따라', '필요에 따라', '특히', '예를 들어', '및/또는' 등이 자구와 함께 임의 부가적 사항 또는 선택적 사항이 기재된 경우. (예2) '주로', '주성분으로', 주 공정으로, '적합한', 적량의, '많은', '높은', '대부분의', '거의', '대략', '약' 등 비교적 기준이나 정도가 불명확한 표현이 사용된 경우. (예3) '...을 제외하고', '... 이 아닌'과 같은 부정적 표현이 사용되어 불명확해진 경우. (예4) 수치한정발명에서 '... 이상', '... 이하', '0~10'과 같이 상한이나 하한의 기재가 없는 수치한정이나 0을 포함하는 수치한정을 한 경우

58) 2005후803

6. 가장 먼저 출원하였는가.

특허법 제29조 제3항(확대된 선원)은 특허출원한 발명이 당해 출원일 전에 출원하여, 당해 출원 후 출원공개 또는 등록공고된 타출원의 최초 명세서 또는 도면에 기재된 발명과 동일한 경우에는 특허를 받을 수 없다.

확대된 선원은 신규성의 예외 사항으로 가장 먼저 출원한 타인의 최초 명세서 또는 도면에 기재된 발명과 동일한 경우에는 특허를 받을 수 없다는 것이다.

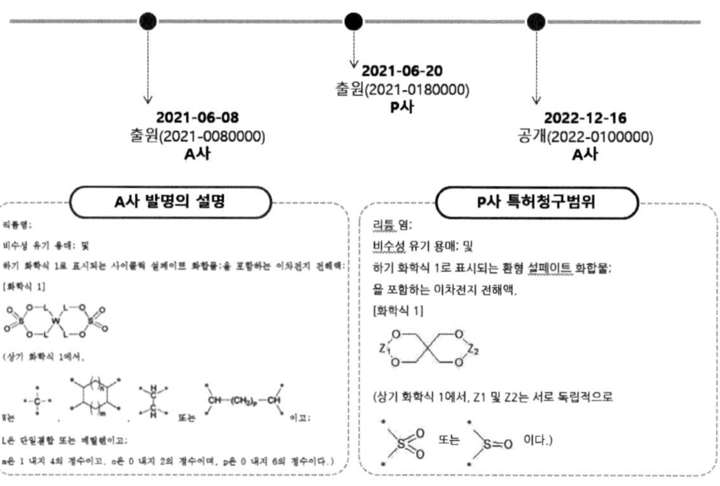

[그림 6] 확대된 선원 (사례 재구성)

[그림 6]에서는 동일한 발명에 대해 A사와 P사가 출원한 경우로 P사가 출원할 때는 A사는 공개가 되지 않은 상태로, P사의 입장에서 보면 출원 전에 간행물에 기재된 것이 없었지만, A사가 공개된 후 출원일이 P

사 보다 앞서서 P사의 발명은 거절되고 A사 만이 특허 등록이 된다.

특허법 제36조(선원)는 동일한 발명에 대하여 다른 날에 둘 이상의 특허출원이 있는 경우에는 먼저 특허출원한 자만이 그 발명에 대하여 특허를 받을 수 있다.

또한 동일한 발명에 대하여 같은 날에 둘 이상의 특허출원이 있는 경우에는 특허출원인 간에 협의하여 정한 하나의 특허출원인만이 그 발명에 대하여 특허를 받을 수 있다. 다만, 협의가 성립하지 아니하거나 협의를 할 수 없는 경우에는 어느 특허출원인도 그 발명에 대하여 특허를 받을 수 없다.

선원은 중복특허를 배제하기 위한 목적으로 동일성을 양발명의 특허청구범위에 기재된 발명으로 비교하여 판단하는 점이 확대된 선원과 다르다.

7. 파라미터발명의 특허등록 가능성 검토

파라미터발명은 물리적 · 화학적 특성 값에 대하여 당해 기술분야에서 표준적인 것이 아니거나 관용되지 않는 파라미터를 출원인이 임으로 창출하거나, 이들 복수의 변수 간의 상간관계를 이용하여 연산식으로 파라미터화 한 후, 발명의 구성요소 일부로 하는 발명을 말한다.[59]

파라미터발명은 구조만으로 물질을 특정하는 것이 곤란한 경우(예로서 천연추출물 중에서는 물질의 실체를 확인할 수는 있지만, 그 화학구조를 파악할 수 없는 경우) 또는 구조만에 의해 물질을 특정할 때 종래의 물질과 구별되지 않는 경우(예로서 폴리에틸렌과 고밀도 폴리에틸렌은 에틸렌 단위가 반복되어 있는 동일한 형태로 차이가 없다. 따라서 그 재료의 밀도, 연화점, 강성 등 물성 파라미터를 부가함으로써 고밀도 폴리에틸렌을 특정할 수 있다.)가 있으므로 필요하다.[60]

파라미터발명의 종류는 발명자가 창출한 파라미터를 한정한 발명과 복수의 변수(파라미터)를 상관적으로 한정한 발명으로 나누어 볼 수 있다. 발명자가 창출한 파라미터를 한정한 발명으로는 특정한 발명분야에 사용되는 변수 또는 출원인이 자기의 발명을 표현하기 위해 창출한 기술적 변수(파라미터로서 물리적, 화학적 성질 또는 특성 등)를 규정한 요건을 포함한다(예로서 500℃에서 3시간 방치 후 굴곡강도가 80kg/㎠ 이상

---

59) 특허청, 특허 · 실용신안 심사기준, www.kipo.go.kr
60) 대한변리사회, 특허와상표 562호, 이재웅, 수치한정발명과 파라미터발명, 2003, 6페이지

인 지르코니아계 내열성 재료[61]). 복수의 변수(파라미터)를 상관적으로 한정한 발명으로 발명자가 자신의 발명을 보다 명확하게 표현하기 위하여 각 변수의 상관관계를 규정한 것이다(예로서 A 61~81wt%, B 0~10wt%, C 11~16wt%, D 4~10wt% 및 E 0~2wt%를 포함하되, C+D+E의 합은 19~24wt%의 범위 내이고, [C/(C+D+E)]는 약 0.84 이하인 것을 특징으로 하는 촉매[62]).

파라미터발명은 구조를 파악하기 어려운 경우 또는 출발물질이 특정되어 있어도 그 반응생성물의 구조가 복잡하여 쉽게 특정할 수 없을 때도 특정이 용이하다. 또한 일반적인 특허청구범위 보다 넓은 권리범위를 청구할 수 있으며, 청구범위 자체가 물성치에 의해 명확하게 기재되어 있으므로 권리침해 주장이나 입증이 쉽고, 종래기술과의 구별이 명확하여 특허성 확보에도 유리한 면이 있어 지금은 광범위하게 사용되고 있다.[63]

그러나 파라미터발명은 다음과 같은 사항들로 인해 사용에 유의해야 한다. 먼저 파라미터와 효과와의 상관관계의 설명과 확인(실험 데이터를 얻는데)에 있어 철저한 준비가 필요하며, 특히 파라미터로 규정한 전 범위에 대해서 유효성을 나타낼 수 있는 명세서 작성이 중요하며, 따라서 명세서 작성에 많은 시간이 소요될 수 있다. 파라미터로 규정한 범위 내에 종래기술이 포함되면 심사할 때나 무효심판 등에서 특허성이 상실될

---

61) 대한변리사회, 특허와상표 562호, 이재웅, 수치한정발명과 파라미터발명, 2003, 3페이지

62) 대한변리사회, 특허와상표 562호, 이재웅, 수치한정발명과 파라미터발명, 2003, 3페이지

63) 대한변리사회, 특허와상표 562호, 이재웅, 수치한정발명과 파라미터발명, 2003, 7페이지

가능성이 있다. 파라미터발명의 유의성에 대한 입증책임도 출원인이 부담하며, 파라미터 측정에 대한 명세서 기재에 문제가 있다면 등록 후 권리행사가 어렵게 될 가능성도 있다.[64]

그렇지만 발명자가 창작한 파라미터는 선행문헌 발견이 거의 불가능하다. 선행문헌을 발견할 수 없는 경우, 일부 예외를 제외하고 발명의 신규성을 부정할 수가 없으며, 신규성이 인정되면 파라미터발명은 진보성도 인정될 수 있다. 물론 파라미터 자체가 신규하다고 하여 파라미터발명의 신규성이 언제나 인정되는 것은 아니다.[65]

(1) 파라미터발명의 신규성[66]

파라미터에 의한 한정이 공지된 물건에 내재된 본래의 성질 또는 특성 등을 시험적으로 확인한 것에 불과하거나, 파라미터를 사용하여 표현방식만 달리한 것이라면 청구항에 기재된 발명의 신규성은 부정된다.

파라미터발명은 일반적으로 선행기술과 신규성 판단을 위한 구성의 대비가 곤란하기 때문에 양자가 동일한 발명이라는 '합리적 의심'이 있는 경우에는 신규성이 없다는 거절이유를 통지한 후, 출원인의 의견서 및 실험성적서 등을 통해 거절이유를 유지할 수 없는 경우에는 거절이유가 해소되나, 합리적인 의심이 해소되지 않는 경우에는 신규성이 없다는 이유로 거절결정한다.

64) 대한변리사회, 특허와상표 562호, 이재웅, 수치한정발명과 파라미터발명, 2003, 8페이지
65) 대한변리사회, 특허와상표 562호, 이재웅, 수치한정발명과 파라미터발명, 2003, 23페이지
66) 특허청, 특허 · 실용신안 심사기준, www.kipo.go.kr

신규성 판단에서 동일한 발명이라는 합리적인 의심이 드는 경우로는

① 청구항에 기재된 발명에 포함된 파라미터를 다른 정의 또는 시험. 측정 방법으로 환산하였더니 인용발명과 동일해지는 경우,

② 인용발명의 파라미터를 발명의 상세한 설명에 기재된 측정.평가 방법에 따라 평가하였더니 청구항에 기재된 발명이 한정하는 것과 동일한 사항이 얻어질 것으로 예상되는 경우, 및

③ 발명의 설명에 기재된 출원방식의 실시형태와 인용발명의 실시형태가 동일한 경우 등이 있다.

(2) 파라미터발명의 진보성[67)]

파라미터발명의 진보성은 파라미터로 기인하는 성질 또는 특성 등을 감안하여 쉽게 발명할 수 있는지 여부를 판단한다.

파라미터발명의 진보성 판단은 먼저 파라미터의 도입에 기술적 의의가 있는지 여부를 살펴보는데, 청구항에 기재된 파라미터가 출원 전 공지된 물성을 표현방식만 달리하여 나타낸 것에 불과하거나 공지된 물건에 내재된 본래의 성질 또는 특성을 시험적으로 확인한 것에 불과한 경우 또는 파라미터와 더 나은 효과와의 인과관계가 부족한 경우에는 기술적 의의를 인정할 수 없으므로 진보성을 부정한다.

청구항에 포함된 파라미터를 이해하기 곤란하거나 시험 측정 및 환산이 곤란하여 인용발명의 대응되는 것과 대비하기 곤란하더라도, 해당 파라미터발명이 인용발명으로부터 쉽게 발명될 수 있다고 '합리적으로 의

---

67) 특허청, 특허 · 실용신안 심사기준, www.kipo.go.kr

심'할 만한 사정이 있다면, 그 구성을 엄밀하게 대비하지 않고 진보성이 부정된다는 거절이유를 통지한 후, 출원인의 입증자료(의견서 및 실험성적서 등)의 제출을 기다릴 수 있다. 출원인의 반론에 의해 거절이유를 유지할 수 없는 경우에는 거절이유가 해소되나, 합리적인 의심이 해소되지 않은 경우에는 진보성이 없다는 이유로 거절결정한다.

진보성 판단에서 쉽게 발명될 수 있다는 합리적인 의심이 드는 경우로는

① 청구항에 기재된 발명의 파라미터를 다른 정의 또는 시험 · 측정 방법으로 환산하였더니 청구항에 기재된 발명이 인용발명으로부터 쉽게 발명될 수 있는 경우,

② 인용발명의 파라미터를 발명의 설명에 기재된 측정 · 평가 방법에 따라 평가하였더니 청구항에 기재된 발명이 한정하는 것과 유사하게 되어 진보성을 부정할 수 있는 경우, 및

③ 발명의 설명에 기재된 출원발명의 실시형태와 인용발명의 실시형태가 유사하여 진보성이 부정될 수 있는 경우 등이 있다.

(참고) 성질 또는 특성 등에 의해 물을 특정하려고 하는 기재를 포함하는 특허발명과 이와 다른 성질 또는 특성 등에 의해 물을 특정하고 있는 인용발명을 대비할 때, 특허발명의 청구범위에 기재된 성질 또는 특성이 다른 정의 또는 시험 측정방법에 의한 것으로 환산이 가능하여 환산해 본 결과 인용발명의 대응되는 것과 동일·유사하거나 또는 특허발명의 발명의 설명에 기재된 실시형태와 인용발명의 구체적 실시형태가 동일 · 유사한 경우에는, 달리 특별한 사정

이 없는 한, 양 발명은 발명에 대한 기술적 표현만 달리할 뿐 실질적으로 동일·유사한 것으로 보아야할 것이므로, 이러한 특허발명은 신규성 및 진보성을 인정하기 어렵다(대법원 2002.6.28 선고 2001후2658 판결 참조).

다음은 파라미터발명의 특허성 판단을 조금 잘 이해할 수 있도록 사례[68]를 들어 설명한다.

〈사례 - 유형 1〉

- 신규성 : 파라미터가 다른 정의 또는 시험 · 측정방법으로 환산이 가능한 경우의 유형
- 진보성 : 청구항에 기재된 파라미터가 인용발명에서 사용하는 다른 정의 또는 시험 · 측정방법으로 환산해 본 결과 파라미터발명의 한정 수치범위가 인용발명의 한정 수치범위와 유사한 경우

(본원발명) 기포사이즈(A)와 기포벽면의 두께(B)의 비 B/A가 0.099 이상 0.5 미만, 공간율 50% 이상인 발포체 (인용발명) 인용발명에 기재된 공간율에 관한 특성치를 결정할 수 있는 유동성 파라핀 50~90 w%, 발명자가 심사과정에서 제출한 공식 ; B/A = 공간율 $^{-1/2}$

[판단]

인용발명의 유동성 파라핀 50~90 W%를 발명자가 심사과정에서 제출한 B/A = 공간율 $^{-1/2}$ 공식에 대입하면 B/A의 수치는 0.054 ~ 0.414로 계

68) 특허청, 2009, 파라미터발명의 사례분석 및 특허전략연구 83-113쪽에서 발췌하여 정리한 내용임

산 → 본원발명 0.099 ~ 0.5

〈사례 - 유형 2〉

- 신규성 : 인용발명의 파라미터를 파라미터발명의 측정조건 또는 평가방법에 따라 측정 또는 평가하면 파라미터발명이 한정하는 것과 동일한 수치가 얻어질 것으로 판단되는 경우
- 진보성 : 인용발명의 파라미터를 파라미터발명의 측정조건 또는 평가방법에 따라 측정 또는 평가하면 파라미터발명이 한정하는 것과 유사한 수치가 얻어질 것으로 판단되는 경우

> (본원발명)
> 극성 성분 용해 파라미터 δ P는 7 내지 9(cal/㎤)$^{1/2}$, 수소-결합 성분 용해 파라미터 δ H는 5 내지 7(cal/㎤)$^{1/2}$
>
> (인용발명)
> 인용발명에 정의(혼합비율) 된 부티로락톤과 물을 10/1 내지 12/1의 중량비로 혼합한 현상제, 인용발명에 정의(혼합비율)된 디메틸술폭사이드와 물을 8/1 내지 1000/1의 중량비로 혼합한 현상제

[판단]

부티로락톤과 물을 10/1 ~12/1의 중량비 → δ P는 8.069 ~8.074(cal/㎤)$^{1/2}$, δ H는 5.34 ~ 5.07(cal/㎤)$^{1/2}$

디메틸술폭사이드와 물을 8/1 ~ 1000/1의 중량비 → δ P는 7.27 ~ 7.99(cal/㎤)$^{1/2}$, δ H는 6.89 ~ 5.01(cal/㎤)$^{1/2}$

〈사례 - 유형 3〉

- 신규성 : 출원 후에 파라미터발명의 물건과 동일하다고 인정되는 구조

가 판명되고 그것이 출원전에 공지인 것이 발견된 경우

- 진보성 : 출원 후에 파라미터발명의 물건과 동일하다고 인정되는 구조가 판명되고, 그것이 출원 전에 공지된 발명으로부터 용이하게 발명할 수 있었던 것이 발견된 경우

(본원발명) 새로운 측정방법이나 측정장치를 이용하여 파라미터발명을 특정한 경우, Zr, V, Ni의3성분계 합금에서, 결정구조 x상 y상으로 되고 용적비 x/y ≤ 5 창작파라미터 (인용발명) 종래부터 Zr, V, Ni의3성분계 합금 존재

[판단]

종래부터 존재하던 Zr, V, Ni의3성분계 합금에 대해서도 그 계산식에 따라서 x/y를 실제로 구하여 보면 x/y ≤ 5를 만족하고 있었다고 하는 케이스

〈사례 - 유형 4〉

- 신규성 : 명세서에 기재된 파라미터발명의 실시형태와 인용발명에 기재된 실시형태가 동일한 경우
- 진보성 : 명세서에 기재된 파라미터발명의 실시형태와 인용발명에 기재된 실시형태가 유사한 경우

(본원발명) 특허400000호 (리튬전지분리막) (인용발명) US5051183호 (리튬전지분리막)

TABLE 1

	Example No.				
	1	2	3	4	5
Polyolefin Composition					
Mw/Mn	16.8	16.7	190	150	240
Ultra-High-Molecular-Weight Polyethylene					
Mw($\times 10^6$)(1)	2.5	2.5	2.5	2.5	2.5
Content	20.0	13.3	13.3	5.0	2.5
Other Polyethylene Mw($\times 10^5$)(1)	6.8	2.4	4.1	4.1	3.5
Concentration in Solution(2) (Wt, %)	10	15	15	20	40
Stretching Conditions					
Stretching Temperature (°C)	115	115	115	115	115
Stretching Ratio MD × TD (times)	7 × 7	7 × 7	7 × 7	7 × 7	7 × 7
Properties					
Thickness (㎛)	4	5	4	16	12
Breaking Strength (kg/15 mm width)	0.70	0.65	0.35	0.35	0.40
Air Permeability (sec/100 cc)	148	37	30	55	112
Water Permeability(3)	234	727	842	680	415
Pore Diameter (㎛)	0.02	0.03	0.04	0.05	0.04

[판단]

본원 명세서 청구범위에 기재된 파라미터는 본원 발명의 상세한 설명에 기재된 분리막의 습식방법으로 제조하면 당연히 나타나는 결과치에 해당하고, 특허발명의 명세서 발명의 상세한 설명에 기재된 분리막의 제조방법과 실질적으로 동일한 분리막의 제조방법을 인용발명에서 기재

〈사례 - 유형 5〉

- 신규성 : 청구항에 기재된 파라미터 이외의 발명 특정 사항 (구성요소)이 인용발명의 발명 특정 사항과 동일하고, 과제 해결의 원리 또는 작용·효과가 동일한 경우

• 진보성 : 청구항에 기재된 파라미터 이외의 발명 특정 사항(구성요소)을 인용발명의 발명 특정 사항으로서 용이하게 도출할 수 있고, 양 발명의 과제해결의 원리 또는 작용효과가 동일 또는 유사한 경우

(본원발명)
C: 0.04~0.13%, Si: 0.3~1.2%, Mn: 1.0~3.5%, P: 0.04% 이하, S: 0.01% 이하, Al: 0.07% 이하, 나머지가 Fe 및 불가피적 불순물, 페라이트상을 면적률로 50% 이상, 90% 이하, 마르텐사이트상을 면적률로 10% 이상, 50% 이하, 마르텐사이트상의 판두께방향의 상간격에 대한 압연방향의 상간격의 비가 0.85~1.5인 마이크로 조직을 가지고, 또한 상기 마르텐사이트상의 나노경도가 8GPa 이상인 고장력 냉연강판.

(인용발명)
냉연강판이 C 0.15% 이하, Si0.005~1.0%, Mn0.01~3.0%, Al0.005~0.02%S: 0.01%이하, N0.006~0.020% 및 P0.002~0.10%를 N(%)/Al(%) ≥0.3 함유, 강 중의 석출 Mn%와 석출 Si%의 곱이 0.00010 이하, 고용 N을 0.0015% 이상 함유하며, 잔부가 Fe 및 불가피한 불순물로 이루어지는 페라이트 또는 페라이트 주체의 조직

[판단]

본원 발명과 인용발명은 모두 고강도 냉연강판 및 그 제조방법에 관한 것으로서 성형성이 좋고, 열처리에 의하여 강도가 큰 폭으로 향상된다는 점에서 동일한 범주의 목적 및 효과를 갖는 것이다.

본원 제1항 발명과 인용발명은 C, Si, Mn, P, Al 및 Fe 등의 주요 구성성분 및 조성범위가 서로 경계를 이루거나 포함되어 있으며, 마르텐사이트 체적 분율이 서로 포함되어 있어서 동일 내지는 유사한 범주에 속한다.

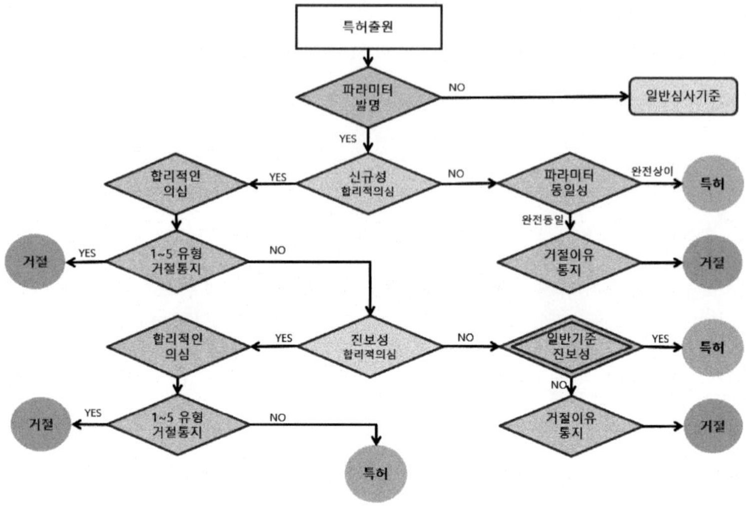

[그림 7] 파라미터발명 특허성 판단(사례)

04

특허정보를 어떻게 얻고 활용하는가

1. 특허정보는 무엇인가.
2. 가치가 있고 유용한 특허정보는 어떻게 얻는가.
3. 특허정보를 어떻게 활용하는가.

1. 특허정보는 무엇인가.

특허는 새롭고 진보된 기술에 대하여 부여되는 것으로 기존에 존재하던 문제와 이를 해결하기 위한 기술적 수단이 특허문헌에 상세하게 제시되므로 그 자체가 기술정보이다. 또한 특허는 향후 시장에서의 사업적인 실시를 독점하기 위하여 대리인 비용, 특허청에 대한 수수료, 특허 등록 후의 특허료 등 상당한 금액을 부담하면서 신청 및 보유하는 것이므로, 논문, 저널 등 다른 기술정보와 비교하여 가장 시장 지향적인 기술정보라고 할 수 있다. 기업들은 사업화하기 위하여 개발한 기술내용을 특허로만 출원하는 경향이 있고, 화학분야에서 34,000건의 신규 화합물 중 최대 77%는 논문이 아닌 오직 특허문헌에서 만 존재한다[69]고 한다. 그리고 개발된 기술을 권리로서 선점할려고 하는 특성으로 인해 최신기술이 빠르게 공개되기도 한다. 따라서 신제품에 관한 정보를 특허 조사를 통해서 신속히 알 수 있고, 특허 데이터는 빅데이터이지만 관련산업과 기술별로 체계적으로 분류되어 있어서 분석이 용이하여 다양하고 유용한 정보를 얻을 수 있는 기술정보이다.

---

69) Bregonje, M., World Patent Information. No. 27(2005), pp. 309-315.

특허문헌은 기술문헌이다.

(19) 대한민국특허청(KR) (11) 공개번호 10-2011-0036647
(12) 공개특허공보(A) (43) 공개일자 2011년04월07일

(51) Int. Cl.
F04D 25/08 (2006.01) F04D 33/100 (2006.01)
(21) 출원번호 10-2011-7006149
(22) 출원일자(국제출원일자) 2009년06월21일
심사청구일자 2011년03월17일
(85) 번역문제출일자 2011년03월17일
(86) 국제출원번호 PCT/GB2009/061045
(87) 국제공개번호 W0 2010/035018
국제공개일자 2010년04월01일
(30) 우선권주장
0817362.7 208년09월23일 영국(GB)

(71) 출원인
다이슨 테크놀러지 리미티드
영국 윌트셔 에스엔16 0알피 멜메스버리 테트버리힐
(72) 발명자
피튼 니콜라스 제랄드
영국 윌트셔 에스엔16 0알피 멜메스버리 테트버리힐 다이슨 테크놀러지 리미티드
니콜라스 프레데릭
영국 윌트셔 에스엔16 0알피 멜메스버리 테트버리힐 다이슨 테크놀러지 리미티드
가베 피터 데어비드
영국 윌트셔 에스엔16 0알피 멜메스버리 테트버리힐 다이슨 테크놀러지 리미티드
(74) 대리인
유미특허법인

전체 청구할 수 : 총 15 항

(54) 선풍기

(57) 요 약
본 발명은 기류를 발생시키기 위한 무블레이드 선풍기 조립제(100)에 관한 것으로, 상기 선풍기 조립체는 노즐(1)을 포함하며, 노즐(1)은 노즐(1)을 통해 공기 유통을 발생시키기 위한 수단을 저장한 베이스부(16) 상에 설치된다. 노즐(1)은 베이스부(16)로부터 공기 유통을 수용하기 위한 내부 통로(10) 및 공기 유통을 방출시키기 위한 마우스부(12)를 포함한다. 노즐(1)은 선풍기 조립체(100) 외부로부터 공기가 마우스부(12)로부터 방출된 공기 유통에 의해 유입되는 개구(2)를 형성하기 위해 축을 중심으로 하여 연장된다. 노즐(1)을 공기 유통을 유도하도록 마우스부(12)가 배치된 표면을 포함한다. 이 표면은 축으로부터 테이퍼가 진 디퓨저부(46) 및 디퓨터부(46)의 하류부체 각을 이루며 위치된 가이드부(48)를 포함한다.
대 표 도 - 도1

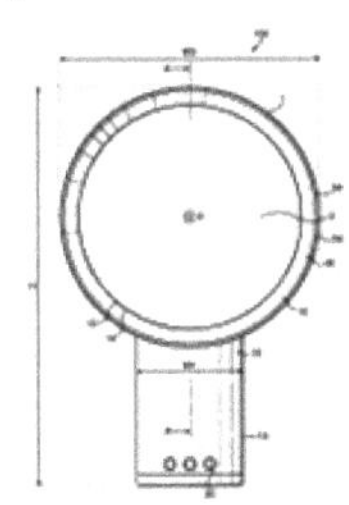

[그림 1] 대한민국 공개번호 2011-0036647

대부분의 특허정보 분석(통계분석)은 '서지정보(Front Page)'에 기재된 서지사항 항목들로부터 수집된 데이터를 이용하고 있고, 서지사항 항목들은 WIPO 표준규격[70]에 따라 분류된 문자 또는 숫자로 구성되어 있

70) INID(Internationally agreed Numbers for the Identification of bibliographic Data, 서지사항의 식별코드), INID 코드는 특정한 번호에 특정한 표시형식을 지

어 통계분석이 용이한 특징이 있다.

출원인(71)은 특허의 소유자를 의미하며, 특허정보 분석 시 출원인 분석을 통해 어떤 특정 기술에 대한 투자자 파악이 가능하며, 출원인 네트워크를 분석하면 연구개발 협력관계도 쉽게 알 수가 있다.

발명자(72)는 해당 특허발명을 실제 개발한 사람으로 발명자 분석을 통해 특정 기술에 대한 전문가 또는 선도자를 파악할 수 있으며, 발명자나 기관 간의 협력관계도 발명자 네트워크 분석을 하면 파악이 가능하다.

출원일자(우선권주장 출원일자)(22)는 해당 특허발명을 출원한 일자로 특허동향 분석 시 출원일(연도) 기준으로 기술개발 트랜드를 파악할 수가 있다.

우선권주장(30)은 최초로 출원한 국가의 특허출원 정보(출원일자, 출원번호, 국가 등)로 특허성 판단 시 기준일이 되며, 동일 발명에 대해 국가별 특허출원 현황(Patent Family)을 파악할 수 있다.

특허분류(51)는 해당 특허발명이 속하는 기술분야를 표시하며, 특허정보 분석 시, 특허분류를 활용하여 분석하고자 하는 기술에 대한 특허출원 건수를 조사하면, 해당 기술의 기술개발 활동을 파악할 수 있다. 또한 어떤 특허가 다양한 특허분류를 많을 수록 적용분야가 넓다는 것을 의미한다.

정함으로써 사용자가 원하는 서지정보 및 기술정보를 손쉽게 확인할 수 있는 장점이 있음. 예로 71은 출원인, 72는 발명자, 51은 IPC, 21은 출원번호, 54는 발명의 명칭, 30은 우선권 주장, 86은 국제출원번호, 57은 요약 등이 있음.

선행기술조사문헌(56)은 해당 특허문헌과 관련되는 선행기술 문헌으로, 해당 특허문헌이 인용하고 있는 선행기술 문헌은 후방인용(문헌), 해당 특허문헌 공개 후 일정기간이 지나 해당 특허문헌을 인용하는 다른(후행) 특허문헌은 전방인용(문헌). 특허정보 분석 시, 다른 특허문헌들에 의해 많이 인용되는 특허문헌은 기술적, 경제적 가치가 높고 기술발전에 큰 영향을 준 특허문헌(기술)이라는 것을 의미한다.

발명의 설명(Description)에서 '**해결하려는 과제**'는 해당 기술분야에서 해결이 필요한 기술적 문제를 기재하고 있다. 관심 분야 기업들 특허문헌에서 '해결하려는 과제' 분석 시, 기업으로 이전할 가능성이 높은 수요기술(R&D 과제)을 도출할 수가 있다.

해결하려는 과제(Objective) 및 과제의 해결수단(Solution)은 R&D를 하고자 하는 기술분야의 특허문헌들을 조사하여, O-S 매트릭스 분석을 실시하면, 특허의 공백기술을 도출할 수가 있다.

'**발명을 실시하기 위한 구체적인 내용**'에서도 다양하고 유용한 기술정보(신규 조성물, 신제품 정보 등)가 있고 타 회사가 시제품 개발 정보를 발표하지 않더라도 권리보호를 위해서는 특허출원이 필수적이므로, 신제품 개발 활동에 관한 정보 파악이 가능하다.

'**특허청구범위**'는 특허권만 이용 가능한 독점배타적인 권리범위를 나타낸다.[71] 경쟁기업 청구범위를 분석하여, 개발하려는 기술의 경쟁사 특

---

71) 특허법 제94조(특허권의 효력) 특허권자는 업으로서 특허발명을 실시할 권리를 독점한다. 특허법 제97조(특허발명의 보호범위) 특허발명의 보호범위는 청구범위에 적혀 있는 사항에 의하여 정하여진다.

허 침해 가능성 검토, 회피설계, 무효화 전략 수립이 가능하다.

추가적으로 심사관의 특허 거절이유, 특허명세서의 수정 내용 등 정보인 '특허심사 이력 정보', 등록 특허에 대한 권리 계속 유지, 포기 여부 등 정보인 '특허권 유지 관련 정보', 특허 소유권(권리) 양도, 이전, 라이센싱 정보 등의 '권리자, 실시권자 변동 정보', 새로 진입하려는 시장·기술 관련 시장 경쟁상황을 시사하는 '특허 침해 및 소송 정보', 동일한 출원인이 동일한 발명에 대해 국내 및 국외에 출원한 모든 특허에 대한 정보인 '특허 패밀리(Patent Families) 정보[72]' 등을 활용할 수 있다.

72) 특허는 속지주의이므로, 특허 보호를 받고자 하는 모든 국가에 특허출원이 필요함. 동일한 발명에 대한 특허출원이 국내 및 해외 각국에 다수 존재하게 되며, 이처럼 동일 발명에 대한 국내외 특허(출원)을 집합적으로 '특허패밀리'라고 말함.

2. 가치가 있고 유용한 특허정보는 어떻게 얻는가.

WIPO[73]에서는 '왜 특허정보를 분석해야 하는가?'[74]에 대해서 다음과 같이 말하고 있다.

다른 기업이 우리나라나 외국에서 어떤 기술에 대해 특허권을 보유한 경우, 우리가 제품을 생산 또는 수출하려고 할 때, 해당 기술 사용이 불가능하게 되며, 이런 이유로 누가 어떤 국가에서 어떤 기술에 대해 특허권을 갖고 강점이 있는지를 파악하는 것은 국가 정책결정, 기업의 의사결정 등에 중요하다. 구체적으로는 경쟁국가, 기업 등 모니터링 및 관련 정보 획득, R&D 투자방향 도출, 신기술 출현 탐색, 기술 이전 및 라이센싱 기회 발굴, M&A 대상 탐색 등에 활용될 수 있다.

(1) 특허정보 분석 항목

특허정보를 조사하여 분석하고 목적에 맞게 활용하기 위해서는 특허정보조사가 선행되어야 하는데, 여기서 특허정보조사는 선행기술조사도 포함한다.

선행기술조사는 출원 전에 특허성 유무를 확인하기 위한 조사와 등록된 특허의 유효성(Validity)을 부정하기 위한 무효자료를 조사하는 것이

73) World Intellectual Property Organization, 세계지적재산기구

74) Guidelines for Preparing Patent Landscape Reports('15, WIPO)

주된 내용으로 선행기술로서 특허 만을 다루는 것이 아니라 논문과 같은 비특허문헌도 함께 조사대상이 되므로 특허정보조사와는 구별이 되는 것이 맞지만 함께 다루고자 한다.

특허정보 또는 선행기술 조사 항목으로는 **특허성 조사, 기술정보조사, 유효성 조사(무효조사), 침해여부조사, 특허동향분석(특허맵,** Patent Map) 등이 있다.

특허성 조사는 출원 전에 해당 발명이 특허등록을 받을 수 있는 특허성(신규성, 진보성 등) 요건을 구비하고 있는지를 판단하기 위해 선행기술자료를 조사하는 것이다.

기술정보조사는 특정한 기술분야에 대한 개괄적인 조사를 말하며, 특히 제품개발 초기에 주로 실시된다.

유효성 조사(무효 조사)는 타인의 권리주장에 대하여 해당 특허권을 무효화시킬수 있는 선행기술자료를 조사하는 것이다[75]. 또한 본인의 특허권이나 매입하려는 특허권이 유효한지를 파악하기 위해서도 수행되는 조사다.

침해여부 조사는 본인의 제품이나 기술이 타인의 특허권을 침해하는지 또는 타인의 제품이나 기술이 본인의 특허권을 침해하는지를 판단하기 위해 수행되는 조사다.

---

75) 무효자료조사는 명세서 내용 중에 포함된 일부 내용이라도 무효자료로 사용할 수 있기 때문에 명세서 전문을 검색하는 것이 바람직함.

특허동향분석(특허맵, Patent Map)은 기술동향 파악, 경영전략수립 등의 목적을 위해 특허정보를 분류, 분석 및 가공하여 한눈에 알아 볼 수 있도록 도식화한 것을 말한다.

(2) 특허정보의 검색

특허정보 검색은 기술 트리(Tech Tree, 기술분류표) 구성, 검색대상 및 범위의 확정, 검색방법의 선정, 검색, 검색결과의 검토로 진행이 된다.

검색대상은 기술의 특징과 범위를 말하는 것으로 이를 위해 기술 트리(Tech Tree)를 구축[76]하는 것이 선결 과제이다.

기술 트리(Tech Tree, 기술분류표)는 다양한 방법으로 할 수 있으나 그 중 한 가지 예로는 기술개발목표와 함께 경쟁사의 기술개발현황을 바탕으로 현재의 수준을 파악 한 후 기술갭 및 개발 이슈를 분석함과 아울러 해소방안을 도출하는 자사기술분석을 한다. 그리고 제품의 핵심구성요소 별 요소기술을 나열한 후 기술파급성, 기술차별성, 개발난이도 등을 기준으로 요소기술을 평가하여 핵심기술을 도출하고 경쟁, 대체, 부

76) 이공계를 위한 특허의 이해(2), 박문각, 한국발명진흥회, 47쪽, 기술분류표 작성시 유의사항

1. 기술분류표는 어디까지나 관련 특허정보를 효과적으로 추출하고 정리하기 위한 체계를 정립하는 역할을 수행하는 보조적 수단이므로, 해당 기술의 학문적 체계와는 다르게 작성될 수 있다.
2. 분석대상 기술의 기술 특성에 따른 적절한 분류방법을 선택하여야 하며, 기술분류 간의 기술사상이 중복되지 않도록 한다.
3. 기술분류표는 분석대상이 되는 관련 특허들을 모두 포함할 수 있도록 작성하여야 한다.
4. 각 대분류 혹은 중분류들은 각가의 분류에 속하는 특허정보들의 수나 기술적 중요도 등에 있어서 상대적으로 어느 정도 균형을 이루고 있도록 분류체계를 수립하는 것이 바람직하다.

상기술과 함께 벨류체인분석으로 경쟁구도분석 후 기술분류체계를 완성할 수도 있고, 또한 분석대상 기술의 근간을 이루는 주요 요소기술을 파악하고 이들을 기준으로 각 요소기술별로 그리고 세부기술별로 분류하고 기술에 따라 구성, 공정, 처리, 응용 등 다양한 기준으로 분류가 가능하다. 필요에 따라 벨류체인(Value Chain)도 반영하여야 하고 대체기술은 물론 부상기술이나 주변기술 등도 고려하여야 한다. 요소기술 도출은 여러 가지 방법이 있겠지만 그 중 하나를 보면 분석대상 제품에서 구성요소를 분류하고 구성요소별 요소기술을 나열하고 경쟁기술과 기업간의 기술 차별성, 자사 내 타제품으로의 기술파급성, 개발난이도 등 제품개발단계 등을 고려하여 요소기술을 평가하여 핵심요소기술을 도출할 수가 있으며 기술 트리를 구축하는데 사용할 수가 있다. 이러한 기술 트리를 바탕으로 검색대상 및 범위를 확정한다.

특허정보는 상기에서 살펴본 바와 같이 기술정보, 권리정보, 권리주체정보 등으로 나누어 볼 수 있고 검색방법은 각각의 정보에 따라 다양하게 접근할 수가 있다.

일반적으로 가장 많이 하고 있는 검색방법은 키워드 검색으로 키워드(핵심 주제어 선정), 검색어(유의어, 동의어 반영), 검색식(연산자, 검색필드 등 활용)으로 검색한다. 여기에 필요하면 특허분류(국제적으로 통일된 특허분류체계, IPC[77], CPC[78] 등)를 사용하여 함께 검색한다.

---

77) IPC(International Patent Classification code, 국제특허분류코드), 특허청(www. kipo.go.kr) → 분류/코드 조회 → 국제특허분류코드(IPC) 참조

78) CPC(Cooperative Patent Classification, 선진특허분류, 협력적특허분류), 미국특허청과 유럽특허청이 공동으로 개발하여 2013년 1월부터 사용(한국은 2014년 9월부터 사용), 약 26만개로 분류되어 있고 수시로 업데이트를 함.

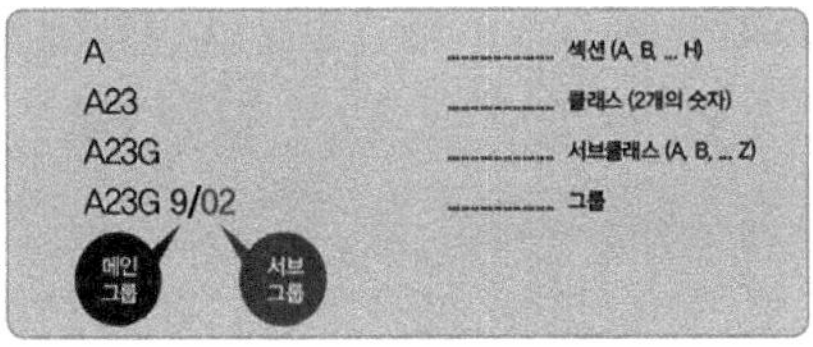

IPC 분류기호의 배열

A. 생활필수품
B. 처리조작 ; 수송
C. 화학 ; 야금
D. 섬유 ; 종이
E. 고정 구조물
F. 기계공학 ; 조명 ; 가열 ; 무기; 폭파
G. 물리학
H. 전기

IPC의 섹션 타이틀

[그림 2] IPC 분류기호 배열 및 섹션 타이틀

예로서 컵라면의 경우 라면용기, 뚜껑, 손잡이부로 구성되어 있고, 키워드를 각각 확장하면 라면용기는 라면용기 or 일회용기 or 컵라면 or 사발면 or 라면그릇 or 라면조리용기, 뚜껑은 뚜껑 or 캡 or 덮게 or 덮개 or 커버, 손잡이부는 손잡이 or 돌기 or 돌출로 할 수 있고, 검색식은 (라면용기 + 일회용기 + 컵라면 + 사발면 + 라면그릇 + 라면조리용기) * (뚜껑 + 캡 + 덮게 + 덮개 + 커버) * (손잡이 + 돌기 + 돌출)로 된다. IPC는 A47G7/02+A01G9/02+A44c25/00으로 사용하여 검색할 수 있다.

검색필드는 기술정보(예, 요약, 특허청구범위, 발명의 설명, 특허분류, 도면 등), 권리정보(국가정보, 번호정보, 기간정보 등), 권리주체정보(출원인, 발명자 등) 등 각각의 항목을 말하며 필요에 따라 검색필드를 한정하거나 묶어서 사용한다.

	KIPRIS	WIPS
AND	*또는 스페이스	and
OR	+	or 또는 스페이스
NOT	*!	not
인접연산	^(n)	near(n) : 순서무관 adj(n) : 순서관련
구문	" "	없음
절단기호	자동절단	키워드*, 키워드??

[그림 3] KIPRIS, WIPS의 연산자

주요 무료 검색 DB는 다음과 같다.

한국 : www.kipris.or.kr

미국 : www.uspto.gov

일본 : www.ipdl.inpit.go.jp

중국 : www.cnpia.gov.cn

유럽 : https://worldwide.espacenet.com

구글 : https://patents.google.com

주요 유료 검색 DB는 다음과 같으며 일부만을 언급한 것이다.

윕스온 www.wipson.com

윈텔립스 www.wintelips.com

위즈도메인 www.wisdomain.com

LwxisNexis TotalPatent http://www.lexisnexis.com/totalpatent

선행기술조사는 출원 전에 특허성 유무를 확인하기 위한 조사와 등록된 특허의 유효성(Validity)을 부정하기 위한 무효자료를 조사하는 것 이외에 침해 여부 조사도 포함되어 있다.

침해 여부 조사는 본인의 제품이나 기술이 타인의 특허권을 침해하는지 또는 타인의 제품이나 기술이 본인의 특허권을 침해하는지를 판단하기 위해 수행되는 조사다.

특허성조사/무효자료조사와 침해여부조사는 공간적인 측면과 시기적인 측면에서 검색범위를 달리함을 알 수가 있다. 침해여부조사는 공간적인 측면에서 특허권이 있는 국가의 영토 내에서만 권리를 행사할 수 있다는 점과 시기적인 측면에서는 출원일로부터 20년간 독점배타적인 권리를 행사할 수 있으므로 조사 범위가 결정되는 반면에 특허성조사 및 무효자료조사는 공간적인 측면에서 국내 또는 국외에서 공지 · 공용되거나 간행물에 게재 혹은 전기통신회선을 통하여 이용 가능하게 된 발명은 특허를 받을 수 없고 무효자료의 대상이 된다는 점과 시기적인 측면에서 비교 발명의 출원일 이전에 공지 · 공용되어 있으면 충분하다는 점에서 시기가 제한되지 않는 점이 분명하게 다름을 알 수가 있으므로 이점을 유념하여 검색하는 것이 중요하다.

최적의 특허검색은 원하는 특허 건이 누락되지 않도록 함과 동시에 모집단에서 노이즈를 최대한 적게 하는 것이다.

이를 위해 상기에서 언급한 바와 같이 검색식을 작성(검색어와 특허 DB에 맞는 검색필드 및 연산자를 사용하여)하여 검색을 한 후 검색 결과를 검토하여 노이즈 및 누락 건을 확인하여야 하며, 검색 결과를 신뢰할 수 있을 때까지 검색식을 수정하여 올바른 검색 결과를 도출할 수 있도록 순환 반복 실시하는 것이 중요하다.

(3) 특허정보 분석

일반적인 특허동향분석(특허맵, Patent Map)은 복잡한 특허정보를 쉽게 파악할 수 있도록 시각적으로 표현한 분석 결과의 표현이다.

작성방법은 대상기술 파악과 함께 기술분류표를 작성하고 기술분류표를 근간으로 검색식을 작성하여 모집단을 도출하고 노이즈 기준을 통해 유효특허를 도출하고 활용 목적에 맞게 정량분석과 정성분석을 하는 것이다.

정량분석에는 전체출원현황, 각 국가별 출원현황, 기술분류 별 현황, 경쟁사 출원현황, 기술성숙도 및 부상기술 확인 등이 있으며, 정성분석에는 매트릭스분석, 기술흐름도분석 등 다양한 분석들이 있다.

기획단계	활용유형	분석항목	No.
1단계: 대상기술의 현황파악단계	기술-시장성장단계파악	포트폴리오로 본 기술분야 위치	01
		포트폴리오로 본 출원국가별 기술분야의 위치	02
	주요 시장국 기술개발 활동 패턴	출원국가별 연도별 특허동향	03
	기술의 핵심 키워드 및 상호연관성파악	키워드 분포도	04
	주요 시장국 기술 의존도 경향	출원국가별 출원인국적별 특허출원 현황	05
		출원국가별 내·외국인 특허출원 동향	06
	국가간 기술경쟁력 비교분석	출원인국적 동향변화	07
		출원국가별 우선권국적 현황	08
		출원인국적별 시장력과 피인용 상관관계	09
		출원인국적별 기술영향력 수준	10
		출원인국적별 인용/피인용 상관관계	11
		출원인국적별 연구개발 방향	12
	R&D 리딩그룹 현황	다출원인의 특허현황	13
		다출원인의 출원국가별 특허현황	14
2단계: 핵심기술도출 및 경쟁력 분석 단계	주요시장국 세부기술별 연구개발활동 패턴분석(최근 연구개발이 급증하고 있는 핵심기술영역탐색)	출원국가별 세부기술별 특허동향	15
		출원국가별 세부기술별 특허점유율	16
		출원국가별 구간별 기술분야별 특허동향	17
		출원국가별 세부기술별 점유율 및 증감율	18
		세부기술별 출원국가별 특허활동지수 또는 다출원인별 세부기술별 특허활동지수	19
	주요시장국별 강점 및 약점기술 도출 및 세부 기술별 국가간 기술력 현황	출원국가별 내·외국인의 세부기술별 특허점유율	20
		출원국가별 세부기술별 출원인국적 점유율	21
		세부기술별 출원인국적별 특허출원 현황	22
	주요연구그룹의 핵심기술개발영역분석	다출원인의 세부기술별 특허현황	23
		출원국가별 다출원인의 세부기술별 특허현황	24
		주요 출원인별 특허 동향	25
	중요한 특허를 중심으로한 연구개발 장벽 분석	특허망 분석 1, 2, 3	26
		권리분석-구성요소	27
		권리분석-기술성능	28
		출원인별 인용/피인용 관계분석	29
		Citation Tree Map 분석	30
	기술의 발전방향과 R&D 주제의 도출	기술발전도	31
		공백기술분석	32
	요소기술의 응용분야 탐색	출원국가별 주요 IPC 특허현황	33
3단계: 연구개발 추진전략 수립 단계	공동연구 패턴	국제상호협력현황	34
		연구주체별 협력현황	35
		출원인국적간 기술흐름도	36
	연구개발 활동 주체의 유형	세부기술별 연구주체별 특허현황	37
		출원국가별 연구주체별 특허건수비율	38
		출원국가별 연구주체별 연구개발 참여 추이변화	39

[그림 4] 주요 분석 항목 및 동향 분석(예시)[79]

79) 특허청, 2008, 국가 R&D 특허기술조사사업을 위한 맞춤형 특허정보활용 매뉴얼

3. 특허정보를 어떻게 활용하는가.

특허동향분석의 활용은 기술, 경영, 권리의 정보 측면으로 나누어 볼 수 있다.

기술정보 활용은 기술개발의 흐름, 연구개발 테마 선정, 틈새(공백) 기술 발견, 기술파급현황이 있고, 경영정보 활용은 경쟁기업의 동향파악, 제품개발 흐름 파악, 시장 참여 상황 파악 등이 있다. 권리정보 활용은 기술범위의 확인, 특허취득 가능성 파악, 회피설계방안 마련, 특허망 분석 등이 있다.

특허정보분석을 통해 신규개발 아이템 탐색, 기술개발 시 개량 · 개선 아이디어 도출, 침해여부 분석, 회피설계방안, 특허권 매입 대상 탐색, 특허가치평가, 특허등록 가능성 검토, 기술동향파악 등을 할 수가 있고, 더나아가서는 국산화를 위한 기술개발, 대체기술확보, 권리 · 기술 · 시장 확보 및 선점, 수요 · 공급처의 다변화, M&A(기업인수합병), 해외기술도입, 전략적 제휴, 협동연구개발, 헤드헌팅(전문인력), 실시권 허여(Licensing)의 대상 등을 파악할 수가 있다.

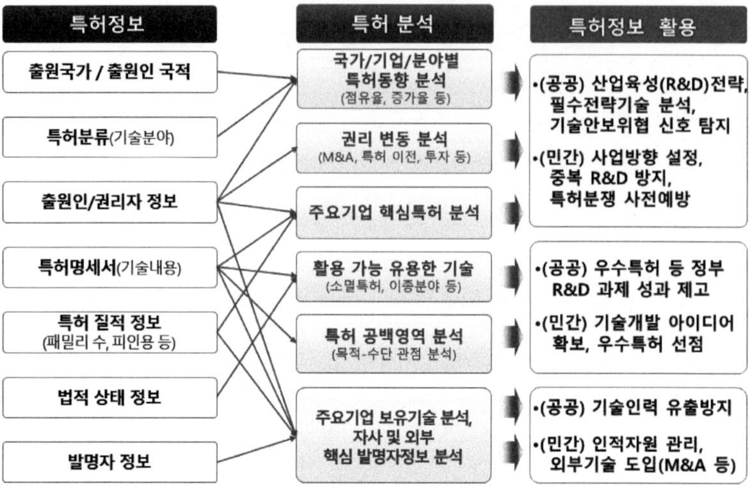

[그림 5] 특허정보분석 및 활용방법(예시)[80]

특허정보분석을 통해 특허지표로 특허경쟁력을 분석할 수가 있다. 특허경쟁력분석은 다양하게 할 수가 있으나, 예시적으로 특허지표로서 특허점유율, 특허부상도, 시장확보력, 특허영향력, 특허집중도를 언급하면 다음과 같다.

특허점유율은 특허신청 건수가 많을수록 해당 기술개발이 활발하고, 특허부상도는 최근 특허신청이 집중되고 있는 기술 또는 산업을 파악할 수가 있으며, 시장확보력은 많은 국가에 특허 출원할수록 시장성이 높은 기술이라 할 수가 있다. 특허영향력은 인용이 많이 된 특허일수록 원천 또는 길목기술일 가능성이 높고, 특허집중도는 상위기업들의 특허비중이 높을수록 독과점일 가능성이 높다. 이러한 특허지표는 해당 기술분야나 기업이 처한 환경에 따라 달라질 수 있음을 고려하여 사용하는 것이 바람직하다.

80) 특허청, 2021, 글로벌 기술패권 경쟁 대응을 위한 특허정보 분석 서비스 제공방안

$$\text{특허 점유율} = \frac{\text{특정기술(산업)에서 특정국가의 특허 출원건수}}{\text{특정기술(산업)의 전체 특허건수}}$$

$$\text{특허 부상도} = \frac{\text{특정기술(산업)분야에서 특정국가의 최근 3년 출원건수}}{\text{특정기술(산업)분야에서 특정국가의 최근 12년 출원건수}}$$

$$\text{시장 확보력} = \frac{\text{특정기술(산업)분야에서 특정국가의 평균 Family Patent 국가수}}{\text{특정기술(산업)분야에서 전체 특허의 평균 Family Patent 국가수}}$$

$$\text{특허 영향력 (cpp)} = \frac{\text{특정기술(산업)에서 특정국가의 미국 등록특허의 인용된 횟수의 총합}}{\text{특정기술(산업)에서 특정국가의 미국 등록특허 건수}}$$

$$\text{특허 집중도} = \frac{\text{특정기술(산업)에서 상위기업(4개)의 특허 출원건수}}{\text{특정기술(산업)의 전체 특허건수}}$$

[그림 6] 특허경쟁력 분석을 위한 특허지표 산출식[81](예시)

특허경쟁력을 분석하였다면 활용방안으로는 기술협력 수단으로 활용하여 약점기술을 보완하고, 기술유출을 방지하며, 지속적인 R&D 투자를 실시하여 초격차를 확대해 나갈 수가 있고, 특허지표가 이와 반대되는 수치를 나타낸다면 기술 선도국과 공동 R&D, 해외기업과 M&A, 해외 핵심 인력 헤드헌팅 등을 추진하여 신속한 기술 확보로 약점을 보완할 수 있는 점을 예로 들 수 있다.

특허정보분석을 통해 타인의 특허가 나의 제품에 대해 위험한지를 파악할 수가 있고, 아울러 위험한 것에 대한 대응방안도 마련할 수가 있다.

☞ 제8장 특허권자의 공격전략 및 제9장 실시자의 방어전략을 참조

81) 특허청, 2019, 특허 빅데이터를 활용한 산업혁신전략

특허경영 가이드 북

05

특허명세서는 어떻게 작성하는가

1. 특허명세서의 역할과 구성은 무엇인가.
2. 특허명세서는 어떻게 작성하는가.
3. 강한특허는 어떻게 설계하는가.
4. 특허포트폴리오는 어떻게 설계하고 구축하는가.

1. 특허명세서의 역할과 구성은 무엇인가.

특허명세서는 기술문헌으로서 기술개발 시 유용하게 활용될 수 있고 보호대상과 범위를 특정하는 권리서로서 기능을 담당한다.

특허출원에 필요한 서류[1])는 특허출원서와 발명의 설명 · 청구범위를 적은 명세서와 필요한 도면 및 요약서로 구성되어 있다.

발명의 설명[2])은 그 발명이 속하는 기술분야에서 통상의 지식을 가진 사람(평균적 기술자[3]))이 그 발명을 쉽게 실시할 수 있도록 명확하고 상세하게 적을 것[4])과 그 발명의 배경이 되는 기술을 적을 것을 요구하고 있다.

또한 ① 발명의 명칭, ② 기술분야, ③ 발명의 배경이 되는 기술(배경기술, 종래기술), 발명의 내용(④ 해결하려는 과제, ⑤ 과제 해결의 수단, ⑥ 발명의 효과 포함), 도면의 간단한 설명, ⑦ 발명을 실시하기 위한 구

---

1) 특허법 제42조(특허출원)
2) 특허법 제42조(특허출원) 제3항
3) 대법원 1996. 6. 28. 선고 95후95 판결
4) 대법원 2007. 3. 30. 선고 2005후1417 판결(발명의설명에는 그 발명이 속하는 기술분야에서 통상의 지식을 가진 자가 당해 발명을 명세서 기재에 의하여 출원시의 기술 수준으로 보아 특수한 지식을 부가하지 않고서도 정확하게 이해할 수 있고 동시에 재현할 수 있도록 그 목적 · 구성 및 효과를 기재하여야 한다.)
대법원 1990. 2. 27. 선고 89후1080 판결(수많은 반복실험을 통하여 원하는 것을 얻을 수 있다고 하여도 이는 실험자에게 과도한 부담을 지우게 하는 것이므로 그와 같이 실시 가능한 확률이 대단히 적을 때에는 용이하게 실시할 수 있도록 개시되었다고 할 수 없다고 판시한 것은 정당하다.)
대법원 1992. 7. 28. 선고 92후49 판결(특허출원 당시의 기술수준을 기준으로 하여 그 발명과 관련된 기술분야에서 평균적인 기술능력을 가진 자이면 누구든지 특허출원된 발명의 내용을 명확하게 이해하고 이를 재현할 수 있는 정도로 기재하여야 한다.)

체적인 내용, 그리고 그 밖에 그 발명이 속하는 기술분야에서 통상의 지식을 가진 자가 그 발명의 내용을 쉽게 이해하기 위하여 필요한 사항 등을 포함[5]하도록 하고 있다.

5) 특허법 시행규칙 제21조

2. 특허명세서는 어떻게 작성하는가[6].

발명의 명칭은 출원발명의 분류, 검색이 용이하도록 기재하는 부분으로서 발명의 내용을 간단 명료하게 기재한다.

기술분야는 특허를 받고자 하는 발명의 기술분야를 명확하고 간결하게 기재한다.

배경기술[7]은 출원발명과 관련 있는 선행기술을 인용하고, 선행기술의 문제점을 부각시켜 작성하며, 각국의 공보에 기재된 발명과 논문 기타 학술지에 기재된 발명을 문헌정보와 함께 기재한다. 배경기술(종래기술)로 볼 수 없는 것은 문헌에 기재되어 있더라도 일반인이 아닌 특정인 만이 볼 수 있는 것 또는 현재 출원되었으나 미공개된 것 등이 있으며, 자기 회사의 기술을 배경기술로서 설명할 때에는 그 결점을 가능하면 설명하지 않는 것이 좋을 수도 있다.[8] 따라서 가능하면 간단하게 기재하는 것이 바람직할 수도 있다.

해결하고자 하는 과제는 발명의 목적으로 특허를 받고자 하는 발명이 과제로 하고 있는 종래 기술의 문제점 등을 기재하는 것으로서 배경기술에 존재하는 결함 및 결점을 지적하여 기재한다.

과제해결 수단은 과제를 해결하기 위해 어떠한 기술적 수단을 채용하

---

6) 특허청, 특허 · 실용신안 심사기준, www.kipo.go.kr

7) 특허법 제42조(특허출원) 제3항 2호, 특허청 특허 · 실용신안 심사기준(배경기술은 발명의 기술상 의의를 이해하는 데에 도움이 되고 선행기술 조사 및 심사에 유용하다고 생각되는 종래의 기술)

8) 제조물 책임(Product Liability, 소비자가 제품을 정상적으로 사용하던 중에 사고가 발생하여 피해를 입은 경우에 제조업체가 지는 손해배상책임)의 문제점을 방지하기 위함

였는가를 기재하는 것으로서, 특허를 받고자 하는 발명(청구범위에 기재된 발명)이 해결 수단 그 자체가 된다. 따라서 청구범위를 압축적으로 기재하거나 정리하는 형식으로 작성한다.

발명의 효과는 특허를 받고자 하는 발명이 종래의 기술과 대비하여 우수하다고 인정되는 사항을 기재하는 것으로서, 발명의 구성을 채용함으로써 얻어지는 유리한 점, 새로운 효과, 특이한 효과, 부가적인 효과를 기재한다. 예로서 생산성, 품질, 정밀도 및 효율향상, 에너지, 재료, 공정의 절감, 가공, 조작, 통제, 사용의 간편함, 환경오염의 개선 및 제거, 이질적인 효과의 발생 등이 있다.

발명을 실시하기 위한 구체적인 내용은 과제를 해결하기 위하여 어떠한 기술적 수단을 채용하였는가를 기재하고, 이러한 기술적 수단이 다수인 경우에는 이들의 상호 간의 관계를 명확히 기재한다.

발명의 실시예는 그 발명이 속하는 기술분야에서 통상의 지식을 가진 자가 그 발명이 어떻게 실시되는 지를 쉽게 알 수 있도록 그 발명의 실시를 위한 구체적인 내용을 적어도 하나 이상 또는 여러 형태로 기재한다.

또한 도면을 이용하여 실시할 수 있을 정도로 상세히 기재하며, 전체 동작의 개요를 먼저 쓰고 발명의 특징으로 할 동작을 상세히 설명하며 변형예를 포함해서 가능한 다른 실시 형태가 있으면 모두 기재하는 것이 좋다.

어떤 기술적 수단에 대하여 수치를 한정하고 있는 경우에는 그 한정 이유를 기재하여야 하고, 입수가 곤란한 물질을 사용하는 경우에는 그 입수방법 또는 입수처를 기재한다.

기술용어는 당해 기술분야에서 일반적으로 인정되는 표준용어를 사용하여야 하며, 다른 의미로 사용할 경우에는 그 정의를 명확히 기재한다.

실험데이터를 이용하여 설명하는 경우에는 그 발명이 속하는 기술분야에서 통상의 지식을 가진 자가 용이하게 재현할 수 있을 정도로 시험방법, 시험 측정기구, 시험조건 등을 구체적으로 기재하여야 한다.

요약서[9]는 요약, 대표도, 색인어로 구성되며, 발명의 내용을 파악하기 위한 기술정보의 용도로 사용하는 것이다. 명세서의 일부도 아니고 특히, 특허발명의 보호범위를 정하는 데에는 사용할 수가 없다.

도면은 특허출원서에 반드시 첨부되는 것은 아니며, 발명의 구성을 더욱 쉽게 이해할 수 있도록 해주는 것이다. 작성방법은 특허법 시행규칙 제21조를 참고 바란다.

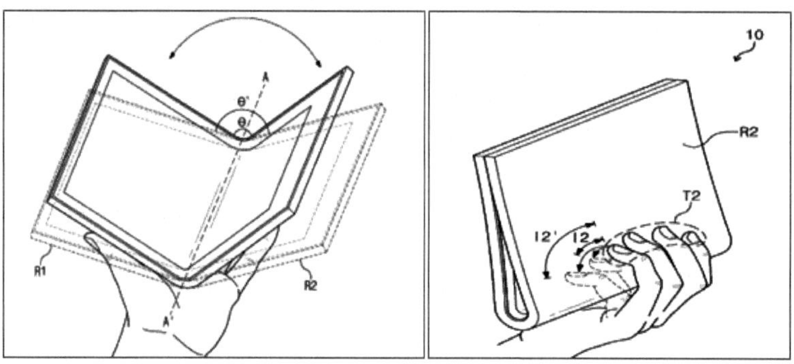

[그림 1] 도면 예시[10]

9) 특허법 제43조(요약서) 요약서는 기술정보로서의 용도로 사용하여야 하며, 특허발명의 보호범위를 정하는 데에는 사용할 수 없다.

10) 대한민국 공개번호 2016-0104177

〈도면 작성 요령〉 – 특허법 시행규칙 제21조 제2항, 별지 제17호 서식

※ 기재요청
일반적 유의사항
가. 용지의 규격은 가로 210㎜, 세로 297㎜ A4 용지 크기의 보존용지(2종) 70g/㎡ 이상을 세로로 하여 상단을 철합니다.
나. 용지의 여백은 상단 40㎜, 좌단 25㎜, 하단 및 우단 20㎜를 두고 내용을 적으며, 용지의 하단여백 중앙에 아라비아숫자로 쪽 번호를 적습니다.
다. 문자는 흑색을 사용하여 가로로 쓰되, 300dpi 이상의 해상도로 출력함을 원칙으로 하며, 용지에는 불필요한 문자·기호 또는 선을 적을 수 없습니다.
라. 식별항목의 기재
(1) 서식에 규정된 각 표제는 식별기호(【, 】)와 식별항목명으로 구성된 식별항목으로 적으며, 식별항목의 다음 줄에 해당내용을 적습니다.
(2) 【도 ○】 식별항목은 일련번호를 적으며, 기재순서에 따라 아라비아숫자로 적는 것을 원칙으로 하되, 발명 또는 고안의 내용을 정확히 표현하기 위하여 필요한 경우에는 아라비아숫자 뒤에 알파벳 소문자를 1자 이상 부가할 수 있습니다.
(3) '도면' 내용은 필요한 경우에 가로(횡)로 배치할 수 있으나, 이 경우 '도면' 내용의 상단이 용지의 우측이 되도록 배치하되, 【도 ○】 식별항목은 가로(횡)로 적어서는 아니 됩니다.
2. 도면 작성방법
가. 제도법에 따라 평면도 또는 입면도를 흑백으로 선명하게 도시하며, 필요한 경우에는 사시도 및 단면도를 사용할 수 있습니다. 다만, 발명의 내용을 표현하기 위하여 불가피한 경우에만 그레이 스케일 또는 칼라이미지의 도면을 사용할 수 있습니다.
[예] 발명의 효과를 표현하기 위하여 필수적인 조직표본의 현미경사진
특수섬유 등의 직조상태를 설명하기 위한 그레이스케일 이미지 등
나. '도면' 내용의 설명에 사용되는 부호는 아라비아숫자 등을 사용하고 크기는 가로 3㎜ × 세로 3㎜ 이상으로 하며 다른 선과 명확히 구별할 수 있도록 인출선을 그어야 합니다. 같은 부분에 대하여 2 이상의 '도면' 에 부호가 표기될 경우에는 같은 부호를 사용합니다. 발명의 상세한 설명에 부호가 적혀 있는 경우에는 반드시 도면에도 해당 부호가 표시되어야 하며, 반대의 경우에도 같습니다.
다. 선의 굵기는 실선은 0.4㎜ 이상(인출선의 경우에는 0.2㎜ 이상), 점선 및 쇄선은 0.2㎜ 이상으로 표시합니다.
라. '도면' 내용 중 특정 부분의 절단면을 도시할 경우에는 하나의 쇄선으로 절단부분을 표시하고, 그 하나의 쇄선의 양단에 부호를 붙이며, 화살표로써 절단면을 도시한 방향을 표시합니다.
마. 절단면에서는 평행사선을 긋고 그 절단면 중 다른 부분을 표시하는 절단면에는 방향을 달리하는 평행사선을 긋고, 그것으로 구분이 되지 아니할 때에는 간격이 다른 평행사선을 긋습니다.
바. 요철(凹凸)을 표시할 경우에는 절단양면 또는 사시도를 그리고, 음영을 나타낼 필요가 있을 때에는 0.2㎜ 이상의 실선으로 선명하게 표시합니다.
사. '도면'에 관한 설명은 '도면' 내용 중에 적을 수 없으며, 명세서에 적습니다. 다만, 도표, 선도 등에 꼭 필요한 표시, 골조도, 배선도, 공정도 등의 특수한 '도면'에 있어서 그 부분 명칭이나 절단면을 표시하는 것은 무방합니다.

3. 강한특허는 어떻게 설계하는가.

강한특허[11]는

먼저 제품의 필수기술을 포함해야 한다. 자사의 제품뿐만 아니라 타사의 제품의 필수기술을 포함해야 한다. 또한 제3자에 의해 활용될 가능성이 크고, 또한 가까운 미래에 사용될 가능성도 높아야 한다. 또한 시장성 측면에서 매출 규모가 커야 하고, 특허분쟁 가능성도 높아야 한다. 추후 협상할 때 라이선스, 크로스라이선스 등에서 실시료 등이 커지기 때문이다.

두 번째는 용이하게 설계 변경할 수 없어야 한다. 즉 회피설계(Design Around)가 까다롭고 또한 회피설계를 했다고 해도 원하는 물성치에 못 미치도록 하는 것이다.

세 번째는 침해발견이 용이해야 한다. 강한특허를 위해 특허청구범위를 작성할 때 타인의 모방품이 특허침해가 되려면 청구항 하나가 포함하는 구성요소를 모두 이용해야 하므로 구성요소를 최소화하여 작성하여야 하는데, 제품의 필수기술을 포함하면서 침해발견이 용이하게 하려는 의도가 있다. 또한 포괄적인 용어를 사용하거나 불필요한 제한을 하지 않거

11) Mr.Patrick Muir, Muir Patent Consulting, PLLC, What are "Strong" Patents? 1. Cover large revenue product of competitor. 2. Patents targeting third party that client has increased likelihood of a patent dispute. 3. Infringement is easily detected. 4. Design around invention is difficult or commercially inferior.

나 청구항을 단계적으로 작성하고 또한 발명의 다양한 형태로 표현하는 것이 모두 권리범위는 최대로 넓게 하면서 침해발견을 용이하게하려 함이다.

네 번째는 타사로부터 공격에 강해야 한다. 네 번째 조건은 강한특허의 조건에서 1순위이다. 일단 특허가 등록이 되어야 하고 등록 후에도 무효심판 등에서 살아남아야 권리를 행사할 수 있기 때문이다. 특허가 쉽게 무효되거나 권리행사가 불안정한 특허는 가치를 제대로 인정받을 수 가 없다. 따라서 발명 아이디어를 도출하고 구체화할 때부터 선행기술조사를 철저히 하여 특허성이 있는 발명만을 특허출원하고 특허청구범위도 선행기술조사를 바탕으로 등록받을 수 있도록 작성하여야 하는 것을 잊지 말아야 할 것이다.

상기에서 언급한 바와 같이 강한특허를 설계하기 위해서는 특허성 판단과 침해 판단을 함께 고려하여 작성하여야 한다.

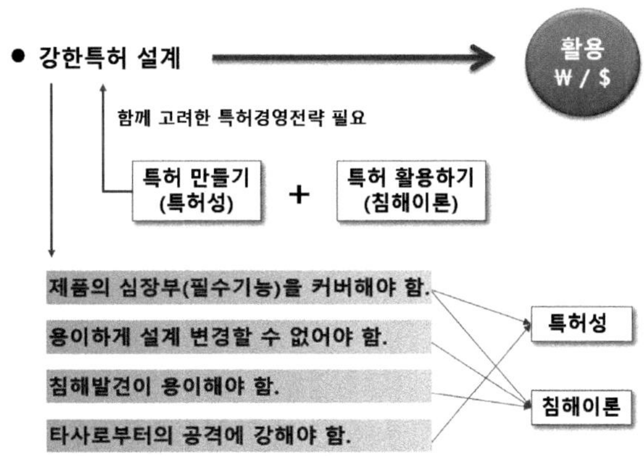

[그림 2] 강한특허설계 (사례 재구성)

강한특허가 되기 위해서는 발명의 아이디어도 좋아야 하지만 특허청구범위12)를 어떻게 작성하느냐도 중요하다.

하기 그림의 의자를 모두 포괄할 수 있는 특허청구범위는?

청구항 작성 (Bad Case)

청구항
A. 엉덩이를 걸치기 위한 4각형 모양의 밑판,
B. 상기 밑판에 부착되어 밑판을 지면으로부터 공중에 떠받치는 4개의 다리,
C. 상기 밑판의 한 변에 부착되어 상기 밑판 위에 앉은 사람의 등을 지지하는 뒷판을 포함하는 의자

청구항 작성 (Good Case)

청구항
A. 엉덩이를 걸치기 위한 밑판,
B. 상기 밑판에 부착되어 밑판을 지면으로부터 공중에 떠받치는 다리

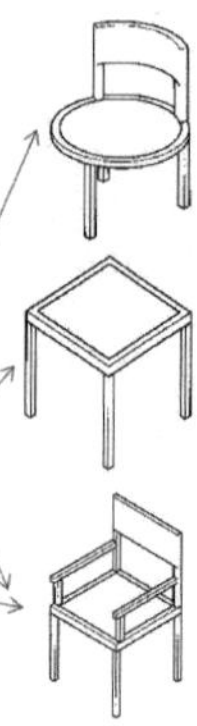

[그림 3] 특허청구범위 작성 (사례 재구성)

하기 도면의 로드는 어느 특허청구범위에 속하는가?

청구항 작성 (Bad Case)

청구항 1.

척추경 나사부재에 결합되어 척추를 지지하는 척추고정장치의 로드에 있어서,

상기로드에 그 직경의 변화없이 적절한 탄성이 부여되도록 로드의 길이방향에 따라 소정의 간격으로 적어도 6개의 트인 홀이 형성되어 있는 것을 특징으로하는 척추 고정장치의 로드.

청구항 작성 (Good Case)

청구항 1.

척추경 나사부재에 결합되어 척추를 지지하는 척추고정장치의 로드에 있어서,

상기로드에 그 직경의 변화없이 적절한 탄성이 부여되도록 로드의 길이방향에 따라 소정의 간격으로 다수의 트인 홀이 형성되어 있는 것을 특징으로하는 척추 고정장치의 로드.

도면

[그림 4] 특허청구범위 작성 (사례 재구성)

---

12) 특허법 제94조(특허권 효력) 특허권자는 업으로서 그 특허발명을 실시할 권리를 독점한다.
특허법 제97조(특허발명의 보호범위) 특허발명의 보호범위는 특허청구범위에 기재된 사항에 의하여 정하여진다.

특허발명의 보호범위는 청구범위에 적혀 있는 사항이다.[13] 그리고 도면과 발명의 설명을 참작하여 권리범위를 해석할 수가 있다. 특허청구범위는 보호받으려는 사항을 적은 항이 하나 이상 있어야 하며, 발명의 설명에 의하여 뒷받침될 것과 발명이 명확[14]하고 간결하게 적혀 있을 것의 요건을 모두 충족하여야 한다[15]라고 하고 있다.

구체적으로는 강한특허를 설계하기 위해 전략적으로 특허청구범위를 작성하여야 하는데 먼저 구성요소는 최소로 작성되어야 한다. 그리고 포괄적인 용어를 사용하여야 하며, 불필요한 제한을 쓰지 말고 청구항을 단계적으로 작성하고 발명의 다양한 형태로 표현하여야 한다.

특허청구범위는 발명의 설명에 의하여 뒷받침되어야 하는데 그렇지 못한 경우[16]는

① 청구항에 기재된 사항과 대응되는 사항이 발명의 설명에 직접적으로 기재되어 있지 않고, 암시도 되어 있지 않은 경우[17]

② 발명의 설명과 청구항에 기재된 발명 상호 간에 용어가 통일되어 있지 않아서 양자의 대응관계가 불명료한 경우[18]

③ 청구항에 기재된 사항이 특정기능을 수행하기 위한 수단 또는 공정으로 기재되어 있으나 이들 수단 또는 공정에 대응하는 구체적

---

13) 특허법 제97조(특허발명의 보호범위)

14) 특허법 제42조 제6항 청구범위에는 보호받으려는 사항을 명확히 할 수 있도록 발명을 특정하는 데 필요하다고 인정되는 구조·방법·기능·물질 또는 이들의 결합관계 등을 적어야 한다.

15) 특허법 제42조 제4항

16) 특허청, 특허·실용신안 심사기준, www.kipo.go.kr

17) 2003허2188, 2003후2072

18) 2005허10916, 2006허1926

인 구성이 발명의 설명에 기재되어 있지 않는 경우

④ 출원 시 해당 기술분야의 통상의 지식에 비추어 보아 청구된 발명의 범위까지 발명의 설명에 기재된 내용을 확장하거나 일반화할 수가 없는 경우[19]

⑤ 발명의 설명에 기재된 발명의 과제를 해결하기 위한 수단이 청구항에 기재되어 있지 않아 발명의 설명에 기재된 범위를 벗어난 발명을 청구하는 경우[20] 등이 있다.

또한 특허청구범위는 발명이 명확하고 간결하게 기재되어 있는가의 여부는 그 발명이 속하는 기술분야에서 통상의 지식을 가진 자의 입장에서 청구항, 발명의 설명, 도면의 기재 및 출원 시의 기술상식으로 판단[21]한다.

청구항의 기재가 불명확 또는 그 기재내용이 간결하지 않은 발명에 대하여 특허권이 부여되면, 발명의 보호범위가 불명확하여 특허발명의 보호범위를 결정하는 권리서로서의 역할을 다할 수 없으며, 또한 특허요건의 판단 등도 불가능하게 되므로 이와 같은 문제를 방지하기 위한 규정[22]이다.

발명이 불명확하고 간결하게 기재되어 있지 않은 경우[23]는 청구항의 기재내용이 불명확한 경우는 물론이고, 청구항에 각 구성요소가 단순히

19) 대법원 2006. 5. 11. 선고 2004후1120 판결
20) 대법원 2004. 12. 9. 선고 2003후496 판결
21) 대법원 2017. 4. 7. 선고 2014후1563 판결
22) 대법원 2006. 11. 24. 선고 2003후2072 판결
23) 특허청, 특허 · 실용신안 심사기준, www.kipo.go.kr

나열되어 있을 뿐으로 그 결합관계가 기재되어 있지 않아서 발명이 불명확한 경우,[24] 청구항에 기재된 발명의 카테고리가 불명확한 경우,[25] 동일한 내용이 중복으로 기재되어 있는 등 청구항의 기재가 너무 장황하여 보호를 받고자 하는 발명의 구성에 없어서는 아니되는 사항이 불명확한 경우, 청구항에 발명의 구성을 불명확하게 하는 표현이 기재되어 있는 경우,[26] 지시의 대상이 불명확하여 발명의 구성이 불명확한 경우, 청구항에 서로 다른 기능을 수행하는 복수의 동일한 표현의 기술용어가 있을 경우에 각각의 기능을 한정하여 기재하거나, 또는 도면에 사용된 부호에 의하여 명확하게 구별되도록 기재되어 있지 않아서 보호를 받고자 하는 발명의 구성이 불명확한 경우[27] 등이 있다.

청구항은 1 또는 2 이상 있어야 하며, 2 이상인 경우를 다항제[28]라고 하여 각각의 발명으로 인정되고 있으며, 독립항과 종속항으로 구분된다.

독립항은 다른 청구항을 인용하지 않는 형식으로 기재한다.

---

24) 특허심판원 2006. 12. 26. 선고 2006원3237 판결

25) 특허법원 2007. 3. 22. 선고 2006허5751 판결

26) 2006허5560, 다만, 이러한 표현을 사용하더라도 그 의미가 발명의 설명에 의해 명확히 뒷받침되며 발명의 특정에 문제가 없다고 인정되는 경우에는 불명확한 것으로 취급하지 않는다. (예1) '소망에 따라', '필요에 따라', '특히', '예를 들어', '및/또는' 등이 자구와 함께 임의 부가적 사항 또는 선택적 사항이 기재된 경우. (예2) '주로', '주성분으로', 주 공정으로, '적합한', 적량의, '많은', '높은', '대부분의', '거의', '대략', '약' 등 비교적 기준이나 정도가 불명확한 표현이 사용된 경우. (예3) '...을 제외하고', '... 이 아닌'과 같은 부정적 표현이 사용되어 불명확해진 경우. (예4) 수치한정발명에서 '... 이상', '... 이하', '0~10'과 같이 상한이나 하한의 기재가 없는 수치한정이나 0을 포함하는 수치한정을 한 경우

27) 2005후803

28) 발명을 여러 각도에서 다면적으로 기재하여 발명을 충실히 보호할 수 있도록 하고, 발명자의 권리범위와 일반인의 자유기술 영역과의 한계를 명확하게 구별하여 특허분쟁의 경우 특허침해 여부를 명확하고 신속하게 판단할 수 있도록 하기 위한 것이다.

종속항은 독립항 또는 다른 종속항을 인용하여 기재하는 형식의 청구항으로 인용되는 항의 특징을 모두 포함하고, 인용되는 항의 기술적 사항을 한정하거나 또는 부가하여 구체화하는 청구항이다.

청구항은 발명의 성질에 따라 적정한 수로 기재하여야 한다.

2 이상의 항을 인용하는 항은 하나의 항이 선택되도록 항의 번호를 기재하여야 한다. 그러나 2 이상의 항을 인용하는 청구항은 2 이상의 항을 인용하는 다른 청구항을 인용할 수 없다. 또한 2 이상의 항을 인용한 청구항에서 그 청구항의 인용된 항이 다시 하나의 항을 인용한 후에 그 하나의 항이 결과적으로 2 이상의 항을 인용하는 경우도 인정되지 않는다. 이는 하나의 청구항을 해석함에 있어서 다수의 다른 청구항을 참조하여야 하는 어려움을 방지하기 위한 것이다.

특허명세서의 작성은 철저한 선행기술조사를 바탕으로 특허청구범위를 먼저 설계하고 작성한다. 이는 도면을 준비할 수가 있고 발명의 설명을 작성하여 용어의 불일치를 피할 수 있다. 명세서 작성 후에는 청구범위의 적절성, 명세서의 논리의 일관성, 기술 및 수치 등의 정확성, 도면부호의 일치, 용어의 일치 등을 점검한다.

발명의 설명에서 다양한 가능성(구성, 효과)을 제시했는가. 다양한 실시예를 제시했는가. 특허청구범위에서는 상위 개념 용어를 사용했는가. 필수구성요소로만 구성되었는가. 의미있는 종속항이 추가되었는가 등을 다시 한번 점검한다.

4. 특허포트폴리오는 어떻게 설계하고 구축하는가.

특허포트폴리오 활용은 공격적 관점에서는 해당 제품 관련 시장에서 특허침해 제품을 퇴출시키고 독점적으로 시장지배력을 유지하거나 라이센싱 계약을 통해 로열티를 확보하는 것이 대표적인 활동이다.

시장에서 잠재적 경쟁기업이 고객에게 동일하거나 비슷한 제품 및 서비스를 제공하는 것을 방지하여 시장에서 독점적인 우위를 지키는 것이고, 보유하고 있는 특허권을 통해 특허 침해자가 특허를 침해하지 못하도록, 또는 해당 특허권 사용에 대한 로열티를 지불하도록 경고장을 보내고 소송을 제기하는 것이다.

공격적 관점의 특허포트폴리오를 활용하기 위해서는 특허포트폴리오를 설계하고 구축하고 그리고 세심한 관리가 필요하다. 방어적 관점의 특허포트폴리오의 활용은 먼저 리스크를 최소화하는 것이다.

시장진출 시 사전에 잠재위험(핵심특허[29])을 제거하고 분쟁을 미연에 막는 것이 그 무엇보다도 중요한데, 대응책으로는 비침해 논리, 무효화 논리와 회피설계가 있고, 필요하다면 특허 매입과 실시권 허락 등이 있다. ☞ 핵심특허에 대한 대응방안에 대해 제9장 실시자의 방어전략을 참조 바란다.

---

29) 현재나 장래의 자사 제품이 침해할 가능성이 있는 타인의 특허

방어적 관점의 특허포트폴리오 활용의 중심은 개발기술 관련 특허를 활용하여 Cross-license 추진하는 것이다.

☞ 특허포트폴리오 설계 및 구축은 제10장을 참조 바란다.

06

특허출원부터 등록까지 효율적 관리

1. 특허출원부터 공개까지 관리
2. 실체심사 대응 및 관리
3. 특허등록 후 관리

특허출원 후 등록까지 특허 활용 목적을 잊고 혹 방치하고 있는 것은 아닌가.

특허는 제품을 보호해야 하고, 특정한 경쟁사의 제품을 목표물로 해야 하고, 새로운 시장으로 진입하는 데 도움이 되어야 하고, 회사의 가치 평가 또는 마케팅에 일익을 담당해야 하는 등 특허 활용 목적이 있다.

이러한 특허 활용 목적을 염두에 두고 출원부터 등록, 등록 이후까지 철저한 관리가 필요하다.

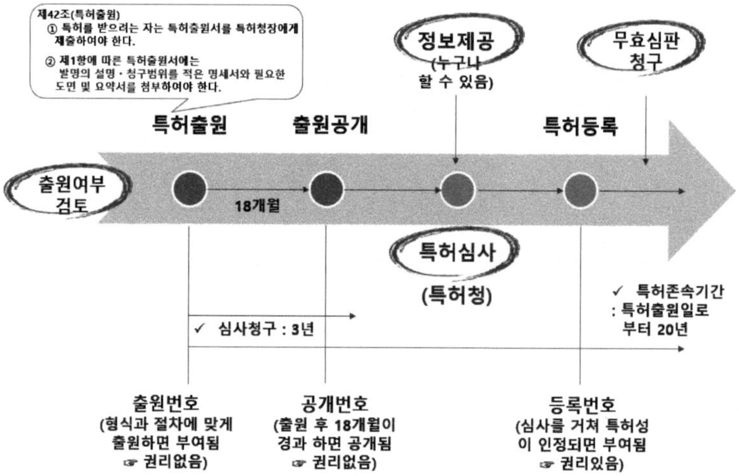

[그림 1] 특허출원부터 등록까지 출원 절차

1. 특허출원부터 공개까지 관리

(1) 특허출원

특허출원[1]은 특허를 받으려는 자가 특허출원서를 특허청장에게 제출하는 것을 말하고, 특허출원서에는 발명의 설명 · 청구범위를 적은 명세서와 필요한 도면 및 요약서를 첨부하여야 한다. 가장 먼저 출원한 출원인에게 특허를 부여하는 선원주의에서는 출원일의 선점이 중요한데, 출원일은 명세서 및 필요한 도면을 첨부한 출원서가 특허청장에게 도달한 날[2]로 하고 있다.

명세서에 발명의 설명을 적었다면 청구범위를 기재하지 않아도 출원일로 인정받을 수가 있으며,[3] 외국어로 특허출원 하더라도 반려되지 않고 출원일을 선점할 수 있다.[4]

특허출원 방법은 서면출원, FD출원, 전자출원(온라인 출원) 등이 있다.

서면출원은 소정의 양식에 의해 출원서 등을 작성한 후 특허청에 직접 또는 우편으로 제출하면 접수증 및 출원번호통지서를 교부받을 수 있다.

FD출원은 전자문서용 소프트웨어를 이용하여 작성된 출원서 및 중간서류 등을 프로피디스크에 수록하여 특허청에 제출하고 접수증을 받는다.

---

1) 특허법 제42조(특허출원)
2) 특허법 제42조의2
3) 특허법 제42조의2(청구범위유예제도)
4) 특허법 제42조의3

전자출원(온라인 출원)은 특허로 홈페이지 www.patent.go.kr을 통해 출원하는 것으로서, 전자문서 작성용 소프트웨어를 이용하여 작성된 출원서 및 중간서류 등을 온라인으로 전송한 후 출원번호 또는 접수번호를 확인하면 절차를 종료할 수 있다.

(2) 청구범위유예제도

청구범위유예제도[5]는 매우 유용한 제도다.

특허출원은 특허를 받으려는 자가 특허출원서를 특허청장에게 제출하는 것을 말하고, 특허출원서에는 발명의 설명 · 청구범위를 적은 명세서와 필요한 도면 및 요약서를 첨부하여야 한다.

그러나 특허명세서에 특허청구범위가 없는 상태에서 '임시 명세서'만으로 특허출원이 가능하도록 한 것으로서, 논문, 연구노트 등을 정해진 명세서의 서식에 맞추어 재작성할 필요없이 임시 명세서 형태로 그대로 제출할 수 있도록 하고 있다.

다만 특허청구범위를 포함하는 특허명세서를 출원일로부터 1년 2개월 이내에 제출해야 하고 특허청구범위뿐만 아니라 발명의 설명, 요약서, 도면을 보정해야 한다.

5) 특허법 제42조의3

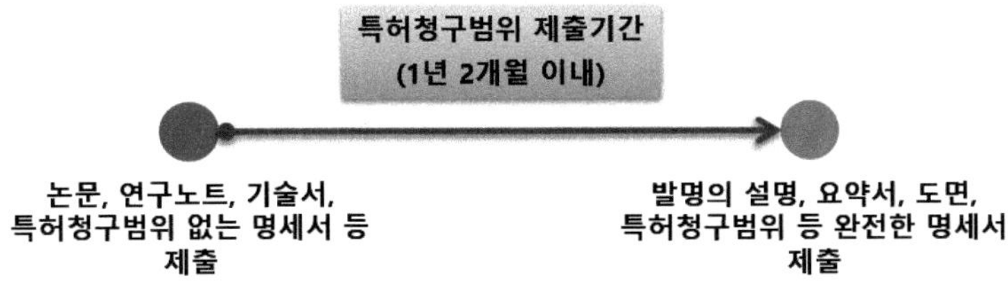

[그림 2] 청구범위유예제도

상기 청구범위유예제도는 **공지예외적용주장 출원**[6]이 가지고 있는 문제들을 보완할 수도 있다.

(3) 공지예외적용주장

공지예외적용주장 출원은 특허출원 전에 출원인 스스로 공지한 내용이 있어 신규성이 없는 사항에 대해, 공지일로부터 1년 이내에 특허출원서에 그 취지를 적어 출원하고 이를 증명할 수 있는 서류를 제출하면 공지로 보지 않아 신규성 및 진보성 판단의 인용발명으로 보지 않는 것을 말한다.

그러나 공지예외적용주장 출원은 출원일이 소급되는 것이 아니다. [그림 3]과 같이 제3자의 출원이 있는 경우 특허를 받을 수 없다. 제3자의 출원도 출원 전에 공지되어 있으므로 특허를 받을 수 없다. 따라서 공지예외적용주장 출원 전에 청구범위유예제도를 적극 활용할 필요가 있다.

---

6) 특허법 제30조(공지 등이 되지 아니한 발명으로 보는 경우)

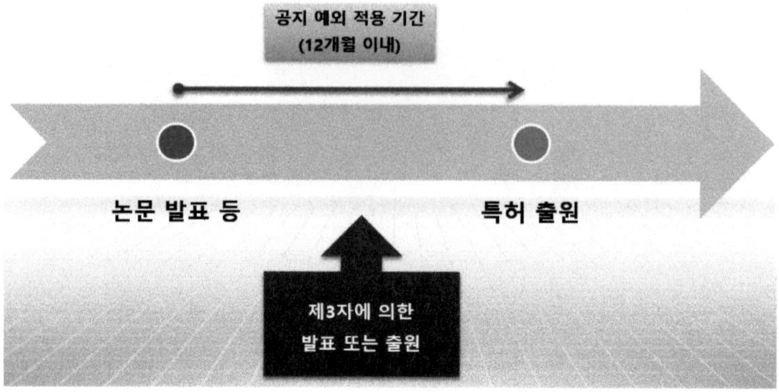

[그림 3] 공지예외적용주장 출원

(4) 심사청구

특허권을 취득하려는 출원만 심사하는 것으로서 일정기간 내에 심사청구가 있는 특허출원에 대해서만 심사를 수행하는 제도[7]이다.

심사청구제도는 빠른 심사, 일반 심사, 늦은 심사로 구분되며, 세가지 심사 중 하나를 자신의 특허전략에 따라 선택하여 원하는 시기에 심사를 받는 제도이다.

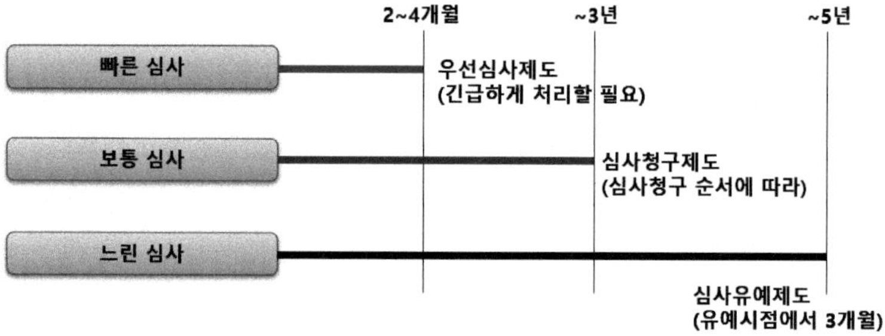

[그림 4] 심사청구제도[8]

7) 특허법 제59조

1) 빠른 심사(우선심사제도)

특허법 제61조(우선심사)에 해당하는 출원에 대해 심사청구순서에 관계없이 심사관에게 다른 특허출원에 우선하여 심사하게 할 수 있는 제도다.

출원공개 후 특허출원인이 아닌 자가 업(業)으로서 특허출원된 발명을 실시하고 있다고 인정되는 경우, 대통령령[9]으로 정하는 특허출원으로서 긴급하게 처리할 필요가 있다고 인정되는 경우, 대통령령[10]으로 정하는 특허출원으로서 재난의 예방 · 대응 · 복구 등에 필요하다고 인정되는 경우가 해당된다.

우선심사 신청요건에 해당하거나 전문기관에 선행기술조사를 의뢰하고 그 조사결과를 특허청에 통지토록 요청하면 누구든지 우선심사를 받을 수 있는 기회를 제공하고 있다.[11]

긴급하게 처리할 필요가 있다고 인정되는 경우(특허법 시행령 제9조 제1항)는 다음과 같다.

가. 방위산업분야의 출원 나. 녹색기술과 직접 관련된 특허출원 다. 수출촉진에 직접 관련된 출원 국제표준의 채택절차가 진행중이거나 국제표준으로 채택된 경우도 수출촉진에 직접 관련된 출원으로 간주 라. 국가 또는 지방자치단체의 직무에 관한 출원 ※「고등교육법」에 다른 국 · 공립학교의 직무에 관한 출원으로서 「기술의 이전 및 사업화 촉진에 관한 법률」 제11조제1항에 따라 국 · 공립학교 안에 설치된 기술이전 · 사업화 전담조직에 의한 출원을 포함

8) 특허청, www.kipo.go.kr
9) 특허법 시행령 제9조 제1항(우선심사의 대상)
10) 특허법 시행령 제9조 제2항(우선심사의 대상)
11) 특허청 홈페이지

마. 「벤처기업육성에 관한 특별조치법」 제25조에 따른 벤처기업의 확인을 받은 기업
「중소기업기술혁신 촉진법」 제15조에 따라 기술혁신형 중소기업으로 선정된 기업
「발명진흥법」 제11조의2에 따라 직무발명보상 우수기업으로 선정된 기업
「발명진흥법」 제24조의2에 따라 지식재산 경영인증을 받은 중소기업의 출원
바. 「국가연구개발혁신법」 제2조제1호에 따른 국가연구개발사업의 결과물에 관한 출원
아. 조약(PCT 포함)에 의한 우선권주장의 기초가 되는 출원
자. 출원인이 출원된 발명을 업으로서 실시 중이거나 실시 준비 중인 출원
타. 「규제자유특구 및 지역특화발전특구에 관한 규제특례법」 제55조에 따라 규제특례가 적용된 특화사업에 직접 관련된 특허출원
파. 「첨단의료복합단지 육성에 관한 특별법」 제26조에 따라 규제 특례가 적용되는 입주의료연구개발기관이 제출한 첨단 의료복합단지 안 의료연구개발과 관련된 특허출원
하. 공해방지 또는 제거가 주목적인 출원으로서 다음의 어느 하나에 해당하는 환경오염방지시설 또는 그 시설이 목적으로 하고 있는 환경오염방지방법에 관한 출원
거. 65세 이상 고령자, 건강에 중대한 이상이 있어 우선심사를 받지 않고서는 특허 또는 실용신안등록 여부결정까지 특허 또는 실용신안등록에 관한 절차를 밟을 수 없을 것으로 예상되는 자
너. 4차 산업혁명 관련 신특허분류를 부여한 특허출원
※ 인공지능, 사물인터넷, 삼차원 프린팅, 자율주행차, 빅데이터, 클라우드컴퓨팅, 지능형로봇, 스마트시티, 가상증강현실, 혁신신약, 신재생에너지, 맞춤형 헬스케어, 드론, 차세대 통신, 지능형반도체, 첨단소재, 블록체인 기술을 활용한 특허출원
더. 법 제198조의2에 따라 특허청이 「특허협력조약」에 따른 국제조사를 수행하고 법 제203조에 따른 서면이 제출된 국제특허출원
러. 반도체 등 국민경제 및 국가경쟁력 강화에 중요한 첨단기술과 관련된 출원

상기 가목부터 러목까지 우선심사 대상에 해당하여 우선심사를 신청하는 경우 우선심사 신청인은 출원발명과 관련된 선행기술을 직접 조사하고 선행기술조사 결과 및 선행기술문헌과의 대비 설명을 우선심사 신청 설명서(고시 별지 제5호 서식)에 기재하여 제출하여야 한다.

자체 선행기술조사를 위해 우선심사 신청 설명서에 기재하여야 할 사항은

- 선행기술의 검색방법(검색DB, 검색어, 검색 IPC 등),
- 검색 결과(발명과정에서 참고한 기술, 검색 선행기술 등 중에서 출원발명과 가장 근접한 선행기술(4개 이상)을 순서대로 기재),

– 대비 설명(청구항별로 가장 근접한 선행기술문헌을 선정하여 유사점, 차이점 및 대비 판단을 구체적으로 기재하여야 하며, 독립항에 대한 대비설명은 반드시 작성하되 종속항은 생략 가능)

우선심사는 상기 이외에 우선심사를 신청을 하려는 자가 출원된 발명에 관하여 특허청장이 공고한 전문기관에 선행기술조사를 의뢰한 경우로서 그 조사결과를 특허청장에게 통지하도록 해당 전문기관에 요청한 출원(우선심사 신청에 따라 해당 전문기관이 조사결과를 특허청장에게 제출하는 경우에 한정한다.)

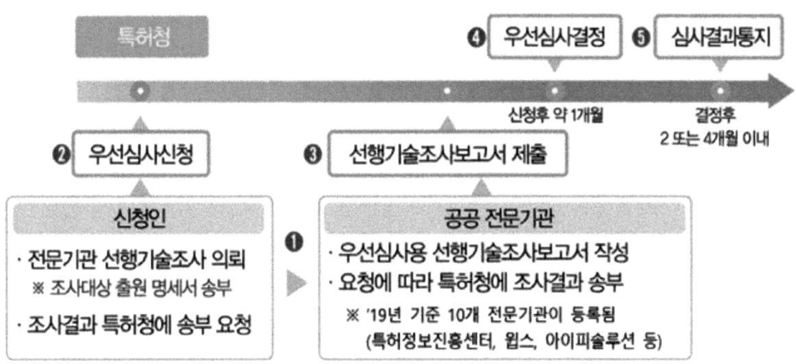

[그림 5] 우선심사제도[12)]

2) 보통 심사

특허출원에 대해 일정기간 내에 심사청구가 있는 출원에 대해서만 심사를 한다. 심사청구기간은 출원일로부터 3년이다.

---

12) 특허청, www.kipo.go.kr

3) 느린 심사

느린심사는 특허출원인이 원하는 유예시점에 특허출원에 대한 심사를 받을 수 있는 제도로, 늦게 심사 받는 대신 희망시점에 맞춰 심사서비스를 제공한다.

- 심사유예 희망시점(출원일로부터 5년 이내)으로부터 3월 이내 심사서비스 제공
- 신청시기는 심사청구 시 또는 심사청구일로부터 9개월 이내에 유예희망 시점을 기재한 심사유예 신청서를 제출하면 이용가능하다.

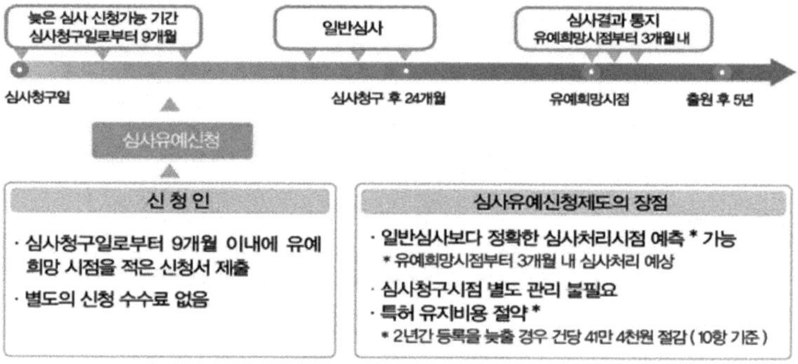

[그림 6] 느린심사제도[13)]

(5) 국내우선권주장

선출원후 1년 이내에 선출원 발명을 개량한 발명을 한 경우 하나의 출원에 선출원 발명을 포함하여 출원할 수 있도록 하는 제도로, 선출원에 기재된 발명과 동일한 발명은 선출원일에, 추가된 발명은 우선권주장일

---

13) 특허청, www.kipo.go.kr

에 출원한 것으로 인정하여 주는 제도[14]이다.

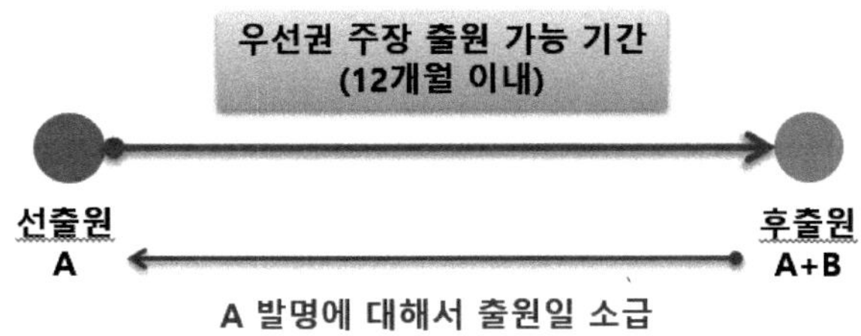

[그림 7] 국내우선권주장제도

선출원을 기초로 하여 당해 선출원을 보다 구체화하거나 개량 · 추가하는 발명에 대하여 국내우선권주장을 하지 않고 통상의 출원절차로 출원할 경우 자신의 선출원과 동일발명으로 거절될 수 있다.

또한 선출원의 명세서 또는 도면을 보정하여 이들 발명을 추가하는 경우에도 신규사항 추가 등에 의하여 거절결정될 수 있다. 우선권주장이 적법하면 선출원은 1년 3개월 후 취하된다.

(6) 출원공개

출원공개는 출원 후 1년 6개월[15]이 경과 하면 그 기술내용을 특허청이 공보의 형태로 일반인에게 공개하는 것이다.[16]

출원공개가 없다면 출원기술은 설정등록 후 특허공보로서 공개된다.

---

14) 특허법 제55조(특허출원 등을 기초로 한 우선권 주장)

15) 1년 6월의 근거는 우선권주장을 수반하는 외국출원과 국내출원의 균형을 유지하기 위한 것으로서, 우선권주장 기간이 12개월, 우선권증명서류 제출기간이 4개월, 공개공보 준비 기간이 2개월이다.

16) 특허법 제64조

출원공개 후 제3자가 공개된 기술내용을 실시하는 경우 출원인은 그 발명이 출원된 발명임을 서면으로 경고할 수 있으며, 경고일로부터 특허권 설정등록일 까지의 실시에 대한 보상금을 권리획득 후 청구할 수 있다.17)

특허출원일로부터 1년 6개월이 경과하기 전에 특허출원을 공개하여는 자는 조기공개신청서(단, 특허출원과 동시에 공개를 신청하려는 경우에는 출원서에 그 취지를 기재)를 특허청장에게 제출하여 조기공개를 할 수가 있다.18)

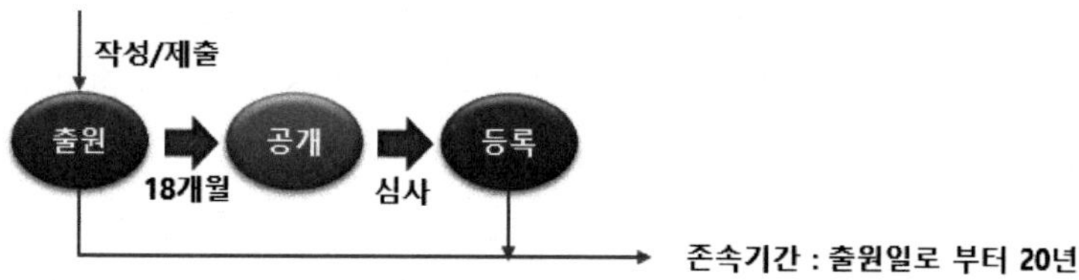

[그림 8] 출원공개

(7) 정보제공

특허출원에 관하여 누구든지 그 특허출원이 거절이유에 해당하여 특허될 수 없다는 취지의 정보를 증거와 함께 특허청장에게 제공할 수 있다.19)

'정보제공'은 경쟁사의 권리확보를 저지하고 자사의 법률 리스크를 효율적으로 줄여나가는 상대적으로 적은 비용으로 큰 효과를 누릴 수가 있다.

경쟁사가 출원한 발명과 선행문헌을 자세하게 비교하여 경쟁사가 특

17) 특허법 제65조
18) 특허법 시행규칙 제44조 제1항
19) 특허법 제63조의2

허를 받을 수 없는 이유를 논리적으로 설명하면 된다.

그러나 정보제공된 문헌 및 논리를 심사관이 심사에 반영하는 것은 재량사항이므로 만약 심사관이 채택하지 않을 경우, 심판단계에서 특허의 무효를 다툴 시 심사과정에서 인용되지 않은 문헌들은 상대적으로 특허발명과 관련성이 떨어진다고 판단된 문헌들로 취급할 수 있음을 주의해야 한다.

2. 실체심사 대응 및 관리

(1) 실체심사

실체심사는 산업상 이용가능성, 신규성, 진보성을 판단하는 심사와 함께 공개의 대가로 특허를 부여하게 되므로 쉽게 실시할 수 있도록 기재하고 있는가를 동시에 심사한다.

제2장에서 언급한 특허등록 가능성 검토 중 신규성과 진보성을 요약해서 정리하면 다음과 같다.

신규성 판단은 출원시를 기준으로 하며, 하나의 선행기술에서 특허출원된 발명의 청구항이 가지는 모든 구성요소가 발견되면 신규성이 없는 발명으로 특허를 받을 수 없다.[20]

기술적 구성에 차이가 있더라도 그 차이가 '과제해결을 위한 구체적 수단에서 주지 · 관용기술의 부가 · 삭제 · 변경 등에 지나지 아니하여 새로운 효과가 발생하지 않는 정도의 미세한 차이'에 불과하다면 두 발명은 서로 실질적으로 동일하다고 할 것이다.[21]

진보성 판단은 출원발명과 인용발명을 대비하여 그 구성의 차이를 명확히 한 후, 인용발명으로부터 출원발명에 이르게 된 것이 통상의 기술자에게 용이한지 여부를 판단한다.

---

20) 특허법원 2005. 5. 20. 선고 2004허5160 판결
21) 대법원 2011. 4. 28. 선고 2010후2179, 대법원 2001. 6. 1. 선고 98후1013 판결

용이성의 판단 근거[22]로는

ⓐ 발명에 이를 수 있는 동기가 있는 것으로, 구체적으로는 인용발명에 출원에 대한 시사가 있는 경우, 기능 · 작용이 공통되는 경우, 인용발명과 출원발명의 과제가 공통되는 경우, 기술분야의 관련성이 있는 경우 등이 있다.

또한

ⓑ 통상의 기술자의 통상의 창작능력의 발휘에 해당하는 것은 일정한 목적 달성을 위하여 공지의 재료 중에서 가장 적합한 재료의 선택, 수치범위의 최적화 또는 호적화, 균등물에 의한 치환, 기술의 구체적 적용에 따른 설계변경, 일부 구성요소의 생략, 단순 용도의 변경 · 한정, 공지기술의 일반적인 적용 등이 있다.

그리고

ⓒ 유리한 효과인데 이질적이거나 동질이라도 양적으로 현저한 차이가 있다면 진보성이 인정된다.[23]

진보성이 부정되는지 여부는 통상의 기술자의 입장에서, 인용발명의 내용에 청구항에 기재된 발명에 이를 수 있는 동기가 있는지 또는 인용발명과 청구항에 기재된 발명의 차이가 통상의 기술자가 가지는 통상의 창작능력 발휘에 해당하는지 여부를 주요 관점으로 하여, 인용발명에 비해 더 나은 효과가 있는지를 참작하여 판단한다.[24]

---

22) 특허청, 특허 · 실용신안 심사기준, www.kipo.go.kr
23) 대법원 1991. 10. 22. 선고 90후2003 판결
24) 특허청, 특허 · 실용신안 심사기준, www.kipo.go.kr

또한 2 이상의 인용문헌을 결합하여 진보성을 판단하기 위해서는 2 이상의 인용문헌이 ⓐ 기술분야가 동일해야 하고, ⓑ 해결하고자 하는 기술적 과제가 동일해야 하며, ⓒ 통상의 지식을 가진자가 용이하게 결합할 수 있는 동기를 제시하여야 한다.[25]

의견제출통지서(거절이유통지)에 대한 조치로는 보정과 함께 의견서(신규성, 진보성 등 특허등록 가능성 검토와 관련하여 거절이유 부당성 주장 또는 보정 타당성과 함께 이에 따른 특성등록 가능성 설명 등)를 제출하고, 심사관 면담(보정안 리뷰)를 할 수가 있으며, 분할출원, 변경출원, 재심사 청구, 거절결정불복심판 청구 등을 할 수가 있다. 보정, 심사관 면담(보정안 리뷰), 재심사, 분할출원, 변경출원 등을 좀더 설명한다.

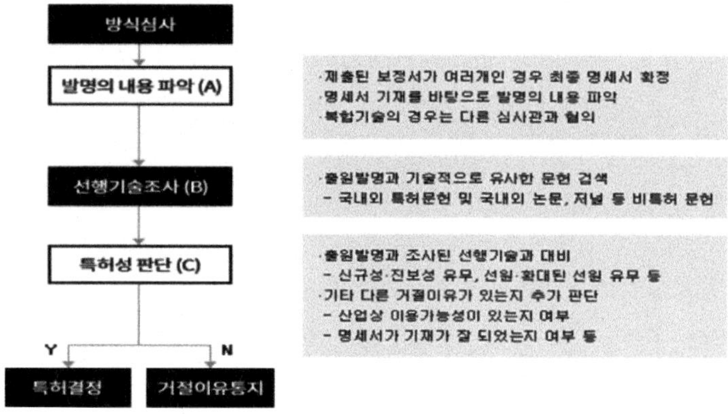

[그림 9] 실체심사[26]

25) 대법원 2007. 9. 6. 선고 2005후3284 판결
26) 특허청, www.kipo.go.kr

(2) 보 정

보정[27]은 최초 출원과 동일성을 유지하는 범위 내에서 보충 · 정정하는 것으로서, 보정의 시기 및 범위에 제한이 있다.

보정은 통지에 의한 보정과 자진보정이 있으며, 통지에 의한 보정은 특허청이 보정통지를 한 사항에 대해서 보정을 할 수가 있다. 자진보정은 특허청의 보정통지와 상관없이 특허결정등본을 송달하기 전에는 출원인이 스스로 발명의 명칭, 요약서, 명세서, 청구범위, 도면 등을 보정할 수가 있다.

신규사항을 추가하지 않는 범위 내에서 하여야 하며,[28] 출원서에 최초로 첨부된 명세서 또는 도면에 기재된 기술적 사항의 범위를 벗어나서 명세서 또는 도면을 보정하는 것은 허용되지 않고 있음을 주의 하여야 한다.

그렇다면 신규사항 추가에 해당하는 경우[29]로는 요약서에만 기재된 사항을 명세서에 추가하는 경우, 미완성 발명을 완성 발명으로 하는 경우, 하위개념을 상위개념으로 변경하는 경우, 수치범위를 추가하거나 변경하는 경우, 독립된 개별 구성이나 실시예를 결합하는 경우, 실시예 또는 시험예를 추가하는 경우, 새로운 효과를 추가하는 경우, 주지관용 기술을 부가하는 경우[30]가 해당된다.

---

27) 특허법 제47조(특허출원의 보정)
28) 특허법 제47조 제2항
29) 특허청, 특허 · 실용신안 심사기준, www.kipo.go.kr
30) 특허법원 2009. 9. 18. 선고 2009허115 판결, 보정된 사항이 주지.관용기술이더라도 그것이 통상의 기술자가 최초 명세서 및 도면에 기재되어 있는 것과 마찬가지라고 이해할 수 있는 사항이 아니라면, 이를 추가하는 보정은 최초 명세서 및 도면에 기재된 사항의 범위를 벗어난 것이어서 허용될 수 없다.

실체심사에서 거절이유는 최초거절이유통지와 최후거절이유통지로 나눌 수 있다.

최초거절이유통지에 따른 보정은 신규사항을 추가하지 않는 범위 내에서 하여야 하며,[31] 출원서에 최초로 첨부된 명세서 또는 도면에 기재된 기술적 사항의 범위 내에서 명세서 또는 도면을 보정하는 것은 허용하고 있다.

이에 반해 최후거절이유통지에 따른 보정은 엄격하게 제한하고 있다. 즉 청구항을 한정 또는 삭제하거나, 청구항에 부가하여 청구범위를 감축하는 경우, 잘못 기재된 사항을 정정하는 경우, 분명하지 아니하게 기재된 사항을 명확하게 하는 경우만 청구범위 보정을 허용하고 있다[32].

청구범위를 감축하는 보정[33]으로는 청구항의 삭제, 상위개념으로부터 하위개념으로 변경, 택일적으로 기재된 구성요소의 삭제, 발명의 설명 또는 다른 청구항에 기재되어 있던 새로운 기술적 사항을 직렬적으로 부가, 다수항을 인용하는 종속항에서 인용항수를 감소하거나, 수치범위를 축소하는 보정이 있다.

보정안 리뷰 제도[34]는 출원인이 통지된 거절이유에 대응한 최종 보정서를 제출하기 전에 심사관과의 면담을 통해 보정안에 대한 의견을 교환하여 출원인은 특허 결정 가능성을 높이고 심사관은 정확한 심사를 도모하기 위한 제도다.

---

31) 특허법 제47조 제2항
32) 특허법 제47조 제3항
33) 특허청, 특허 · 실용신안 심사기준, www.kipo.go.kr
34) 특허법 제67조의2

보정안 리뷰는 심사관이 거절이유를 통지한 출원 중 의견서 제출기간 만료일 1개월 이전이 되는 날까지 보정서 및 보정안을 기재한 의견서를 제출한 모든 출원을 대상으로 한다.

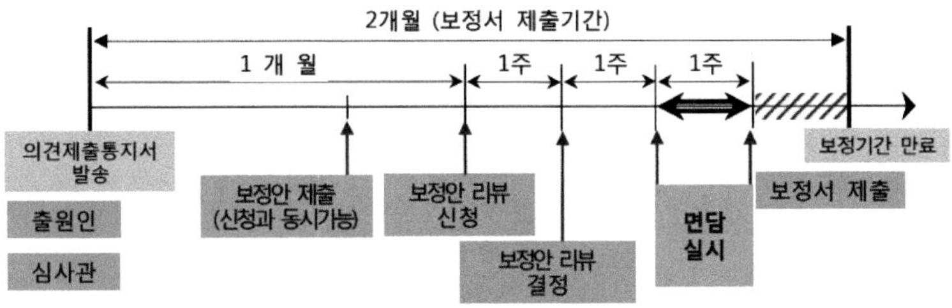

[그림 10] 보정안 리뷰제도[35)]

(3) 재심사

출원인은 거절결정등본을 송달 받은 날부터 30일 이내에 명세서 또는 도면을 보정하여 재심사[36)]를 청구할 수 있고 추가로 의견서도 제출 가능하다.

재심사를 청구하기 위한 보정도 엄격하게 제한하고 있다. 즉 청구항을 한정 또는 삭제하거나, 청구항에 부가하여 청구범위를 감축하는 경우, 잘못 기재된 사항을 정정하는 경우, 분명하지 아니하게 기재된 사항을 명확하게 하는 경우만 청구범위 보정을 허용하고 있다.[37)]

재심사 청구 전에 심사관과의 면담을 통해 보정안에 대한 의견을 교환하여 재심사 시 등록 가능성을 높이고 심사관은 정확한 심사를 도모하

35) 특허청, www.kipo.go.kr
36) 특허청 홈페이지
37) 특허법 제47조 제3항

기 위한 제도다.

재심사 면담은 심사관이 거절결정한 출원중 기간연장을 신청한 후 재심사 청구기간 만료일 이전이 되는 날까지 면담을 신청한 모든 출원을 대상으로 하고 있다.

(4) 분할출원, 분리출원, 변경출원

1) 분할출원

특허출원인은 둘 이상의 발명을 하나의 특허출원으로 한 경우에는 그 특허출원의 출원서에 최초로 첨부된 명세서 또는 도면에 기재된 사항의 범위에서 해당하는 기간에 그 일부를 하나 이상의 특허출원으로 분할할 수 있다.[38]

거절이유통지 내용에 포함되지 않는 청구항을 분리해서 분할출원을 통해 조기에 권리화할 수 있다.

분할출원은 원출원 중의 일부발명을 분할하는 절차이므로 분할출원이 행해지더라도 원출원은 계속 존속하고, 분할출원의 출원일은 최초 출원일로 소급된다.

분할출원할 수 있는 시기는 보정할 수 있는 기간, 거절결정등본을 송달받은 날부터 30일 이내의 기간, 특허결정 또는 특허심결의 등본을 송달받은 날부터 3개월 이내의 기간이다.

---

38) 특허법 제52조

2) 분리출원

분리출원[39]은 특허거절결정을 받은 자는 결정 불복에 따른 심판청구가 기각된 경우 그 심결의 등본을 송달받은 날부터 30일 이내에 그 특허출원의 출원서에 최초로 첨부된 명세서 또는 도면에 기재된 사항의 범위에서 그 특허출원의 일부를 새로운 특허출원으로 분리할 수 있다.

3) 변경출원

변경출원[40]은 실용신안등록출원인은 그 실용신안등록출원의 출원서에 최초로 첨부된 명세서 또는 도면에 기재된 사항의 범위에서 그 실용신안등록출원을 특허출원으로 변경할 수 있다.

---

39) 특허법 제52조
40) 특허법 제53조

3. 특허등록 후 관리

(1) 연차등록료 납부, 권리 이전 등록, 실시권 등록

1) 연차등록료 납부

존속기간 내에서 최초(설정등록 3년분) 이후 매년 권리 유지 여부를 권리자가 스스로 결정할 수 있도록 하기 위한 제도다.

>>> 소멸권리회복제도(특허 · 실용 · 디자인)

특허(등록)료 추가 납부기간까지 납부하지 못하여 권리가 소멸한 경우 실시중인 권리에 한하여 추가 납부기간 만료일 또는 보전기간 만료일로부터 3월 이내에 권리회복을 신청하고 정상특허(등록)료의 2배를 납부하면 소멸된 권리를 회복시키는 제도

[그림 11] 소멸권리회복제도[41)]

2) 권리이전 등록

특허권 등은 개인의 재산권이므로 등록권자의 의사에 의하여 이를 이전하거나 법령의 요건에 의하여 타인에게 이전될 수 있다.

특허권 등의 이전이 효력을 발생하기 위해서는 이를 특허청에 등록해야 한다. 다만, 상속과 같은 일반승계는 등록하지 않아도 효력이 발생하며, 특허청장에게 이를 지체없이 신고하여야 한다.

---

41) 특허청, www.kipo.go.kr

3) 실시권 등록

실시권이란 특허권자가 아닌 자가 특허권자와 약정 또는 특허권자의 허락을 받아 그 특허 발명을 실시할 수 있는 권리를 말한다.

사용권이란 상표권자가 아닌 자가 상표권자와의 약정 또는 상표권자의 허락에 의하여 타인의 상표를 사용할 수 있는 권리를 말한다.

전용실시권(사용권)

- **전용실시권이란 일정 범위 내에서 타인의 특허발명을 업으로서 "독점 실시" 할 수 있는 권리로서 전용실시권이 설정된 범위 내에는 특허권자도 전용실시권자의 허락 없이 특허발명을 실시할 수 없음**

통상실시권(사용권)

- **통상실시권이란 타인의 특허발명을 일정조건하에서 업으로 실시할 수 있는 권리로서, 통상실시권은 전용실시권과는 달리 독점적 권리가 아님**

[그림 12] 전용실시권(사용권), 통상실시권(사용권)[42]

(2) 특허권 획득 후 존속과 포기

특허권 획득 후 존속과 포기를 결정하는 판단 요소에 대해 하나의 예를 소개하면 다음과 같다.

제품에 적용 중이거나 적용 예정 여부, 타사의 당사 권리 이용가능성, 대체기술 부재 여부, 경쟁사에서 당사의 권리를 이용하여 상품화시킬 가능성 등으로 판단할 수가 있다.

42) 특허청, www.kipo.go.kr

(3) 특허존속기간

우리나라에서는 특허권 설정등록 후 출원일로부터 20년이다. 거의 모든 국가가 출원일로부터 20년이다.

해외출원하는 경우는 직접 출원하는 경우와 PCT 출원으로 하는 경우는 다르다. 대한민국 출원 후 일년 이내에 각국으로 직접 출원하는 경우는 그 국가 출원일로부터 20년이다. 그러므로 대한민국 출원 후 일년 이내에 미국에 직접출원한 경우는 미국 출원일로부터 20년이다.

대한민국 출원 후 1년 이내에 PCT(국제특허협력조약) 출원을 하고 최초 출원일로부터 약 30개월 경에 미국, 일본, 중국 등 각국으로 진입하는 경우, 진입국가에서는 PCT 출원일로부터 20년이다.

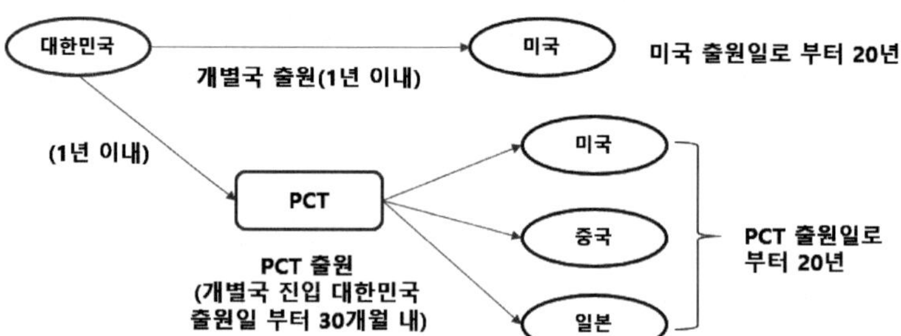

[그림 13] 특허존속기간(사례 재구성)

미국은 PTA(Patent Term Adjustment) 제도가 있는데, 절차상 심사지연으로 등록까지 3년 이상 소요된 경우 3년 초과한 일수는 연장시켜주는 제도이다.

미국에서 가출원(Provisional Application, 청구항 기재가 생략된 명세서, IDS(Information Disclosure Statements) 제출 의무가 없음)은 존속기간의 기산점이 아니다.

특허존속기간 만료 후 복제약으로 제네릭과 바이오시밀러가 있다.

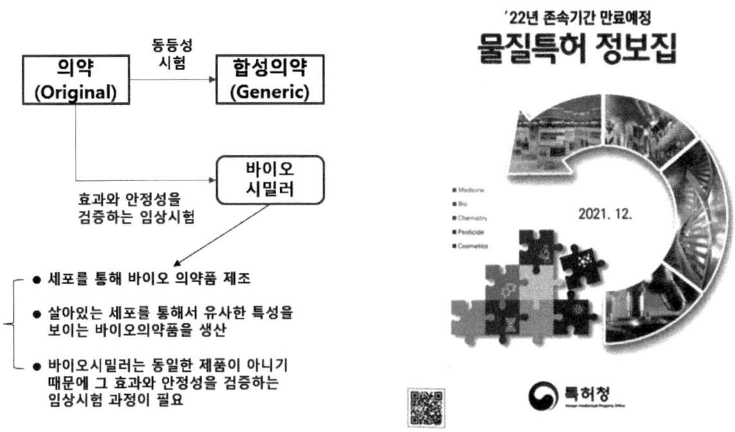

[그림 14] 제네릭, 바이오시밀러, 물질특허정보집[43]

(4) 특허무효심판과 특허취소신청 대응

우리나라에서는 특허가 등록된 후 특허무효심판 또는 특허취소신청을 할 수가 있다. 특허무효심판은 이해관계인 또는 심사관이 청구할 수 있지만, 특허취소신청은 누구나 할 수가 있다. 특허무효심판은 기간의 제한이 없지만, 특허취소신청은 설정등록일로부터 등록공고 후 6개월까지만 가능하다.

---

43) 특허청, www.kipo.go.kr

특허무효심판[44]은 특허법 제133조 제1항이 규정한 다양한 이유로 청구할 수 있지만, 특허취소신청은 제29조(신규성, 진보성, 확대된 선원)와 제36조(선출원) 위반을 이유로만 신청할 수 있다. 특허무효심판은 증거의 형식에 제한이 없지만, 특허취소신청은 신규성, 진보성 위반의 근거로 사용되는 선행기술은 서면 또는 전기통신회선을 통하여 공개된 자료로 한정되며, 공연히 실시된 기술, 즉 불특정인에게 공장을 견학시킨 내용, 불특정인이 볼 수 있는 상태에서 시공된 내용 등은 증거로 사용할 수

44) 특허법 제133조(특허의 무효심판)

① 이해관계인(제2호 본문의 경우에는 특허를 받을 수 있는 권리를 가진 자만 해당한다) 또는 심사관은 특허가 다음 각 호의 어느 하나에 해당하는 경우에는 무효심판을 청구할 수 있다. 이 경우 청구범위의 청구항이 둘 이상인 경우에는 청구항마다 청구할 수 있다.

1. 제25조(권리능력), 제29조(산업상 이용가능성, 신규성, 진보성), 제32조(특허를 받을 수 없는 발명), 제36조제1항부터 제3항까지(선원주의), 제42조제3항제1호(발명의 설명에 관한 기재방법) 또는 같은 조 제4항(청구범위 기재방법)을 위반한 경우
2. 제33조제1항 본문에 따른 특허를 받을 수 있는 권리를 가지지 아니하거나 제44조(공동출원)를 위반한 경우. 다만, 제99조의2제2항에 따라 이전등록된 경우에는 제외한다.
3. 제33조제1항(특허를 받을 수 있는 권리) 단서에 따라 특허를 받을 수 없는 경우
4. 특허된 후 그 특허권자가 제25조(권리능력)에 따라 특허권을 누릴 수 없는 자로 되거나 그 특허가 조약을 위반한 경우
5. 조약을 위반하여 특허를 받을 수 없는 경우
6. 제47조제2항 전단에 따른 범위를 벗어난 보정인 경우
7. 제52조제1항에 따른 범위를 벗어난 분할출원 또는 제52조의2제1항 각 호 외의 부분 전단에 따른 범위를 벗어난 분리출원인 경우
8. 제53조제1항에 따른 범위를 벗어난 변경출원인 경우

② 제1항에 따른 심판은 특허권이 소멸된 후에도 청구할 수 있다.

③ 특허를 무효로 한다는 심결이 확정된 경우에는 그 특허권은 처음부터 없었던 것으로 본다. 다만, 제1항제4호에 따라 특허를 무효로 한다는 심결이 확정된 경우에는 특허권은 그 특허가 같은 호에 해당하게 된 때부터 없었던 것으로 본다.

④ 심판장은 제1항에 따른 심판이 청구된 경우에는 그 취지를 해당 특허권의 전용실시권자나 그 밖에 특허에 관하여 등록을 한 권리를 가지는 자에게 알려야 한다.

가 없다.

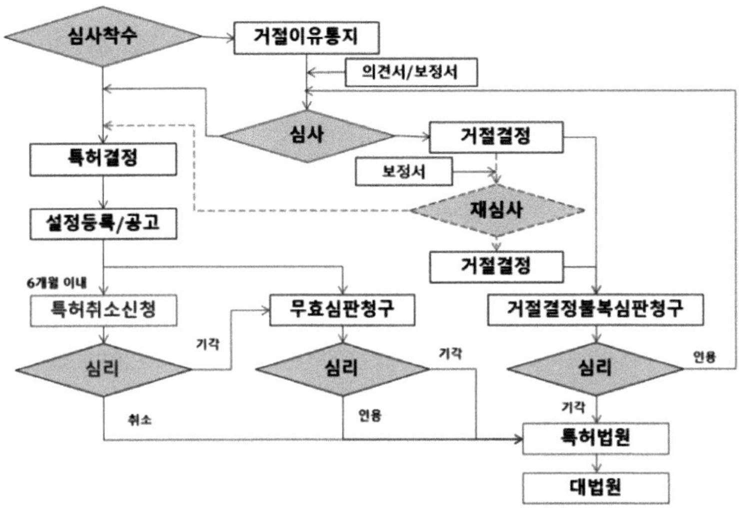

[그림 15] 특허무효심판, 특허취소신청[45)]

45) 특허청, www.kipo.go.kr

07

해외특허출원전략

1. 해외출원 여부 및 출원 국가의 결정
2. 해외출원의 방법
3. 해외출원전략
4. 특허심사하이웨이

1. 해외출원 여부 및 출원 국가의 결정

각국의 특허는 서로 독립적이므로 특허권을 획득하고자 하는 나라에서 특허권을 취득해야만 해당국에서 독점배타권을 확보할 수 있다.

해외출원은 비용이 많이 소요되고 모든 국가에 출원을 할 수 없으므로, 어떤 특허를 어느 나라에 어떤 방식으로 해외출원을 할지 결정해야 한다.

〈시장성〉

출원하고자 하는 국가의 시장규모가 어느 정도 되는지를 파악하여야 한다. 특허의 존속기간이 20년임을 염두에 두고 미래시장규모의 잠재력도 고려하여야 한다.

〈분쟁 가능성〉

경쟁사가 있는지를 살펴보고 분쟁 가능성이 있는지를 살펴보아야 한다. 향후 생길 분쟁 가능성에 대비해서 미리 출원하는 것도 바람직하다.

해외출원 여부 및 출원국가의 결정은 상기에서 언급한 시장성과 분쟁 가능성을 염두에 두고, 특허 제품을 판매할 국가, 특허 제품 또는 경쟁제품을 생산할 수 있는 국가를 중심으로 선정하는 것이 바람직하다.

또한 '특허건 획득 후 사후관리'에서도 언급한 특허권 획득 후 존속과 포기를 결정하는 판단 요소를 참조할 수 있다. 즉 제품에 적용 중이거나 적용 예정 여부, 타사의 당사 권리 이용가능성, 대체기술 부재 여부, 경쟁사에서 당사의 권리를 이용하여 상품화시킬 가능성 등이다.

특허 취득까지의 소요 비용, 해외출원으로 얻게 될 잠재적 이점 그리고 특허권 또는 실용신안권의 권리행사가 실질적으로 가능한 국가 등을 충분히 고려하여 해외출원 여부 및 출원 국가를 선정하는 것이 무엇보다도 중요하다.

2. 해외출원의 방법

해외출원의 방법에는 조약[1])에 의한 우선권주장으로 개별국에 직접 출원하는 방법과 PCT(Patent Cooperation Treaty)에 의한 출원방법[2])이 있다.

(1) 조약에 의한 해외출원

특허 획득을 원하는 모든 나라에 각각 개별적으로 특허출원하는 방법이다. 선출원에 대한 우선권을 주장하여 출원하는 경우 선출원의 출원일로부터 12개월 이내에 해당 국가에 출원하여야 우선권을 인정받을 수 있다.

이 방법은 조기에 권리를 확보할 수 있고, PCT출원으로 인한 비용이 불필요하며, 소수 특정 국가에 출원할 때 유용하다.

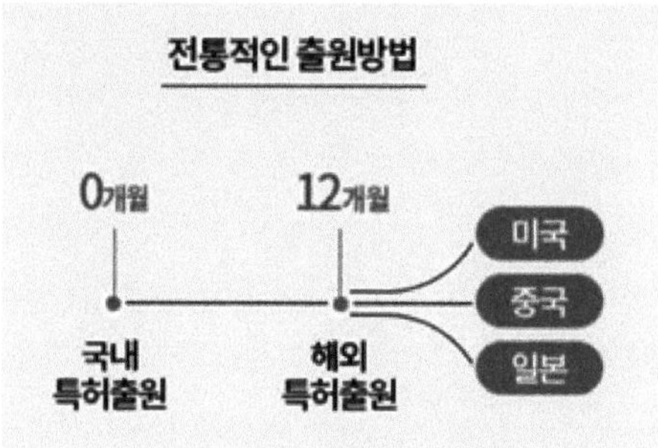

[그림 1] 해외출원방법[3])

1) 파리 조약(Paris Convention)
2) PCT(Patent Cooperation Treaty, 특허협력조약) 홈페이지(www.pct.go.kr)
3) 특허청, www.kipo.go.kr

(2) PCT에 의한 해외출원

특허청(수리관청)에 하나의 PCT 출원서를 제출하고, 그로부터 정해진 기간 이내에 특허 획득을 원하는 국가(지정(선택) 국가)로의 국내 단계에 진입할 수 있는 제도로 PCT 국제 출원의 출원일이 지정 국가에서 출원일로 인정받을 수 있다. 선출원에 대한 우선권을 주장하여 출원하는 경우 선출원의 출원일로부터 12개월 이내에 PCT 국제 출원을 하여야 우선권을 인정받을 수 있다.

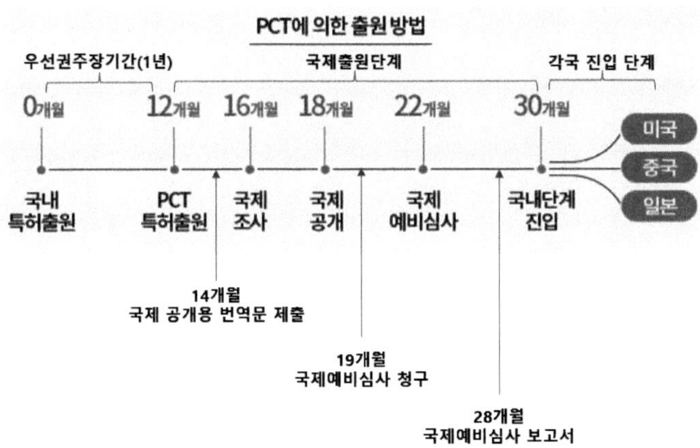

[그림 2] PCT에 의한 해외출원방법[4](특허청 홈페이지 참조하여 재작성)

▶ PCT 출원 : 조약 및 조약규칙에서 정하는 방식 및 언어로 기재된 출원서 등을 수리관청이나 국제사무국에 제출
▶ 국제조사 : 선행기술조사 및 특허성 유무 판단
▶ 국제공개 : 우선일로부터 18개월 이내에 PCT 출원서류, 국제조사보고서를 전자적 형태로 공개
▶ 국제예비심사 : 청구가 있는 경우 특허성 유무에 관한 예비적 판단 자료를 출원인에게 송부
▶ 국내단계진입 : 우선일로부터 30개월 이내에 각 지정국이 요구하는 언어로 작성된 번역문 및 수수료를 각 지정국에 제출 및 납부

4) 특허청, www.kipo.go.kr

PCT 출원은 국문으로 그리고 우리나라 특허청에 PCT 출원하여 모든 조약국에서 출원일 확보가 가능하다. 국제조사보고서를 검토한 후 보완이 가능하며, 충분한 검토(30개월) 후 개별국에 진입할 수 있고 또한 여유롭게 사업환경 및 전략을 고려하여 해외출원국가를 결정할 수가 있다. 다수 국가로 출원을 할 때는 유용한 해외출원 방법이다. 다만, 특허와 실용신안만을 대상으로 하고 있다.

3. 해외출원전략

(1) 우선권주장 기간[5)]

출원 후 1년까지 개발기술 발전 방향, 시장의 변화, 사업전략, 해외사업전개, 모방품 대응 등을 보고 특허 획득 전략과 후속 연구를 결정할 수가 있다.

구체적으로는 글로벌 전략과 모방품 대책 등에 적절하도록 해외출원 전략을 수립할 수가 있고, 특허청구범위는 연구개발방향에 맞게 작성할 수가 있으며, 시장상황과 경쟁자의 실시를 제재할 수 있는 특허청구범위 및 실시예도 작성할 수가 있다. 이를 위해 신규사항 추가가 아닌 경우 특허청구범위를 보정할 수가 있다.

또한 실시예의 추가 등 보정의 범위를 벗어나는 경우, 선출원에 발명의 구성이 모두 기재되어 있고 1년 내에 이를 명확히 증명하는 데이터를 추가하는 경우, 출원 후 1년 내 시장상황에 맞춰 청구범위를 보정할 필요가 있는 경우로 청구범위 보정이 어려운 경우 등에 대해서는 국내우선권주장제도[6)]를 통해서 할 수가 있다.

다만 개량발명, 데이터 추가, 청구항의 보정에 의해 발명의 단일성이

5) 출원일을 소급받을 수 있는 기간으로 최초 출원일로부터 1년 이내
6) 선출원 후 1년 이내에 선출원 발명을 개량한 발명을 한 경우 하나의 출원에 선출원 발명을 포함하여 출원할 수 있도록 하는 제도로서, 선출원에 기재된 발명과 동일한 발명은 선출원일에, 추가된 발명은 우선권주장출원의 출원일에 출원한 것으로 인정하여 주는 제도

벗어나는 경우 등은 신규출원으로 해야 한다. 즉 새로운 구성을 추가하는 경우는 개별출원으로 하여 다양한 구성을 가진 다수의 특허권으로 이루어진 포트폴리오를 형성하는 것이 바람직하다.

국내우선권주장 기간 동안 실시예 추가는 경쟁업체가 선택발명[7]을 실시하는 것을 방지한다는 의미에서 매우 중요하다. 연구 계속 중에 출원된 발명의 범위 내에 속하지만 이전의 실시예들과 비교하여 효과가 월등히 뛰어난 조건이 발견되는 경우, 실시예를 추가하여 권리화하는 것이 매우 중요하다는 의미이다.

그리고 공지예외적용주장 출원은 특허출원 전에 출원인 스스로 공지한 내용이 있어 특허성이 없는 사항에 대해, 공지일로부터 1년 이내에 특허출원서에 그 취지를 적어 출원하고 이를 증명할 수 있는 서류를 제출하면 공지로 보지 않아 신규성 및 진보성 판단의 인용발명으로 보지 않는 것을 말한다.

미국은 특허출원 전에 출원인 스스로 공지한 내용이 있어 특허성이 없는 사항에 대해, 공지일로부터 1년 이내에 특허출원서에 그 취지를 적지 않고 출원할 수가 있으며, 또한 이를 증명할 수 있는 서류 제출도 요구하지 않고 있다. 미국은 특허출원 전 1년 이내에 출원인 스스로가 공지한 것을 공지로 보지 않는다는 것이다.

그러나 유럽과 중국은 공지예외적용주장 출원을 엄격하게 제한하고

---

7) 총괄적인 상위개념으로 표현된 선행발명에 대해서 그 상위개념에 포함된 하위개념으로 표현된 발명에 있어서, 당해 선행발명에 구체적으로 개시되어 있지 않은 사항을 필수 구성요건의 전부 또는 일부로서 선택한 발명

있어 주의를 해야 한다. 유럽과 중국은 출원 전 출원인 스스로 공지 기간을 6개월로 하고, 또한 출원인 스스로 공지도 유럽은 특정한 국제 전시회에 출품한 경우로, 그리고 중국은 중국정부가 인정한 국제 전시회, 특정 학술기술회의에서 최초로 공지된 경우만을 인정하고 있다.

(2) 국제출원단계(PCT출원부터 국내진입단계인 30개월까지)

- **국제조사**(필수절차)
  - ❖ **출원된 기술에 대한 선행기술 검색(청구범위에 기재된 발명을 기초)**
  - ❖ **조사보고서 사본 수령 후 청구범위 보정 가능(특허취득 가능성 제고)**
  - ❖ **사전포기의 판단자료(무모한 비용 절감)**
  - **11개 국제조사기관: 한국, 호주, 오스트리아, 중국, 미국, 일본, 유럽 특허청, 러시아, 스페인, 스웨덴, 캐나다**

- **국제예비심사**(선택절차)
  - ❖ **당해발명의 특허성 판단(청구범위에 기재된 발명을 기초)**
  - ❖ **청구범위, 명세서, 도면에 대한 보정 가능(국제예비심사 보고서 작성전)**
  - ❖ **긍정적 보고서 : 특허획득가능 / 부정적 보고서 : 사전포기(무모한 비용 절감)**
  - ❖ **11개 국제예비심사기관: 상기 국제조사기관과 동일**

[그림 3] 국제조사, 국제예비심사[8](특허청 홈페이지 참조하여 재작성)

국제조사보고서 수령 후 3개월까지 특허성 여부 판단을 위한 예비심사청구 여부를 결정할 수 있고, 예비심사보고서를 수령한 후 2개월 이내에 각 지정국 진입 여부를 결정해야 한다.

공개를 원하지 않을 경우 우선일로부터 17개월까지 출원을 취하하면 된다.

8) 특허청, www.kipo.go.kr

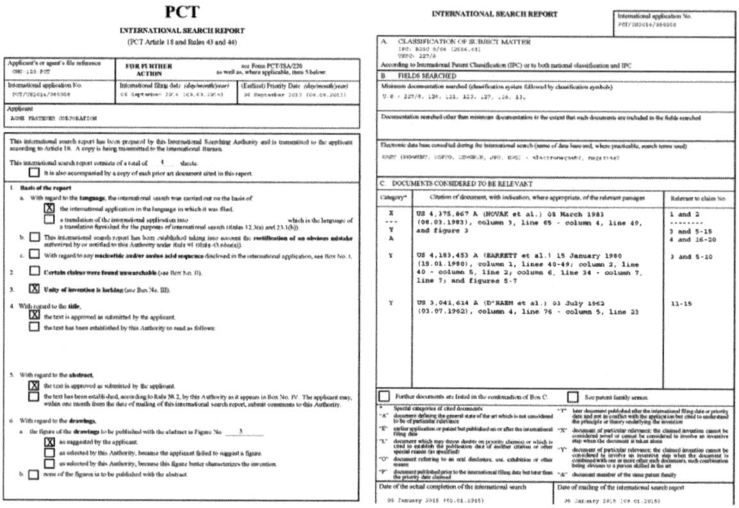

PCT

INTERNATIONAL SEARCH REPORT

(PCT Article 18 and Rules 43 and 44)

INTERNATIONAL SEARCH REPORT

C. DOCUMENTS CONSIDERED TO BE RELEVANT

Category*	Citation of document, with indication, where appropriate, of the relevant passages	Relevant to claim No.
X --- Y A	US 4,375,867 A (NOVAK et al.) 08 March 1983 (08.03.1983), column 3, line 65 - column 4, line 49, and figure 3	1 and 2 -------- 3 and 5-15 4 and 16-20
Y	US 4,183,453 A (BARRETT et al.) 15 January 1980 (15.01.1980), column 1, lines 40-49; column 2, line 40 - column 5, line 2; column 6, line 34 - column 7, line 7; and figures 5-7	3 and 5-10
Y	US 3,041,614 A (D'HAEM et al.) 03 July 1962 (03.07.1962), column 4, line 76 - column 5, line 23	11-15

[그림 4] 국제조사보고서 (사례)

국제조사보고서에서는 관련된 문헌들을 다음과 같이 나타내고 있다.

X : 해당문헌 하나 만으로 신규성 및 진보성이 결여되는 것으로 판단되는 경우
Y : 해당문헌이 하나 또는 그 이상의 다른 문헌과 결합되었을 때 진보성이 결여된 것으로 판단되는 경우
A : X 또는 Y에는 해당되; 않으나, 출원발명과 관련이 있는 경우
☞ 본 발명의 기초가 되는 일반기술 수준을 나타내는 문헌으로 X, Y 문헌이 없는 경우에는 반드시 제시함
E : 대상 특허 출원일 전에 출원되고 출원일 후에 공개된 특허문헌
P : 대상 특허 우선일 후 출원일 전에 공개된 특허문헌
☞ 통상 본 발명에 우선권 주장이 있는 경우, 본 발명의 우선일과 출원일 사이에 공개된 특허문헌으로 향후 본 발명의 우선권 주장이 받아들여지지 않는 경우에만 거절자료로 사용될 수 있음

(3) 국내진입단계(각국진입단계)

우선일로부터 30개월 시점에 각 지정국이 요구하는 언어로 작성된 번역문 및 수수료를 각 지정국에 제출 및 납부한 후 국내단계에 진입한다.

각 국가의 특허청은 타 국가의 특허청 심사결과에 제약되지 않고 독자적으로 판단할 수 있다. 다만 심사결과가 공유될 수 있다는 점을 고려하여 전략을 수립할 필요가 있다.

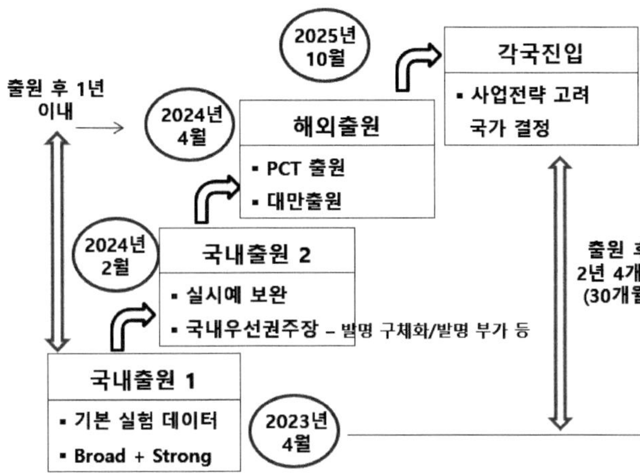

[그림 5] 해외출원 (사례 재구성)

4. 특허심사하이웨이 (Patent Prosecution Highway, PPH)

주요국 특허청과의 심사협력을 강화하여, 상대국 특허청이 이미 심사한 결과를 참고하여 심사부담을 경감하고 심사품질을 향상하도록 하고 있으며 심사는 독자적으로 진행된다.

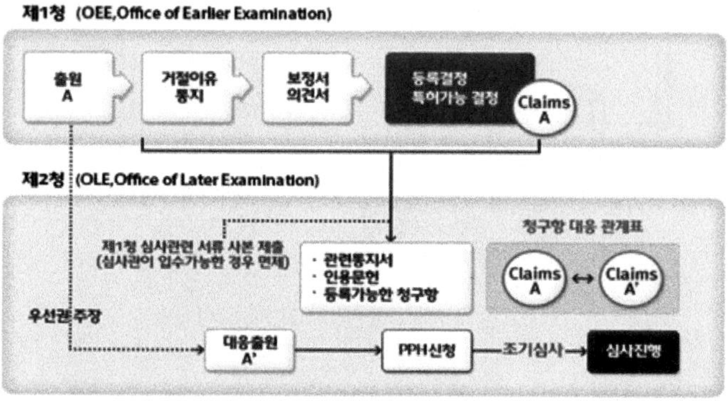

[그림 6] 특허심사하이웨이[9)]

신청은 ① 특허출원이 상대국 특허출원을 우선권주장의 기초로 한 것(PCT 출원의 국내단계 진입출원 포함), ② 상대국 특허출원의 특허청구범위에는 상대국 특허청 심사관이 특허 가능하다는 판단을 내린 청구항이 한 개 이상 존재할 것과 ③ 특허출원의 모든 청구항은 상대국 특허청에서 특허 가능하다고 판단된 청구항과 동일하거나 청구범위를 감축한 것을 요건으로 하고 있다.

---

9) 특허청, www.kipo.go.kr

PCT 출원의 국제조사보고서에서 선행문헌(X, Y등급)이 제시되지 않은 경우에만 PCT 출원의 국내단계 진입국에서 특허심사하이웨이를 통하여 우선심사를 진행한다.

제1국 특허청에서 등록 가능하다는 평가와 함께 제2국에서 제1국의 등록 가능 청구항과 동일하게 보정한 것에 대해서 만 제2국에서 우선심사가 진행되므로 제2국은 제1국 대비 넓은 권리범위를 특허등록으로 받을 수 있는 가능성을 원천적으로 차단하고 있다.

아래에 있는 것은 특허심사하이웨이가 시행되는 국가들이다.

- IP5 특허심사하이웨이('14.1.6.~)
  시행청: 한국, 일본, 미국, 중국, EPO
- 글로벌 특허심사하이웨이('14.1.6.~)
  시행청: 한국, 일본, 미국, 캐나다, 핀란드, 러시아, 영국, 노르웨이, 스페인, 노르딕 특허기구, 덴마크, 스웨덴, 포르투갈, 아이슬란드, 이스라엘, 호주, 헝가리, 싱가포르, 오스트리아, 독일, 에스토니아, 폴란드, 콜롬비아, 뉴질랜드, 비세그라드 특허기구, 페루, 칠레, 말레이시아
  * IP5 및 글로벌 특허심사하이웨이의 차이점은 시행청이 다르다는 점이며, 해당 신청절차는 동일
- 한국-멕시코 특허심사하이웨이('12.7.1.~)
- 한국-필리핀 특허심사하이웨이('15.5.1.~)
- 한국-대만(중국) 특허심사하이웨이('15.7.1.~)
- 한국-유라시아 특허심사하이웨이('19.1.1.~)
- 한국-베트남 특허심사하이웨이('19.6.1.~)
- 한국-사우디아라비아 특허심사하이웨이('19.7.1.~)
- 한국-브라질 특허심사하이웨이('20.4.1.~)
- 한국-말레이시아 특허심사하이웨이('20.12.1.~)
- 한국-프랑스 특허심사하이웨이('22.9.1.~)

[그림 7] 특허심사하이웨이[10)]

10) 특허청, www.kipo.go.kr

다이슨은 특허심사하이웨이를 통해서 등록된 사례[11]는 다음과 같다.

(19) 대한민국특허청(KR)
(12) 등록특허공보(B1)

(45) 공고일자 2011년05월30일
(11) 등록번호 10-1038000
(24) 등록일자 2011년05월24일

(51) Int. Cl.
F04D 25/08 (2006.01) **F04D 33/00** (2006.01)
(21) 출원번호 **10-2011-7006149**
(22) 출원일자(국제출원일자) **2009년08월21일**
심사청구일자 **2011년03월17일**
(85) 번역문제출일자 **2011년03월17일**
(65) 공개번호 **10-2011-0036647**
(43) 공개일자 **2011년04월07일**
(86) 국제출원번호 **PCT/GB2009/051045**
(87) 국제공개번호 **WO 2010/035018**
국제공개일자 **2010년04월01일**
(30) 우선권주장
0817362.7 2008년09월23일 영국(GB)
(56) 선행기술조사문헌
JP소화56167897 A
US3885891 A

(73) 특허권자
다이슨 테크놀러지 리미티드
영국 윌트셔 에스엔16 0알피 맬메스버리 테트버리 힐
(72) 발명자
피튼 니콜라스 제랄드
영국 윌트셔 에스엔16 0알피 맬메스버리 테트버리 힐 다이슨 테크놀러지 리미티드
니콜라스 프레데릭
영국 윌트셔 에스엔16 0알피 맬메스버리 테트버리 힐 다이슨 테크놀러지 리미티드
가멕 피터 데이비드
영국 윌트셔 에스엔16 0알피 맬메스버리 테트버리 힐 다이슨 테크놀러지 리미티드
(74) 대리인
유미특허법인

전체 청구항 수 : 총 17 항 심사관 : 홍근조

(54) 선풍기

(57) 요 약

본 발명은 기류를 발생시키기 위한 무블레이드 선풍기 조립체(100)에 관한 것으로, 상기 선풍기 조립체는 노즐(1)을 포함하며, 노즐(1)은 노즐(1)을 통해 공기 유동을 발생시키기 위한 수단을 저장한 베이스부(16) 상에 설치된다. 노즐(1)은 베이스부(16)로부터 공기 유동을 수용하기 위한 내부 통로(10) 및 공기 유동을 방출시키기 위한 마우스부(12)를 포함한다. 노즐(1)은 선풍기 조립체(100) 외부로부터 공기가 마우스부(12)로부터 방출된 공기 유동에 의해 유입되는 개구(2)를 형성하기 위해 축을 중심으로 하여 연장된다. 노즐(1)은 공기 유동을 유도하도록 마우스부(12)가 배치된 표면을 포함한다. 이 표면은 축으로부터 테이퍼가 진 디퓨저부(46) 및 디퓨저부(46)의 하류부에 각을 이루며 위치된 가이드부(48)를 포함한다.

대 표 도 - 도1

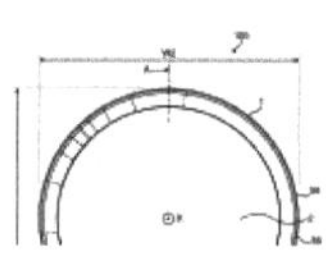

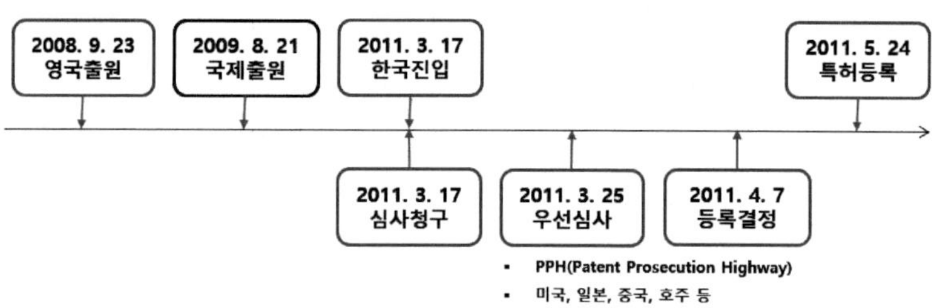

[그림 8] 다이슨, 특허심사하이웨이를 통해서 등록된 (사례 재구성)

11) 다이슨 등록특허 제10-1038000호

08

특허활용전략(1) : 특허권자의 공격전략

1. 특허권자의 공격전략
2. 특허침해 판단

1. 특허권자의 공격전략

특허권 활용은 해당 제품 시장에서 특허침해 제품을 퇴출시키고 독점적으로 시장지배력을 유지하거나 라이센싱 계약을 통해 로열티를 확보하는 것이 대표적인 활동이다. 즉 시장에서 잠재적 경쟁기업이 고객에게 동일하거나 비슷한 제품 및 서비스를 제공하는 것을 방지하여 시장에서 독점적인 우위를 지키는 것이고, 또한 특허권을 보유하고 있는 기업은 특허침해자가 특허를 침해하지 못하도록, 또는 해당 특허권 사용에 대한 로열티를 지불하도록 경고장을 보내고 소송을 제기하는 것이다.

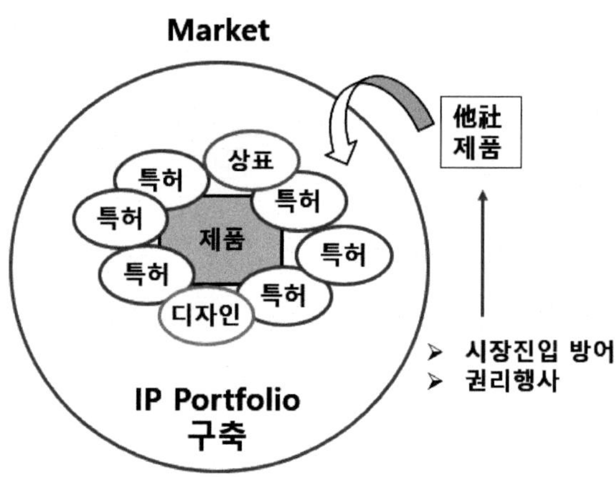

[그림 1] 특허포트폴리오 구축에 의한 시장 진입 방어(사례)

구체적으로는 침해정보를 입수해서 분석하고 증거자료를 확보하며 이를 바탕으로 침해여부를 분석한 후 공격전략을 수립하는 것이다.

침해정보입수를 위해 특허 도용 제보를 위한 사이트를 사내외에 운영하고, 도용 제보자에게는 상당한 인센티브를 지급하며, 특히 도용 사례 및 도용 제보 안내와 관련하여 사내외에 적극적으로 홍보하고 주기적으로 교육을 실시해야 한다.

공격전략은 우선 경고장을 발송하는 것이고 이를 통해 협상과 라이선스 계약을 체결하고 로열티를 확보한다. 협상이 원하는 방향으로 진행이 되지 않으면 침해금지소송,[1] 침해금지가처분소송,[2] 손해배상청구소송[3] 그리고 형사고소[4] 등을 할 수가 있다.

방어하는 입장에서는 상기 소송 결과에 따라 국내외 생산, 판매 등 사업을 중지 당할 수 있으며, 생산되고 유통되는 제품을 모두 회수될 수 있는 사업추진에 심각한 장애가 발생할 수 있다. 또한 국내외에서 막대한 소송 관련 비용이 발생되고, 패소 시 고액의 로열티와 손해배상비용이 발생될 수 있으며, 국내외에서 기업의 신뢰도 하락 등 대외적인 이미지 손상 등이 또한 발생한다. 따라서 대부분의 방어자는 소송 전에 또는 소송 중에 특허권자와 화해를 한다.

---

1) 특허법 제126조(권리침해에 대한 금지청구권 등)
2) 특허법 제126조(권리침해에 대한 금지청구권 등)
3) 특허법 제128조(손해배상청구권 등)
4) 특허법 제225조(침해죄), 제230조(양벌규정)

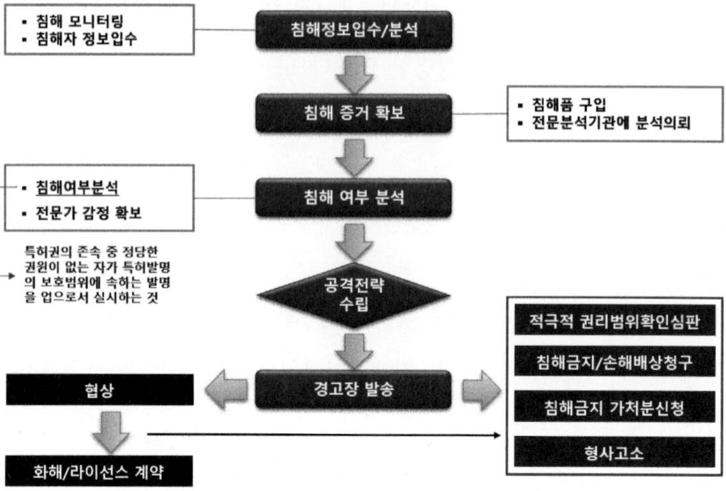

[그림 2] 특허권자의 공격전략 (사례 재구성)5)

5) 한국발명진흥회, www.ipat.or.kr

2. 특허침해 판단

특허침해 판단은 특허권의 존속 중 정당한 권원이 없는 자가 특허발명의 호범위에 속하는 발명을 업으로서 실시하는 것이 성립요건이다.[6)]

(1) 특허권의 존속 중

'특허권의 존속 중'은 특허권을 행사하기 위해서는 해당 국가에 특허를 출원하고 등록을 받은 후 등록이 유지된 경우를 말한다.

(2) 정당한 권원이 없는 자

정당한 권원이 있는 경우는 ① 특허권 공유자의 실시, ② 특허권의 효력이 미치지 않는 범위 내에서의 실시, ③ 계약에 의해 실시권을 부여받은 경우, ④ 법률에 의해 실시권을 부여받은 경우 등이다.

1) 특허권 공유자의 실시

공동발명을 한 후 특허권이 공유인 경우 우리나라에서는 각자 자유롭게 실시가 가능하다.

2) 특허권의 효력이 미치지 않는 범위 내에서의 실시

연구 또는 시험을 하는 경우, 국내를 통과하는 차량, 항공기, 비행기,

---

6) 특허법 제94조(특허권자의 효력) 특허권자는 업으로서 특허발명을 실시할 권리를 독점한다.

특허출원 전부터 국내에 있던 물건, 2 이상의 의약을 혼합하는 경우로서 약사법에 따른 조제행위 등은 특허권의 효력이 미치지 않는 범위 내에서의 실시다.

3) 계약에 의해 실시권을 부여받은 경우

특허발명의 실시를 위한 라이선스 계약을 체결하고 통상실시권, 전용실시권 등을 허락을 받은 경우다.

4) 법률에 의해 실시권을 부여받은 경우

선사용권(특허법 제103조), 특허권이 회복된 경우(특허법 제81조의 3, 제182조)이다. 선사용권은 특허출원 시에 그 특허출원된 발명의 내용을 알지 못하고 그 발명을 하거나 그 발명을 한 사람으로부터 알게 되어 국내에서 그 발명의 실시 사업을 하거나 이를 준비하고 있는 자는 그 실시하거나 준비하고 있는 발명 및 사업 목적의 범위에서 그 특허출원된 발명의 특허권에 대하여 통상실시권을 가진다.

(3) 업으로서 실시

'업으로서 실시'는 영리를 목적으로 단 1회라도 실시하면 해당되고, 영리를 목적으로 하지 않고 가정에서 또는 개인적으로 실시하는 경우는 해당하지 않는다.

실시는 특허법 제2조의 3에 정의가 되어 있다.

"실시"란 다음 각 목의 구분에 따른 행위를 말한다.

가. 물건의 발명인 경우: 그 물건을 생산 · 사용 · 양도 · 대여 또는 수입하거나 그 물건의 양도 또는 대여의 청약(양도 또는 대여를 위한 전시를 포함한다. 이하 같다)을 하는 행위

나. 방법의 발명인 경우: 그 방법을 사용하는 행위 또는 그 방법의 사용을 청약하는 행위

다. 물건을 생산하는 방법의 발명인 경우: 나목의 행위 외에 그 방법에 의하여 생산한 물건을 사용 · 양도 · 대여 또는 수입하거나 그 물건의 양도 또는 대여의 청약을 하는 행위

(4) 특허발명의 보호범위에 속하는 발명

특허법 제97조에서 특허발명의 보호범위는 청구범위에 적혀 있는 사항에 의하여 정하여진다 라고 하고 있다. 즉 '나의 특허 청구항의 구성요소를 타인의 제품이 모두 가지고 있는가[7]'로 특허발명의 보호범위에 속하는 발명, 특허침해를 판단한다. 따라서 특허발명의 보호범위를 특정하고 확인대상 발명을 특정한 후 구성요소를 대비하고 권리행사 제약사항을 점검하여 판단한다.

청구범위에 기재되어 있으나 그 구체적 내용이 불명확한 것은 발명의 설명을 참작하여 청구범위의 객관적 의미와 보호범위를 해석하고 확정할 수 있다.[8]

문언적으로는 동일하지 않지만 실질적으로 동일한 경우가 성립할 수

7) 구성요소완비의 법칙, All Elements Rule

8) 대법원 2010. 1. 28. 선고 2008후26 판결, 대법원 2007. 10. 25. 선고 2006후3618 판결

있는데 이를 균등침해라고 한다. 아래 그림에서는 B와 B'가 균등관계를 나타낸다.

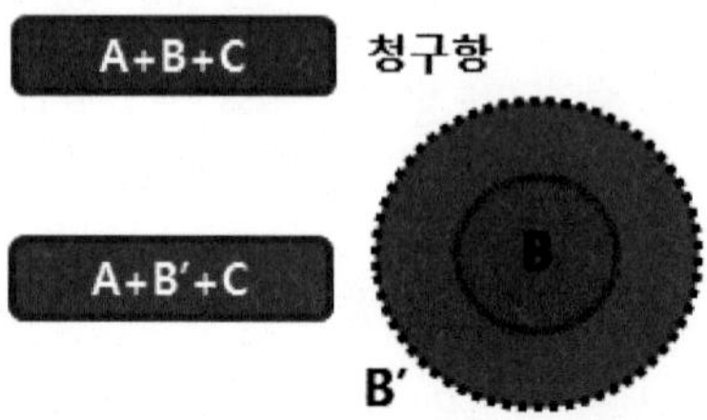

[그림 3] B와 B' 균등관계 사례

균등침해 판단 기준[9]은

① 과제해결원리의 동일성으로 확인대상발명과 특허발명의 과제해결 원리가 동일해야한다.

② 작용효과의 동일성으로 확인대상발명에서 구성요소의 치환 내지 변경이 있으며, 그러한 치환에 의하더라도 특허발명과 동일한 기능 · 효과를 달성할 수 있어야 한다.

③ 치환 용이성으로 확인대상발명에서 구성요소의 치환을 그 발명이 속하는 기술분야에서 통상의 지식을 가진 자가 용이하게 생각해 낼 수 있을 정도로 자명하여야 한다.

④ 자유실시기술이 아닐 것으로 확인대상발명이 특허발명의 출원시에 이미 공지된 기술 내지 공지된 기술로부터 그 발명이 속하는 기술분야에서 통상의 지식을 가진자가 용이하게 발명할 수 있었던 기술이 아니어야 한다.

---

9) 대법원 2000. 7. 28. 선고 97후2200 판결, 대법원 2014. 7. 24. 선고 2012후1132 판결, 2014. 7. 24. 선고 2012후1132 판결

⑤ 출원경과금반언 원칙으로 특허발명의 출원 절차를 통해 확인대상 발명의 치환된 구성요소가 특허청구범위로부터 의식적으로 제외된 것에 해당해야 한다.

상기에서 ① ② ③은 특허권자가 입증해야 하는 적극적 요건이고, ④ ⑤는 확인대상발명의 실시자가 입증해야 하는 소극적 요건이다.

상기 ⑤ 출원경과금반언 원칙은 특허 출원인이 출원과정에서 선행기술에 의하여 특허가 거절될 위기에 처하자 거절을 면하기 위하여 의도적으로 특정한 기술내용을 특허청구범위의 범주에서 배제하면 특허청구범위를 제한적으로 해석하여야 한다는 원칙이다.[10)]

[그림 3]에서 특허 출원인이 출원과정에서 B'를 의식적으로 제외하였다면 B가 최종 권리범위가 된다.

미국의 경우는 두 개의 물질이 실질적으로 동일한 기능을 하고, 실질적으로 동일한 방법으로 수행하여, 실질적으로 동일한 결과를 얻을 수 있는 경우 양 구성요소를 균등하다고 보고 있다.[11)]

(5) 간접침해

간접침해는 특허 등록된 특허청구범위가 A+B+C로 구성되고 제3자가 C를 실시하는 경우 상기에서 살펴본 바와 같이 제3자는 특허 등록된

10) 대법원 2002. 6. 14. 선고 2000후2712 판결

11) Graver Tank & Manufacturing Co. v. Linde Air Products Co., 339 U.S. 605(1950)
Something is deemed equivalent if: 1. substantially the same function, 2. in substantially the same way, 3. to yield substantially the same result

특허청구범위를 침해하지 않으나 상기 C의 실시는 직접침해의 전 단계로 그대로 방치할 경우 침해의 개연성이 높은 행위를 말한다.[12)]

특허법 제127조 침해로 보는 행위에서는 특허가 물건의 발명인 경우에는 그 물건의 생산에만 사용하는 물건을 생산 · 양도 · 대여 또는 수입하거나 그 물건의 양도 또는 대여의 청약을 하는 행위로 규정하고 있다.

상기에서 '그 물건의 생산에만 사용하는 물건'은 사회통념상 통용되고 승인될 수 있는 경제적, 상업적 내지 실용적인 다른 용도가 없어야 하고, 이와 달리 단순히 특허 물건 이외의 물건에 사용될 이론적, 실험적 또는 일시적인 사용 가능성이 있는 정도에 불과한 경우는 해당하지 않는다.[13)]

대법원 판례[14)]에서는 소모품일지라도 '특허 물건의 생산에만 사용하는 물건'으로 보기 위해서는 ① 특허발명의 본질적인 구성요소에 해당하고, ② 다른 용도로 사용되지 않고, ③ 일반적으로 널리 쉽게 구입할 수 없는 물품으로, ④ 당해 발명에 관한 물건 구입 시 이미 교체가 예정되어 있고, ⑤ 특허권자 측에서 그러한 부품을 따로 제조, 판매되고 있다면 이에 해당한다고 한다.

그렇다면 청구항이 구성요소 A, B, C를 구비하는 경우 어떤 것이 특허침해인가?

---

12) 특허법원 2007. 7. 13. 선고 2006허3496 판결
13) 대법원 2009. 9. 10. 선고 2007후3356 판결
14) 대법원 2001. 1. 30. 선고 98후2580 판결

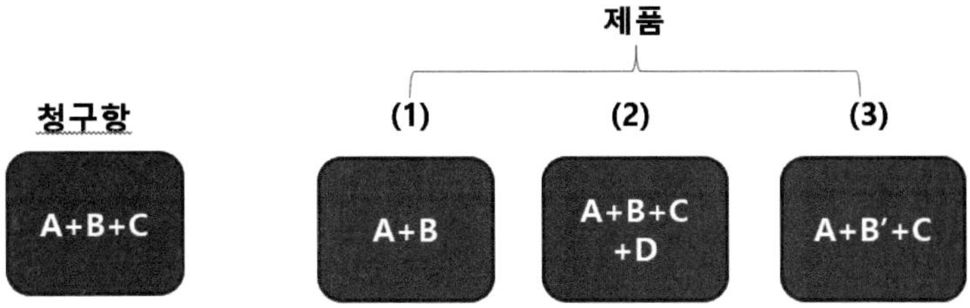

[그림 4] 특허침해판단(문제)

(1)은 청구항의 구성요소를 모두 가지고 있지 않으므로 침해가 성립하지 않는다. 그러나 간접침해의 경우는 A+B가 A+B+C 생산에만 사용하는 것이라면 그리고 다른 용도가 없다면 성립할 가능성이 있다.

(2)는 D를 추가로 가지고 있지만 청구항의 구성요소를 모두 가지고 있으므로 침해가 성립한다.

한편 청구항 A+B+C가 선행기술이고 A+B+C+D를 새롭게 발명한 경우 특허를 받을 수 있을까 하는 점이다. A+B+C 구성에 D를 추가한 것이므로 선행기술 A+B+C와는 다른 구성으로 신규성이 인정된다. 그리고 A+B+C 구성에 D를 추가하는 것이 그 기술분야에서 통상의 지식을 가진 자에게 용이하지 않다면 또는 A+B+C 구성보다 효과가 월등하다면 또는 이질적인 효과를 나타낸다면 진보성도 인정되어 특허를 받을 수 있다. 그러나 특허를 받은 A+B+C+D는 여전히 청구항 A+B+C를 침해한다. 원천특허를 개량한 발명들이 거의 대부분 여기에 속한다.

(3)은 B와 B'가 균등관계, 즉 문언적으로는 동일하지 않지만 실질적으로 동일한 경우인지를 파악하는 것이 우선이다. 균등관계라면 당연히

침해가 성립되지 만 출원중 심사과정에서 의식적으로 제외한 부분에 해당한다면 침해가 성립되지 않는다.

그렇다면 다음의 경우는 어떤 것이 특허침해인가?

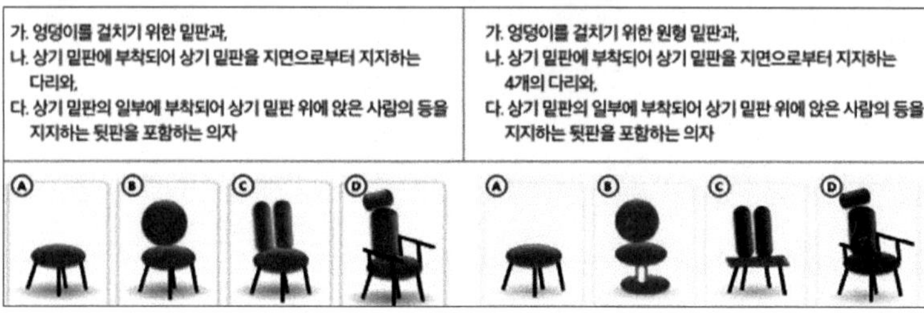

[그림 5] 특허침해판단(문제)[15]

15) 특허청, 2019, 현장에서 通하는 IP-R&D 길라잡이

특허경영 가이드 북

09

실시자의 방어전략

1. 분쟁예방전략
2. 경고장 검토 및 유의사항

1. 분쟁예방전략

실시자의 방어전략은 분쟁예방에 중점을 두어야 한다.

분쟁에서는 소송 결과에 따라 국내외에서 막대한 소송 관련 비용이 발생 되고, 생산, 판매 등 사업을 중지당할 수 있으며, 생산되고 유통되는 제품을 모두 회수될 수 있어 사업추진에 심각한 장애가 발생할 수 있다. 패소할 경우 고액의 로열티와 손해배상비용이 발생될 수 있으며, 국내외에서 기업의 신뢰도 하락 등 대외적인 이미지 손상 등이 또한 발생한다.

분쟁예방 활동은 제품 개발 또는 출시 전에 타 특허권을 침해하지 않도록 설계하고 기획해서 실행하는 활동이고 그 이후 철저한 모니터링이 요구된다.

또한 핵심특허[1] 도출 및 대응전략수립 활동을 통해 현재나 장래의 자사 제품이 침해할 수 있는 타인의 특허를 미리 찾아내고 분석하여 대비책을 세움으로써 장래의 소송을 예방하는 것이 중요하다.

그 프로세스는 먼저 현재 또는 장래의 자사제품이 어떤 구성을 갖고 있는지에 대해 분석하고 확정하는 자사기술 확정이다.

다음으로 당사 제품을 어느 나라에서 생산 또는 판매할 것인지를 미리 예측한 후 해당 국가의 데이터베이스를 검색하여 예비 핵심특허 그룹을 검색한다.

1) 현재나 장래의 자사 제품이 침해할 수 있는 타인의 특허다.

그리고 특허침해이론에 따라 특허와 자사제품을 비교하여 침해가능성이 있는 특허를 선정하고, 선정된 핵심특허들에 대해 비침해 논리, 무효화 논리, 회피설계 방안, 크로스라이선스 또는 특허 매입 등 다양한 방안들을 마련한다.

(1) 비침해 논리

먼저 각국 특허청을 통해 현재 등록이 유지되고 있는지를 살펴본다.

특허는 특허를 활용하려는 국가에 출원하고 특허성에 대한 심사를 받고 등록을 한 후 활용 시점에 특허가 등록 유지되어야 만 그 국가에서 활용할 수 있다.

특허가 등록 유지되고 있다면 등록된 특허의 청구항과 제품의 구성요소를 비교하여 침해 여부를 판단한다.

클레임 차트(Claim Chart)를 통해 등록된 특허의 청구항과 제품의 구성요소를 비교하여 상이한 구성요소를 찾아내고, 즉 비실시 구성요소를 제시한다. 또한 발명의 설명과 출원포대분석을 통해 동일하지 않음을 확정한다.

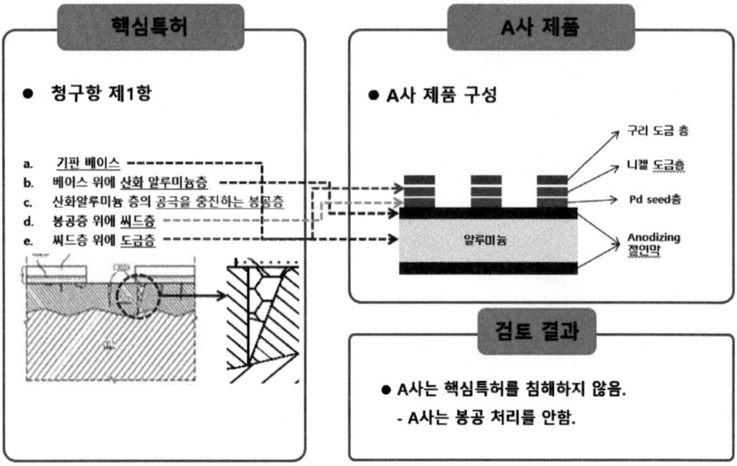

[그림 1] 클레임 차트Claim Chart) (사례 재구성)

(2) 무효화 논리

해당 특허 청구항(청구범위의 청구항이 둘 이상인 경우에는 청구항마다 청구할 수 있다)에 대한 신규성 또는 진보성을 부정할 수 있는 선행기술을 조사하여 무효사유를 제시한다.

특허 무효에 대한 판단은 청구항 단위로 판단하여야 한다. 발명의 취지나 효과가 동일한 것만으로 무효를 주장하기는 어렵고, 오히려 청구항의 모든 구성요소 각각에 대해 동일한 내용, 혹은 충분히 근접한 내용이 선행문헌에 존재함을 확인해야 한다. 그리고 무효논리 개발 시 두 개 이상의 선행기술의 결합을 통해서도 핵심특허의 청구항에 대해 무효를 주장할 수 있다. 즉, 핵심특허의 청구항과 완전히 일치하는 선행문헌은 발견되지 않았고, 일부 특징들만이 일치하는 선행기술들만이 여러 개 존재하는 경우에, 만약 다수개의 선행기술을 조합하여 핵심특허의 청구항의 내용과 일치하게 된다면 핵심특허가 무효라는 주장을 할 수도 있다.

무효논리 개발 시 핵심특허의 최초 출원일자(출원일, 우선권 주장일, 원출원일 등을 모두 고려한 가장 앞선 날짜) 보다 더 앞서 공개된 선행문헌을 활용해야 한다.

무효사유는 추후 무효심판[2]을 통해 무효 여부가 확정되며, 무효심판은 1심은 특허청 심판원, 2심은 특허법원, 3심은 대법원으로 구성된다. 최종적으로 무효가 되면 특허권은 처음부터 발생되지 않으므로 침해도

---

2) 특허법 제133조(특허의 무효심판)

① 이해관계인(제2호 본문의 경우에는 특허를 받을 수 있는 권리를 가진 자만 해당한다) 또는 심사관은 특허가 다음 각 호의 어느 하나에 해당하는 경우에는 무효심판을 청구할 수 있다. 이 경우 청구범위의 청구항이 둘 이상인 경우에는 청구항마다 청구할 수 있다.

1. 제25조(권리능력), 제29조(산업상 이용가능성, 신규성, 진보성), 제32조(특허를 받을 수 없는 발명), 제36조제1항부터 제3항까지(선원주의), 제42조제3항제1호(발명의 설명에 관한 기재방법) 또는 같은 조 제4항(청구범위 기재방법)을 위반한 경우
2. 제33조제1항 본문에 따른 특허를 받을 수 있는 권리를 가지지 아니하거나 제44조(공동출원)를 위반한 경우. 다만, 제99조의2제2항에 따라 이전등록된 경우에는 제외한다.
3. 제33조제1항(특허를 받을 수 있는 권리) 단서에 따라 특허를 받을 수 없는 경우
4. 특허된 후 그 특허권자가 제25조(권리능력)에 따라 특허권을 누릴 수 없는 자로 되거나 그 특허가 조약을 위반한 경우
5. 조약을 위반하여 특허를 받을 수 없는 경우
6. 제47조제2항 전단에 따른 범위를 벗어난 보정인 경우
7. 제52조제1항에 따른 범위를 벗어난 분할출원 또는 제52조의2제1항 각 호 외의 부분 전단에 따른 범위를 벗어난 분리출원인 경우
8. 제53조제1항에 따른 범위를 벗어난 변경출원인 경우

② 제1항에 따른 심판은 특허권이 소멸된 후에도 청구할 수 있다.

③ 특허를 무효로 한다는 심결이 확정된 경우에는 그 특허권은 처음부터 없었던 것으로 본다. 다만, 제1항제4호에 따라 특허를 무효로 한다는 심결이 확정된 경우에는 특허권은 그 특허가 같은 호에 해당하게 된 때부터 없었던 것으로 본다.

④ 심판장은 제1항에 따른 심판이 청구된 경우에는 그 취지를 해당 특허권의 전용실시권자나 그 밖에 특허에 관하여 등록을 한 권리를 가지는 자에게 알려야 한다.

성립되지 않는다.

무효의 가능성, 필요 예산, 향후 라이선스 협상 가능성, 사업적인 시급성 등을 고려하여 특허무효심판이나 소송의 추진여부 및 시기를 조절하는 것이 바람직하며 소송이 장기간 진행될 수 있음을 유념할 필요가 있다.

(3) 회피설계(Design Around)

청구항의 구성요소 중 일부를 문언적, 균등적으로 사용하지 않을 수 있는 대체 기술을 설계하는 것이다.

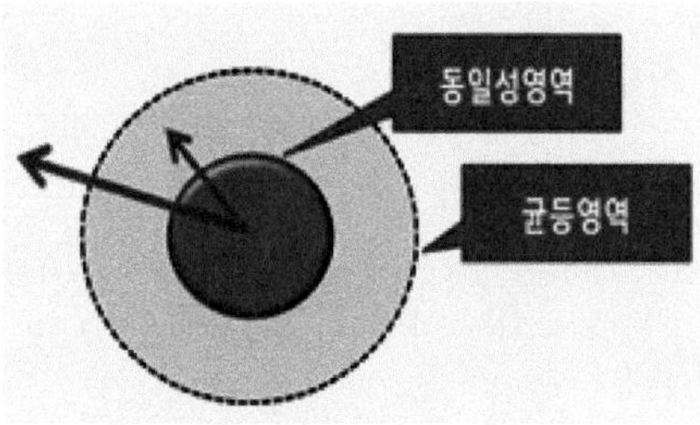

[그림 2] 회피설계 방법(사례)

회피설계의 방법으로는 구성요소를 삭제하는 것과 구성요소를 변경하는 것이 있다. 구성요소 삭제는 해당 청구항의 구성요소 하나를 완전히 삭제하고 사용하는 것이다. 구성요소를 변경하는 것에는 균등 영역 밖으로 설계하는 것과 금반언을 활용하여 회피설계하는 것이 있다. 또한 선행특허 또는 공지기술을 채용할 수 있고, 명세서에 기재되었으나 청구되지 않은 기술을 채용하여 회피설계할 수도 있다.

회피설계가 가능한 기술이라 하더라도 회피설계로 인하여 잃게 되는 손실, 즉 회피에 따른 설계 비용, 영업상 제품 경쟁력의 저하 여부, 생산 비용의 증가 여부, 시장에 적기 공급의 차질 또는 기회의 상실 등을 신중하게 고려하여야 한다.

그러나 핵심특허에서 구현하고자 하는 기능과 성능을 보다 개선된 해결방법으로 구현할 수 있게 된다면, 이는 단순히 회피설계를 이루어낸 것일 뿐 아니라, 새로운 특허 확보가 가능하게 된 것일 수도 있다. 회피설계 전략을 통해 얻을 수 있는 가장 바람직한 결과를 얻을 수 있게 된 것이다.

특히 회피설계를 통해 얻은 특허들은 일반적으로 활용가능성이 매우 높고, 침해에도 안전하며, 후발주자를 견제할 수 있는 기능까지 갖춘 경우가 많아 전략적으로 매우 의미 있는 특허일 수 있다는 점에서 그 가치가 높다고 할 수 있다.

회피설계의 예로는 '밀어서 잠금 해제 특허'의 경우[3] 잠금 해제 이미지에 대해서 동작을 실시함으로써 장치를 잠금 해제 하는 것인데, 원에서 불특정한 바깥 방향으로 잠금을 해제하거나 패턴, 지문, 홍채인식 등 다양한 잠금 해제 기술로 회피설계를 할 수 있다.

(4) 특허권 매입 또는 실시권 허락

분쟁을 예방할 수 있는 특허권을 매입하거나 실시권을 허락받는 것은 비침해 논리, 무효화 논리, 회피설계 못지 않게 중요한 분쟁예방전략이다.

---

3) 미국특허 8,046,721

특허권 매입을 통해 성공적으로 소송을 마무리한 예는 다음과 같다.

청색 LED를 최초로 개발하고 원천특허도 보유한 시장점유율 1위인 N사가 S사에 대해 미국, 한국, 일본, 독일, 영국 등 5개국에서 LED 특허 8건과 디자인 1건으로 동시에 소송을 제기했으나, S사는 N사 특허의 무효 주장과 함께 제3의 특허를 매입하여 개발한 Acriche 기술(직류에서만 작용하는 LED를 교류 전원에 직접 연결해 사용할 수 있는 Acriche 제품을 개발)과 백색 LED 기술로 맞소송을 제기하여 3년간 진행된 특허소송을 크로스라이선스 체결로 종결한 사건이다.

2. 경고장 검토 및 유의사항

(1) 경고장 검토

경고장을 접수하면 경고요건 및 특허서지사항을 검토하고 상대 정보를 파악하여야 한다.

경고요건은 특허번호, 해당 특허와 관련되는 제품이 기재되어 있는지가 핵심이다. 제품은 관련 제품의 특정 모델 번호 또는 이에 상응하는 구체적인 제품 기능이 기재되었는지도 검토한다.

적어도 경고장을 받은 자가 자사의 특정 제품에 대하여 특허권자의 특정 특허기술을 침해하고 있다는 특허권자의 주장을 알 수 있는 정도로 기재되어야 한다. 경고장을 접수한 날이 손해배상의 기산일이 된다.

(2) 유의사항

경고장을 받았다면 침착해야 한다. 그리고 전문가의 조력을 받아서 초기에 집중해서 철저한 대응방안(침해여부, 무효화 가능 여부, 회피설계, 역경고 가능성, 기타 사업 연관성 등)을 준비해야 하며, 경고장을 보낸 측으로부터 협박, 유혹, 엄포[4)]에 넘어가지 않아야 하고, 특히 CEO가 전면에 나서지 말아야 하는데 이는 최후의 협상 여지를 남겨 놓아야 한다는 의미이다.

---

4) 협박, 유혹, 엄포의 예로는 요구에 불응하면 소송하겠다. 언제까지 계약하면 혜택을 주겠다. 우리는 다른 특허도 많이 있다. 침해여부는 스스로 잘알 것이다. 변호사나 변리사가 끼면 복잡해지고 돈이 드니 우리끼리 하자.

금지행위로는 경고장 받는 즉시 상대방에게 연락해서 항의하거나 읍소하거나 불평하는 행위이다. 이는 특허침해를 인정하는 행위이며, 따라서 본안소송 또는 협상에서 매우 불리한 입장이 될 수 있는 행동 들이다. 또한 내부 인력(비전문가)만이 모여 분석해서 결론을 내리거나 쉽게 사업을 포기하고 사업을 유보하지도 말아야 한다. 앞서 언급한 것처럼 경고장을 받았다면 침착해야 한다. 그리고 전문가의 조력을 받아서 초기에 집중해서 철저한 대응방안을 준비해야 한다. 또한 침해입증책임은 특허권자에게 있음을 유념해야 한다.

특허경영 가이드 북

10

특허포트폴리오 설계 및 구축 전략

1. 특허포트폴리오
2. 특허포트폴리오 설계, 구축 및 활용

1. 특허포트폴리오

"달걀을 한 바구니에 담지 말아라"

오늘날 주식 등 금융거래에서 자주 사용되는 말이다. 어원은 정확하지 않지만, 세르반테스 소설 돈키호테에서 "현명한 사람은 내일을 위해 오늘을 참으며 달걀을 모두 한 바구니 안에 집어넣는 모험을 하지 않는다."라고 하고 있다.

포트폴리오를 설명할 때 자주 인용되는 문장이다.

연구개발을 추진할 때 대표적인 이슈는 경영층과 의사소통할 때 어떤 방법으로 할 것인가와 리스크를 어떻게 관리할 것인가인데, 전자는 기술로드맵으로 후자는 포트폴리오로 할 수가 있다.

[그림 1]은 기술로드맵의 한 예이다. 제11장에서 자세히 설명할 예정이다.

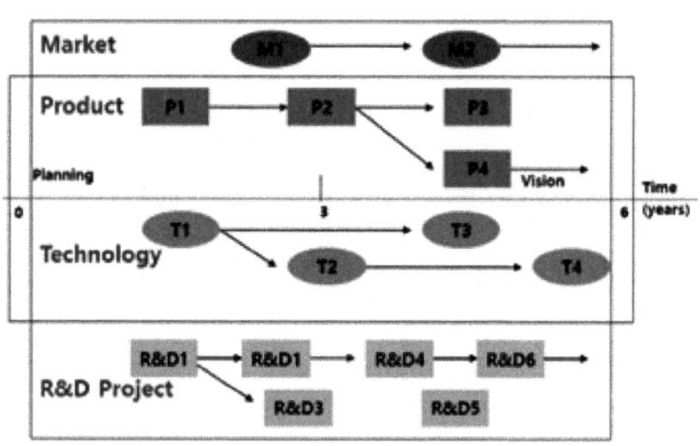

[그림 1] 기술로드맵(사례)

[그림 2]는 포트폴리오의 한 예로서 그림에서 가로는 시장 불확실성, 세로는 기술 불확실성으로, 연구과제 측면에서는 ①은 기술도 확보하고 시장도 있는 영역으로 사업화 직전 단계를 나타내며, 이와는 반대로 ⑤는 기술도 불확실하고 시장도 형성되지 않은 미지의 영역을 나타낸다. 각각의 영역에 어떤 비율로 연구과제를 분포시켜 현재의 사업에도 기여하고 미래사업도 준비할 수 있는 최적의 포트폴리오는 기업별 그리고 기술분야별로 모두 다르므로 최적점을 찾아 운영해야 할 것이다.

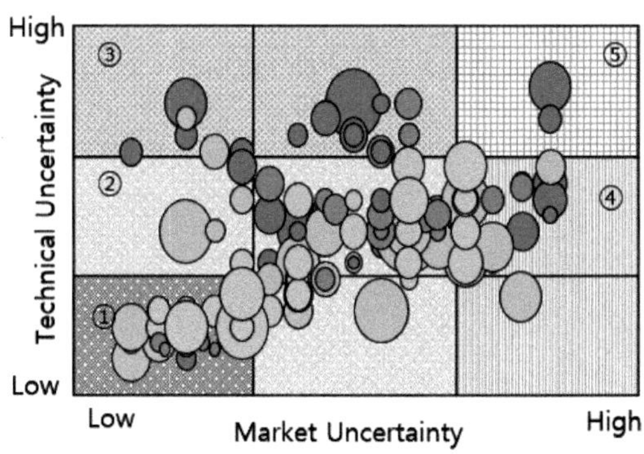

[그림 2] 포트폴리오[1)](사례)

특허포트폴리오는 개량발명 또는 이와 관련된 발명을 동시 또는 연속적으로 출원하여 기본 특허와 함께 새로운 권리영역을 설정하는 것이다. 서로 중첩되고 보완적으로 출원하거나, 유사한 기능을 가진 약간씩 다른 기술적 솔루션의 범위를 구성하는 특허들로 이루어진 군을 말한다.

---

1) Ian MacMillan, 2002 Industrial Research Institute "Crafting R&D Project Portfolio"
① Enhancement Launch - R&D 6σ (DFSS, Design for Six Sigma) ② Platform Launch - Core Tech. Platforms, Fusion with Emerging Tech., ③ Positioning Option, ④ Scouting Option, ⑤ Stepping Stones, ③④⑤-Open Innovation, Radical Innovation

[그림 3] 특허포트폴리오(사례)

특허포트폴리오는 분쟁 및 협상에서 유리한 고지를 점할 수 있으며, 기본 특허를 우회하는 것을 차단할 수 있고 또한 기술을 효과적으로 보호할 수 있다.

특허포트폴리오를 구축하는 예[2]가 있어 소개하면 다음과 같다.

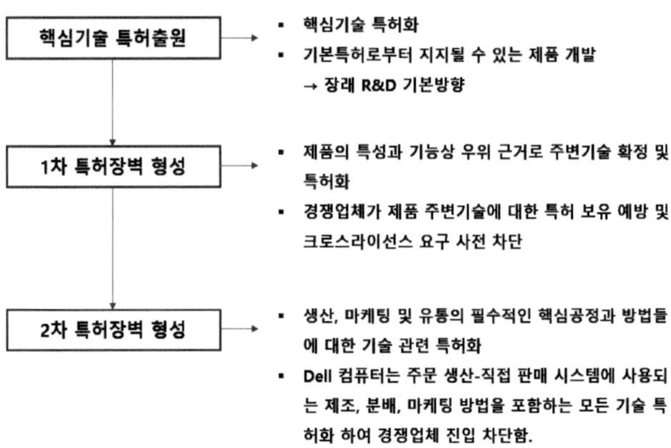

출처 : 이공계를 위한 특허의 이해(1), 박문각

[그림 4] 특허포트폴리오 (사례 재구성)

2) IP-3 Process(Rivette & Kline)

상기 예에서 알 수 있듯이 특허포트폴리오는 활용을 목표로 설계, 구축, 관리하여 최종적으로는 활용을 통해 사업, 제품, 기술을 보호하고, 이를 통해 사업 이외의 수익을 창출하는 것이다.

2. 특허포트폴리오 설계, 구축 및 활용

특허포트폴리오 활용은 공격적 관점에서는 해당 제품 관련 시장에서 특허침해 제품을 퇴출시키고 독점적으로 시장지배력을 유지하거나 라이센싱 계약을 통해 로열티를 확보하는 것이 대표적인 활동이다.

시장에서 잠재적 경쟁기업이 고객에게 동일하거나 비슷한 제품 및 서비스를 제공하는 것을 방지하여 시장에서 독점적인 우위를 지키는 것이고, 보유하고 있는 특허권을 통해 특허 침해자가 특허를 침해하지 못하도록, 또는 해당 특허권 사용에 대한 로열티를 지불하도록 경고장을 보내고 소송을 제기하는 것이다.

공격적 관점의 특허포트폴리오를 활용하기 위해서는 특허포트폴리오를 설계하고 구축하고 그리고 세심한 관리가 필요하다. 방어적 관점의 특허포트폴리오의 활용은 먼저 리스크를 최소화하는 것이다.

시장진출 시 사전에 잠재위험(핵심특허[3])을 제거하고 분쟁을 미연에 막는 것이 그 무엇보다도 중요한데, 대응책으로는 비침해 논리, 무효화 논리와 회피설계가 있고, 필요하다면 특허 매입과 실시권 허락 등이 있다. ☞ 핵심특허에 대한 대응방안에 대해 제9장 실시자의 방어전략을 참조 바란다.

방어적 관점의 특허포트폴리오 활용의 중심은 개발기술 관련 특허를

3) 현재나 장래의 자사 제품이 침해할 가능성이 있는 타인의 특허

활용하여 Cross-license 추진하는 것이다.

(1) 특허포트폴리오 설계

특허포트폴리오 설계는 사업전략과 기술전략, 환경 및 산업분석, 자사 및 경쟁사의 특허분석 등을 통해 점검하고 진단하여 설계한다.

1) 점 검

① 사업전략과 기술전략

특허포트폴리오는 사업전략과 기술전략을 통해 어떤 특허를 어느 범위로 창출하여 활용하면 기술, 제품, 사업을 보호할 수 있는가에 대한 것이므로 먼저 사업전략과 기술전략을 살펴보아야 한다.

② 환경 및 산업분석

시장, 경쟁사, 자사 그리고 특허분쟁, 산업 또는 환경규제, 표준화 동향, 정부정책 등 환경 및 산업분석을 통해 시장의 제품 및 기술 추이 등을 면밀히 살펴본다.

③ 자사 및 경쟁사의 특허분석

자사의 특허분석은 물론 경쟁사의 특허를 검색하여 특허포트폴리오와 기술 트랜드 등을 살펴본다.

2) 진 단

상기 점검을 통해서 어떤 특허를 어느 범위로 창출하여 활용하면 기술, 제품, 사업을 보호할 수 있는가에 대한 것을 진단한다. 즉 실시 권리를 독점할 수 있는가를 진단한다.

제2장의 기술트리를 활용하여 기술트리의 소분류 단위로 경쟁사와 자사의 특허를 나열하고 철저한 분석을 통해 진단한다. 기술분야별로 우리가 제품을 개발할 때 또는 개발된 제품과 경쟁사 특허를 비교하여 침해 문제는 없는지를 검토하고, 특허확보방안과 함께 자사특허의 보강방안에 대해 진단한다.

3) 설 계

점검하고 진단한 결과를 바탕으로 기술트리의 소분류 단위로 경쟁사와 자사의 특허를 나열하고 철저한 분석을 통해 기술분야별로 경쟁사 특허 대응방안과 함께 특허확보방안, 자사특허 보강방안 등 특허 포트폴리오를 설계한다.

특허 확보 및 보강 방안은 각 기술트리의 소분류 단위로 공백기술과 기술흐름 분석에 의한 기술선점을 감안한 강한특허를 설계하고, 특허청구범위와 실시예 그리고 거절이유 대응, 보정 등에 대해 벤치마킹을 통해 이를 뒷받침 하도록 한다.

(2) 특허포트폴리오 구축

특허포트폴리오 구축은 특허포트폴리오 설계대로 발명 아이디어 도출, 확대재생산, 강한특허 설계 및 특허포트폴리오 구축으로 진행한다.

1) 발명 아이디어 도출

제2장에서 발명 아이디어 도출하는 방법은 선행특허 분석 기반 맵을 통한 방법 등 다양한 방법이 있다고 하였고 이를 소개한 바 있다. ☞ 제2장 Step 3. 발명 아이디어 도출 참조

브레인라이팅[4]은 먼저 사전조사하고 정리한 내용을 소주제별로 기술과제와 해결수단을 3분 이내로 발표한다. 참가자는 사전 조사되고 발표된 해결수단을 보고 혼합(mix up)하여 새로운 수단을 도출하거나 문제점에 대한 해결방안을 마련하거나 수단을 변형하여 적용할 수 있는 안을 도출하는 등의 발명 아이디어를 미리 나누어 준 쪽지에 3분 내로 기재한다. 그리고 참석자 전원이 자신의 의견을 간단하게 돌아가면서 발표한다. 발표 후 발명 아이디어에 대해 유사한 것은 그룹핑하는 등 평가하고 필요하면 반복해서 실시하여 많은 발명 아이디어를 도출한다.

기술트리맵[5]은 특허별로 기술과제와 해결수단을 도출한 후 동일 과제에 대한 유사한 수단을 시간순으로 나열하면 개선 또는 진화 방향으로

---

4) 브레인라이팅(Brainwriting)은 1968년에 독일의 베른트 로르바흐(Bernd Rohrbach) 교수가 브레인스토밍의 문제점을 개선하기 위해 창안한 것으로 말이 아닌 글로 표현하기이다. 6-3-5 기법으로서 6명이 3개의 아이디어를 5분 내에 기록하고 옆사람에게 돌려 30분 내에 108개의 새로운 아이디어를 얻는 브레인스토밍의 변형된 방법이다(http://en.wikipidia.org/wiki/6-3-5_Brainwriting).

5) 특허청, 2016, 특허관점의 R&D 혁신전략, 109쪽

새로운 수단을 예측할 수가 있고, 동일한 기술과제에 대한 여러 해결수단의 장단점 분석을 통해 기존 수단들을 새롭게 조합하여 다양한 발명 아이디어를 도출할 수 있는 유용한 방법이다. 이외에도 요소기술이 어떤 기술과제를 가지고 있는지 그리고 최근 주로 연구되고 있는 기술과제도 알 수 있다.

공백특허는 매트릭스 분석을 통해 도출하는데 기술과제를 가로로 나열하고 해결수단은 세로로 나열한 후 해당 특허를 표시하여 집중분야와 공백영역을 도출한다. 공백영역에 대해 진위를 가린 후 발명 아이디어를 창출한다.

참고적으로 매트릭스 분석은 Database로도 활용가능하고, 특허 포트폴리오의 분석 자료로도 활용할 수가 있다.

개량특허는 원천특허를 포함한 모든 특허를 개량 · 개선한 특허로 선행특허 분석 기반 맵을 통한 방법 또는 제품개발(R&D) 과정에서 창출하는 방법 어느 것을 사용하여도 무방하다. 또한 개량특허는 대부분 동일기술분야에서 해결방안을 찾기도 하지만 이종기술분야에서 해결방안을 찾고 이를 특허화 할 수 있다.

수많은 방법들이 있지만 그 중 각각 하나의 예를 들어 설명하면 다음과 같다.

동일기술분야는 먼저 기술트리 기반 특허를 검색하여 유효특허를 도출하고 물성향상기술을 찾아 효과와 문제점을 검토한 후 채택 여부를 결정하는 프로세스다.

이에 반해 이종기술분야는 문제점을 도출하고 문제해결을 위한 기능을 정의한 후 기능 중심 키워드로 검색하여 유사 해결방안을 찾고 적용을 검토하는 프로세스다.

2) 확대재생산

발명 아이디어를 확대재생산하는 방법으로는 상향전개, 하향전개, 수평전개가 있고, 이외에 POWER 기법이 있다.

수평전개는 발명의 카테고리, 즉 용도, 방법, 장치, 물건 등으로 전개하는 것이고, 상향전개는 유사한 것을 하나로 묶어 더 포괄적인 용어를 사용하는 것으로 구리, 니켈, 알루미늄은 금속으로 표현할 수 있다. 하향전개는 수평전개를 지지하기 위한 실시예를 더욱 구체적으로 전개하는 것으로서 특허청구범위의 독립항에 대한 종속항과 같이 한정하고 부가하는 형태로 전개한다.

POWER 기법은 1차 발명 아이디어에 대해 무엇이 좋은가(P, Positive), 무엇이 문제인가(O, Objection), 다르게 구현 가능한가(W, What else), 긍정적인 요인을 강화하려면(E, Enhancement), 부정적인 요인을 치료하려면(R, Remedy) 등으로 다방면으로 관점을 달리하여 1차 발명 아이디어를 확대재생산 하는 것으로 유용한 방법이다.

이 방법을 통해 원하는 것을 얻기 위해서는 POEWER 기법(P, Positives, 긍정적인 요인, O, Objectives, 부정적인 요인, W, What else?, 그 밖의 요인, E, Enhancement, 향상된 요인, R, Remedies, 치유방안)을 적용하여 아이디어를 확대 재생산한 후 선행기술조사를 실시하여 특허성을 검토하고, 제품 적용 평가를 통해 최선의 솔루션을 얻을 때까지 순환 반복 실시하는 것이 중요하다.

3) 강한특허 설계 및 특허포트폴리오 구축

선행기술조사 보고서를 바탕으로 도출된 발명 아이디어와 선행기술과의 차이점을 면밀히 분석하고 선행기술과의 차이점을 더욱 강화한다. 상기에서 찾아낸 차별화 구성요소 후보를 선택하고 조합하며, 개발 제품을 보호하고 타사의 회피설계를 고려한 권리범위를 설계한다. 이를 위해 청구항의 구성요소를 최소로 하고, 포괄적인 용어를 사용하며, 불필요한 제한을 하지 않고, 발명의 다양한 형태로 표현한다. 또한 제품을 구성하는 주요 소재.부품 또는 제조기술의 발전방향을 분석하여 반영한다. 작성된 권리범위를 선행기술과 대비하여 진보성이 부족하면 상기 과정을 반복하여 최선의 솔루션을 얻을 때까지 순환 반복 실시하는 것이 중요하다.

기술개발 단계별로 특허를 검토하여 개발된 핵심기술, 개량기술을 빠짐없이 특허권을 확보할 수 있도록 하고, 주변기술들에 대해서도 경쟁사의 회피설계를 방지하기 위해 특허권을 확보해야 하며, 외부의 유효특허들도 매입하여 특허포트폴리오를 구축한다.

(3) 특허포트폴리오 관리

특허포트폴리오는 특허출원으로 모든 것이 완료되는 것이 아니라 출원 이후 활용을 목표로 철저한 관리를 해야 한다.

특허포트폴리오 관리는 각국 특허법에 의한 특허출원전략 수립 및 실행, 심사과정에서 거절이유에 대한 철저한 대응, 경쟁사에 대한 모니터링, 등록 후 존속 여부 등 특허 활용을 위한 철저한 관리가 요구된다.

특허권 획득 후 존속과 포기의 결정은 제품에 적용 중이거나 적용 예정 여부, 타사의 당사 권리 이용가능성, 대체기술 부재 여부, 경쟁사에서 당사의 권리를 이용하여 상품화시킬 가능성 등으로 판단할 수가 있다.

11

특허분석을 통한 연구개발 (R&D) 방향 제시 전략

1. 기존사업의 기술 갭 극복(Catch-up) 방안
2. 신규사업 도출 및 기술확보방안

1. 기존사업의 기술 갭 극복 (Catch-up) 방안

특허분석을 통한 연구개발(R&D) 방향 제시는 시장에서 고객의 요구를 반영한 차별화된 제품개발 방향을 제시하는 것으로서, 신규사업개발에 필요한 핵심기술 및 제품을 창조하는 활동과 원가를 지속해서 낮추는 활동인 기존사업의 경쟁력을 강화하는 것이 핵심이다. 또한 특허분석을 통한 연구개발(R&D) 방향이 제시되면 핵심특허를 도출해서 반드시 검토하여 대응전략을 수립해야 하며, 이를 바탕으로 기술확보방안을 모색하는 것이 무엇보다 중요하다.

기존사업의 기술 갭 극복(Catch-up) 방안은 대상기술에 대한 기술개발 목표를 확인하고, 현재수준을 파악하여 갭(Gap)을 분석해서 극복(Catch-up) 방안을 모색하고, 이에 대한 특허 리스크 검토 및 대응방안을 수립한 후 필요한 기술을 언제까지 어떻게 확보할 것인지에 대한 기술확보방안을 마련하는 것이다.

기술 갭(Gap)을 극복하는 방안은 기술개발 현황 또는 결과 내용을 바탕으로, 핵심적인 기능, 부품, 소재, 공정을 도출하고, 관련특허를 검색하고 정리하여 구성과 기술에 대한 최적안을 도출하고, 특허권리분석을 통해 개량안을 확보하는 것이다.

대부분 동일기술분야에서 해결방안을 찾기도 하지만 이종기술분야에서 해결방안을 찾고 이를 특허화 할 수 있다. 수많은 방법들이 있지만 그 중 각각 하나의 예를 들어 설명하면 다음과 같다.

동일기술분야는 먼저 기술트리 기반 특허를 검색하여 유효특허를 도출하고 물성향상기술을 찾아 효과와 문제점을 검토한 후 채택 여부를 결정하는 프로세스다. 이에 반해 이종기술분야는 문제점을 도출하고 문제해결을 위한 기능을 정의한 후 기능 중심 키워드로 검색하여 유사 해결방안을 찾고 적용을 검토하는 프로세스다.

또한 기술 갭(Gap)을 극복하는 방안은 워크샵(Work Shop)활동과 함께 최적의 다양한 방법론을 적용하여 최선의 결과를 도출할 수가 있다. 다양한 방법론은 다음과 같다.

● **기술 Gap 극복(Catch-up)방안 제시**
- work shop 활동으로/최적의 다양한 방법론 적용하여 최선의 결과를 도출할 수 있음

A. Tech Tree Map 활용
: 기술과제 관련 특허 도출 → 과제별 수단 시계열적으로 나열 → 기술 Trend, 과제별 수단 Mix up 등 → 신규 수단 도출

B. Mind Map 활용
: 기술과제 관련 특허 도출 → 과제별 수단으로 부터 시사점 도출 → Clustering → 신규 수단 도출

C. 실시예 물성 분석 또는 Design Around 활용
: 기술과제 관련 특허 도출 → 실시예 물성 분석 또는 Design Around → 신규 수단 도출

D. Reverse Engineering

E. 공백영역 도출

F. 목적/수단 Matrix 분석(변형 – 조성 Matrix 분석)

G. POWER(Positive, Object, What else, Enhancement, Remedy)

특허분석 기반 기술 갭(Gap)을 극복하는 방안은 선행특허를 분석하고 공유하여 브레인스토밍으로 아이디어를 도출하고 POWER 방법으로 확대 재생산한다.

다음의 예는 이미 앞에서 언급한 테크트리맵과 마인드맵을 통해 아이디어를 도출하고 파워(POWER) 기법을 활용하여 확대 재생산하는 것이다.

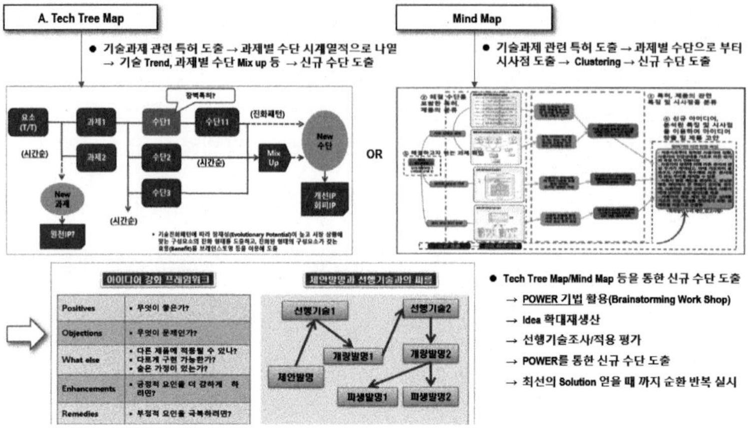

[그림 1] 테크트리맵, 마인드맵, 파워(POWER) 기법 활용(사례)

실시예 분석을 통해서도 아이디어를 도출할 수 있다. 특허침해가 되지 않는 특허를 중심으로 실시예를 분석한다. 실시예 분석은 자사 보완사항을 추출하거나 경쟁사와 차별화할 수 있는 사항을 도출하고 분석하여 아이디어를 도출한다. 도출된 아이디어에 대해 적용 가능성을 침해 여부와 함께 검토한다.

회피설계(Design Around)도 특허분석 기반 기술 갭(Gap)을 극복하는 방안인데 구성요소를 삭제하거나 변경을 통해 특허권을 회피한다. 구성요소 변경을 통한 특허회피는 균등영역 밖으로 회피설계해야 하며, 금반언을 활용해 회피할 구성요소를 결정할 수도 있다.

다음은 반도체 제조 장비의 문제를 동종기술분야뿐만 아니라 이종기술분야의 특허정보 분석을 통해 해결한 사례[1]이다.

1) 2013년 지재권 연계 연구개발전략지원센터 P사 우수사례에서 발췌한 내용

반도체 제조 장비에는 양극산화막이 형성된 알루미늄을 사용하는데 알루미늄을 산화시켜 양극산화막을 만들 때 구멍이 형성된다. 양극산화막 구멍에 반도체 제조 공정 찌꺼기가 끼이게 되고, 반도체칩 불량의 원인이 되고 있다. 이를 해결하기 위해 동종기술분야인 양극산화막 적용분야 특허를 검색하여 적용하였으나 여전히 만족스러운 결과를 얻지 못했다. 양극산화막 구멍을 절연물질로 채우고 경화시키는 방법은 고온환경에서는 적용의 한계가 있어 채택되지 못했고, 구멍의 깊이를 줄이는 방법은 양극산화막 두께가 얇아져 적용할 수가 없었다. 두께 문제를 해결하기 위해 이종기술분야에서 특허검색을 하고 분석한 결과 양극산화막의 구멍도 없고 두께도 만족스러운 결과를 얻어 반도체 제조 장비의 문제를 해결하게 된 사례로서 동종기술분야와 이종기술분야를 넘나들며 문제를 해결하기 위해 끈질기게 특허검색을 하고 분석한 결과다. 이러한 결과는 다수의 특허출원은 물론 고용 창출과 함께 글로벌 장비회사의 요청으로 기술수출을 하였고, 당연히 매출 증대로 이어졌다. 또한 알루미늄 양극산화막을 활용한 신사업도 특허분석을 통해 여러 건 발굴하고 추진하여 좋은 성과를 내고 있다.

2. 신규사업 도출 및 기술확보방안

신규사업 도출 및 이에 필요한 기술 확보 방안은 먼저 기업의 내외부 환경분석을 통하여 산업 및 시장에서의 강약점 및 기회, 위협 요인을 도출하고 이를 바탕으로 시장매력도 및 내부역량 등을 평가하여 핵심제품을 선정한다. 핵심제품군에 속해있는 제품 별 미래발전방향, 고객니즈, 니즈 대응 필수기능 등을 분석하여 집중해야 할 핵심구성요소를 찾아낸다. 도출된 핵심구성요소별 핵심기술을 평가, 선정하고 해당기술에 대한 기술 목표 및 확보방안을 수립한다.

신규사업 도출 및 이에 필요한 기술 확보 방안에 대해 순서에 따라 하나하나 소개한다.

#1 핵심제품 도출

시장, 경쟁사, 자사 분석을 통해 핵심제품을 도출한다. 구체적으로는 시장 매력도가 높은 제품 중에서 자사의 핵심역량[2)]을 검토하여 핵심제품을 도출한다.

다음은 핵심제품 도출 방안에 관한 것으로서 5가지 사례(ⓐ ~ ⓔ)를 중심으로 소개한다.

2) 경쟁기업에 비해 경쟁우위를 가져다줄 수 있는 것으로서, 기업을 이끌어 오고 또한 미래성장에 큰 역할을 할 수 있는 기업 내부에 공유되고 있는 능력, 기술, 지식을 의미

ⓐ 자사의 핵심역량을 특허분석을 활용하여 다른 제품 또는 기술에 접목하여 새로운 시장 및 제품을 발굴할 수 있다. 예로서 핵심역량(기술)의 특징 만으로 주요 키워드를 도출하고 특허, 논문, 인터넷 등을 검색 및 분석한다. 유망 제품 군 후보가 발굴되면 시장성 및 기술과제 난이도 등을 분석하여 유망제품 군을 도출한다.

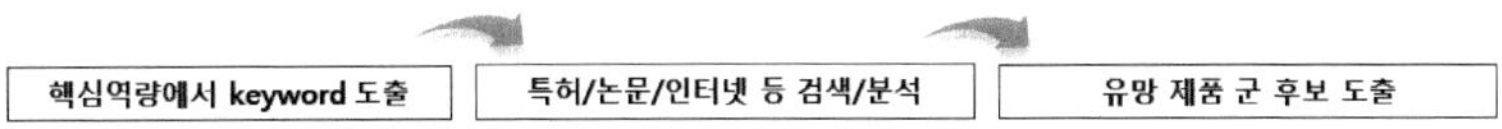

ⓑ 기업 보유 핵심기술 기반 벨류체인(Value Chain) 상의 전후방 사업으로부터 신규사업 아이템을 도출한다. 예로서 핵심역량을 파악하고 벨류체인을 확장하여 관련 특허를 분석한 후 관련 산업분석(관련산업에서 전후방 확장에 저해 또는 위협요인이 있는지 조사하여 반영)과 벤치마킹(Benchmarking) 대상을 분석(관련산업에서 전후방 확장에 성공한 기업에 대해 벤치마킹 결과를 반영)한 후 벨류체인 상의 전후방 사업으로부터 확장을 통해 신규사업 아이템을 도출한다.

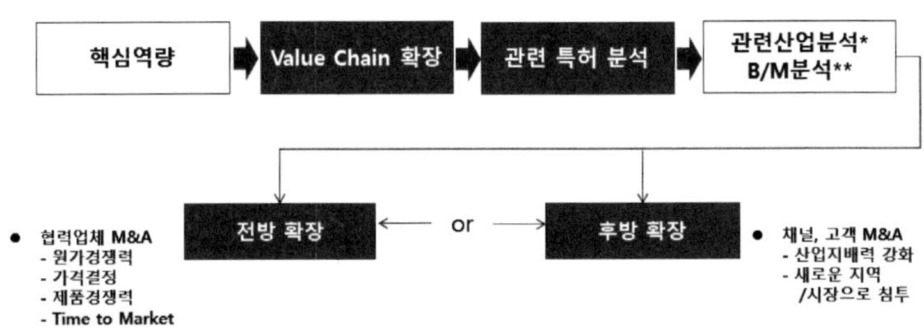

* 관련산업에서 전후방 확장에 저해 또는 위협요인이 있는지 조사하여 반영
** 관련산업에서 전후방 확장에 성공한 기업에 대해 벤치마킹 결과를 반영

[그림 2] 핵심기술 기반 벨류체인 상의 신규사업 도출(사례)

ⓒ 자사의 핵심역량을 근거로 벤치마킹 대상을 선정하고 동시에 다양한 조사 및 분석을 통해 사업화 아이템을 선정한 후 심층적으로 특허를 분석하고 검증하여 최종적으로 사업화 아이템을 확정한다.

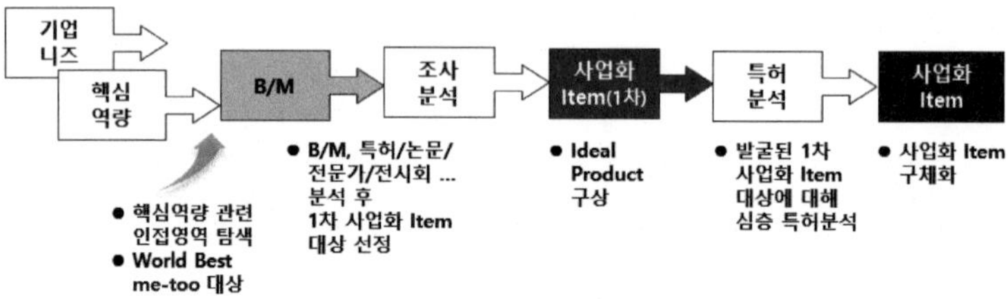

[그림 3] 핵심역량 기반 벤치마킹 대상의 신규사업 도출(사례)

ⓓ 메가트랜드(Mega Trend) 및 빅이슈(Big Issue)에 대한 기업에 미치는 영향을 토대로 기회를 도출하고 분석 및 평가하여 사업 아이템을 도출한다.

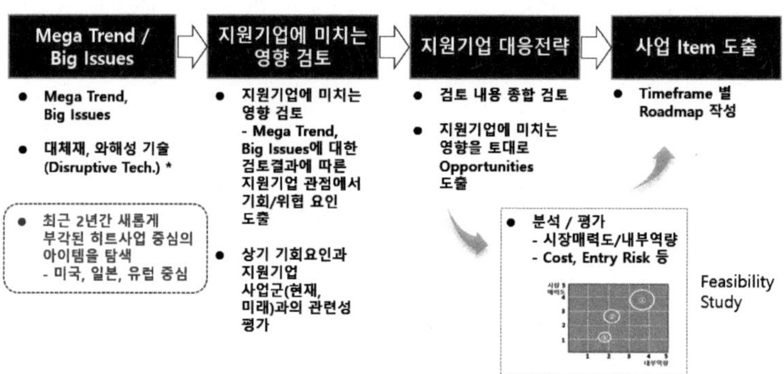

[그림 4] 메가트랜드 및 빅이슈 기반 신규사업 도출(사례)3)

---

3) 와해성 기술(Disruptive Rechnology) – 기존 사업영역의 Game Rule 변화를 통해 새로운 Blue Ocean을 창출할 가능성이 상대적으로 높은 기술

ⓔ 메가트랜드(Mega Trend) 및 빅이슈(Big Issue) 검토를 통한 기회 도출 부분에 대해 기존에 존재하는 다양한 분석 자료를 활용하여 기업 적합도를 평가하여 사업 아이템을 발굴한다.

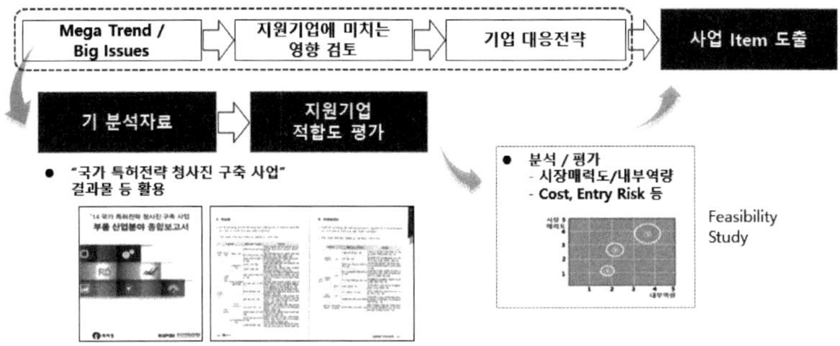

[그림 5] 메가트랜드 및 빅이슈 기반 신규사업 도출(사례)

#2 핵심구성요소 도출

고객의 니즈를 충족시킬 수 있는 기술적 특성을 도출하고 구성요소별 중요도를 분석하여 핵심구성요소를 선정한다. 품질기능전개를 통해서도 할 수 있는데, 고객의 요구사항을 제품 기능과 연계하고, 제품 기능은 제품 구성요소와 연계한다.

1단계 품질기능전개
(제품 기능별 기술 목표치 산출)

구분		상대적 중요도 (%)	제품기능			
			품질	통화	게임	...
고객 요구 사항	가격					
	사이즈					
	두께					
	....					
	기술 목표치					

2단계 품질기능전개
(제품기능/제품구성요소 관계성 평가)

구분		상대적 중요도 (%)	제품구성요소			
			액정	기판	배터리	...
제품 기능	품질					
	통화					
	게임					
	....					
	기술 연계성					

[그림 6] 품질기능전개(사례)

#3 핵심기술 도출

핵심구성요소를 대상으로 요소기술을 전개하고 선정된 기준(Criteria)과 가중치(Weight)로 요소기술을 평가하여 핵심기술을 도출한다. 대부분의 기업에서는 핵심제품 및 핵심구성요소가 도출되면 관련된 내부 전문가들의 논의를 통해 핵심기술이 선정된다.

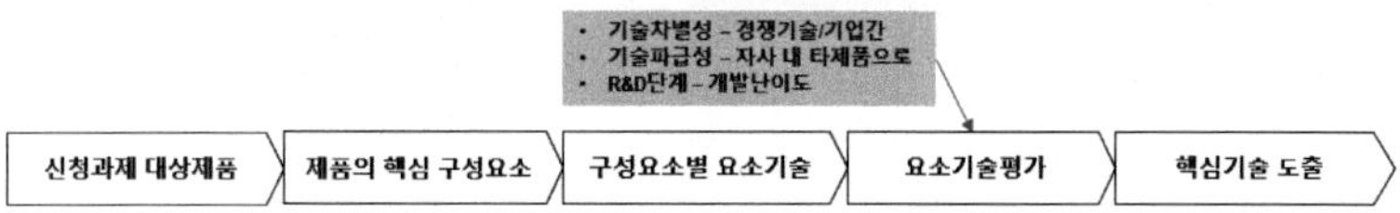

#4 기술트리(Tech Tree)

시장에서 제품 또는 기술 발전 추이를 면밀히 살펴보고 자사가 보유한 기술과 특허를 분석함과 동시에 경쟁사의 기술과 특허를 철저히 분석하여 기술트리(Tech Tree)를 구성한다.

<table>
<tr><th>대분류</th><th>중분류</th><th>소분류</th><th>기술특징, 기술 issue, Noise 기준 등</th><th>기술확보 여부</th><th>핵심기술 여부</th></tr>
<tr><td rowspan="7"></td><td rowspan="2"></td><td></td><td></td><td></td><td></td></tr>
<tr><td></td><td></td><td></td><td></td></tr>
<tr><td rowspan="2"></td><td></td><td></td><td></td><td></td></tr>
<tr><td></td><td></td><td></td><td></td></tr>
<tr><td rowspan="3"></td><td></td><td></td><td></td><td></td></tr>
<tr><td></td><td></td><td></td><td></td></tr>
<tr><td></td><td></td><td></td><td></td></tr>
</table>

[그림 7] 기술트리(Tech Tree)(사례)

기술트리 구성방법은 다양한 방법으로 할 수 있으나 그 중 한 가지 예를 든다면 기술개발목표와 함께 경쟁사의 기술개발현황을 바탕으로 현재의 수준을 파악 한 후 기술갭 및 개발 이슈를 분석함과 아울러 해소방안을 도출하는 자사기술분석을 한다. 그리고 제품의 핵심구성요소별 요소기술을 나열한 후 기술파급성, 기술차별성, 개발난이도 등을 기준으로 요소기술을 평가하여 핵심기술을 도출하고 경쟁, 대체, 부상기술과 함께 벨류체인분석으로 경쟁구도분석 후 기술트리를 도출한다.

#5 PRM(Product Roadmap) 구축

PRM은 제품 컨셉으로 단기, 중기, 장기로 또는 니즈 및 기술분야에 따라 필요한 만큼 나누어서 구축할 수가 있다. 단기로는 세계 최고(World Best) 제품에 근접 또는 동일한 것을 개발하는 것으로 하고, 중기로는 세계 최고(World Best) 제품에 근접했다면 추월하는, 즉 세계 최고(World Best) 제품을 개량하는 것으로 한다. 장기로는 새로운 개념(New Concept)으로 단기, 중기와는 전혀 다른 접근으로 할 수 있다. 제품 컨셉을 전개한 후 내부역량, 경쟁사 기술개발현황, 기술트랜드, 성능, 수명, 원가(Cost) 등을 고려하여 핵심기술 중심으로 구축한다.

세계 최고(World Best) 제품에 근접 또는 동일한 것을 개발하는 방법은 다양하다. 예를 들면 세계 최고(World Best) 제품을 구입하여 역설계(Reverse Engineering)와 함께 관련 논문과 특허를 분석하고 검증을 통해 접근할 수 있다.

세계 최고(World Best) 제품에 근접했다면 추월하는, 즉 세계 최고(World Best) 제품을 개량하는 방법도 다양하다. 예로는 블루오션의 전략맵(Strategy Map)을 통해 접근할 수 있다.

『Strategy Canvas』

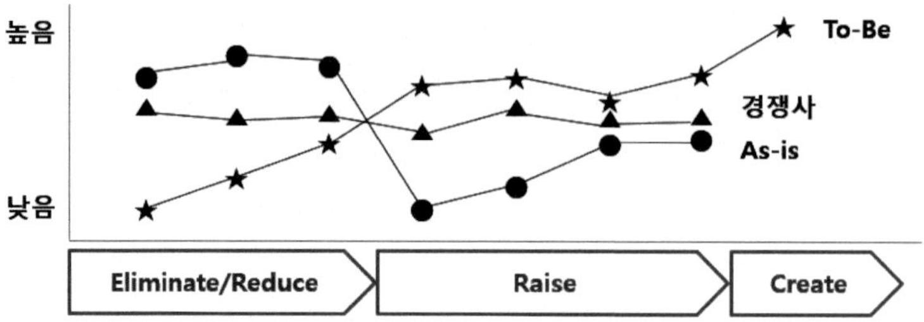

[그림 8] 전략 캔버스 (사례 재구성)4)

#6 자사기술 확정

핵심제품, 핵심구성요소, 핵심기술 도출과 기술트리(Tech Tree) 구성과 함께 환경분석과 특허동향분석을 통해 1차로 PRM을 완성한다. 특히 특허동향분석은 기술트리를 바탕으로 검색식을 작성하여 검색을 통해 모집단을 도출하고, 유효특허 도출 시 노이즈 기준, 기술트리, 단기, 중기, 장기 제품 컨셉과 관련된 기술들을 내외부 전문가가 함께 기술평가를 통해 분류한다.

1차 PRM은 단기와 중기 목표만을 대상으로 하여 자사기술로 확정하고, 장기 목표인 새로운 개념(New Concept)은 기술평가 후 미래유망기술로 도출하되 자사기술에서는 제외한다.

#7 핵심특허 도출

핵심특허 도출은 자사기술을 확정하고 예비 핵심특허 그룹을 검색한

4) 김위찬, 르네 마보안, 블루오션 전략, 2005

후 침해이론에 따라 특허와 자사 제품을 대비하여 침해 가능성이 있는 특허를 선정한다. 핵심특허는 현재나 장래의 자사 제품이 침해할 수 있는 타인의 특허를 말한다.

☞ 제8장 특허침해 판단 참조

#8 핵심특허 대응전략수립 : 비침해 논리, 무화화 논리, 회피설계, 매입 등

① 비침해 논리

먼저 각국 특허청을 통해 현재 등록이 유지되고 있는지를 살펴본다.

특허는 특허를 활용하려는 국가에 출원하고 특허성에 대한 심사를 받고 등록을 한 후 활용 시점에 특허가 등록 유지되어야 만 그 국가에서 활용할 수 있다.

특허가 등록 유지되고 있다면 등록된 특허의 청구항과 제품의 구성요소를 비교하여 침해 여부를 판단한다.

클레임 차트(Claim Chart)를 통해 등록된 특허의 청구항과 제품의 구성요소를 비교하여 상이한 구성요소를 찾아내고, 즉 비실시 구성요소를 제시한다. 또한 발명의 설명과 출원포대분석을 통해 동일하지 않음을 확정한다.

② 무효화 논리

해당 특허 청구항에 대한 신규성 또는 진보성을 부정할 수 있는 선행기술을 조사하여 제시한다. ☞ 제2장 참조

무효사유는 추후 무효심판을 통해 무효 여부가 확정되며, 무효심판은 1심은 특허청 심판원, 2심은 특허법원, 3심은 대법원으로 구성된다. 최종적으로 무효가 되면 특허권은 처음부터 발생되지 않으므로 침해도 성립되지 않는다. 그러나 소송이 장기간 진행될 수 있음을 유념할 필요가 있다.

③ 회피설계(Design Around)

청구항의 구성요소 중 일부를 문언적, 균등적으로 사용하지 않을 수 있는 대체 기술을 설계하는 것이다.

회피설계의 방법으로는 구성요소를 삭제하는 것과 구성요소를 변경하는 것이 있다. 구성요소 삭제는 해당 청구항의 구성요소 하나를 완전히 삭제하고 사용하는 것이다. 구성요소를 변경하는 것에는 균등 영역 밖으로 설계하는 것과 금반언을 활용하여 회피설계하는 것이 있다. 또한 선행특허 또는 공지기술을 채용할 수 있고, 명세서에 기재되었으나 청구되지 않은 기술을 채용하여 회피설계할 수도 있다.

회피설계가 가능한 기술이라 하더라도 회피설계로 인하여 잃게 되는 손실, 즉 회피에 따른 설계 비용, 영업상 제품 경쟁력의 저하 여부, 생산비용의 증가 여부, 시장에 적기 공급의 차질 또는 기회의 상실 등을 신중하게 고려하여야 한다.

④ 특허권 매입 또는 실시권 허락

분쟁을 예방할 수 있는 특허권을 매입하거나 매입한 것을 개량하여 Cross-license를 통해 로열티를 낮추거나 실시권을 허락받는 것은 비침해 논리, 무효화 논리, 회피설계 못지 않게 중요한 분쟁예방전략이다.

#9 기술 갭(Gap) 분석

1차 PRM에서 단기와 중기 목표 만을 대상으로 하여 자사기술로 확정한 것에 대해, 핵심특허를 도출하고 대응전략을 수립한 후 2차(최종) PRM을 완성한다.

완성된 PRM의 기술트리 별로 보유기술과 확보 해야 할 기술을 자사와 경쟁사의 기술 차이인 기술 갭(Gap) 분석을 통해 분류한다. 구체적으로는 핵심기술 별 경쟁사와의 기술 갭 분석을 통해 자사의 현재 기술 수준 및 미래 기술 수준을 명확히 하고 캐치업(Catch-up) 또는 벤치마킹(Benchmarking) 방안의 근거를 마련한다.

작성방법은 경쟁사의 현재기술수준을 100으로 놓고 자사의 현재 기술수준을 평가하고, 미래의 경쟁사 수준을 100으로 놓고 자사의 미래기술수준을 평가한다. 평가근거는 정량적으로 제시하는 것이 바람직하다.

#10 기술목표설정, 기술확보방안, TRM(Technology Roadmap) 전개

확보해야 할 기술들은 언제까지 어떻게 확보할 것인지에 대한 TRM을 전개한다.

구체적으로는 핵심기술별 목표 설정을 위해 해당기술의 KPI(Key Performance Index)를 정량적으로 산출하고, 선정된 핵심기술의 전략적 중요도 및 기술적 친밀도를 평가하여 내부에서 개발(Internal R&D), 아웃소싱(Outsourcing), 소규모 투자(Little Investment), 그리고 외부에서 인수(External Acquisition) 등 기술확보 방안을 마련한다. 이와 함께 소요되는 투입자원, 기술개발방법, 개발기간, 담당자 등을 명확히 한다.

그리고 TRM을 전개한다. TRM 전개는 단계별 제품의 목표 및 핵심기술별 기술목표를 도식화하고, 기술확보방안, 전략적 중요도, 그리고 기술 관련성을 함께 기재한다.

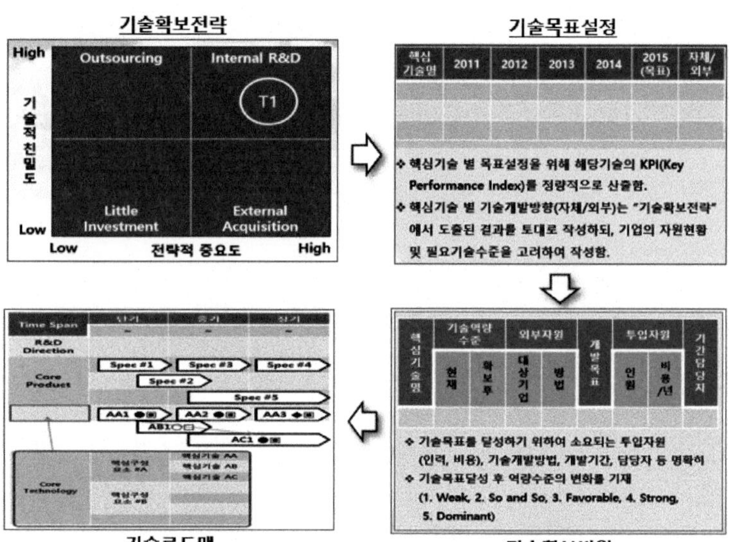

[그림 9] 기술확보방안(TRM)[5] (사례 재구성)

5) STEMI Consulting, Advanced TRM 실무매뉴얼

#11 사례

다음 그림은 코팅 기술 관련 TRM 사례이다.

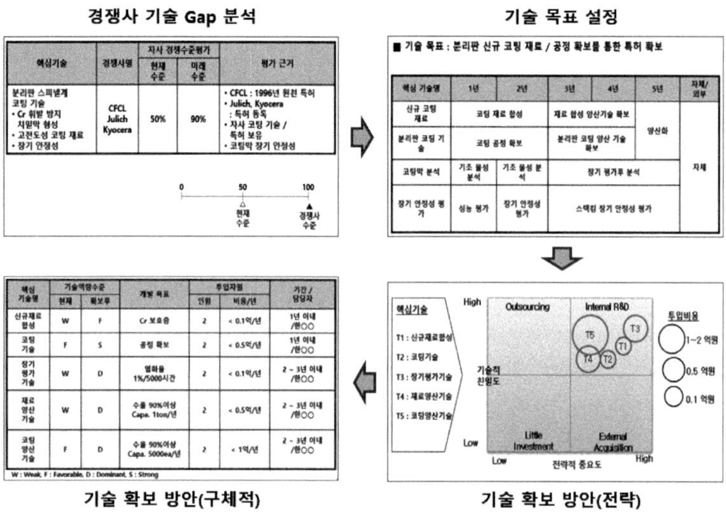

[그림 10] 코팅 기술 관련 TRM(사례 재구성)

12

특허활용전략(2)

1. 특허가치평가
2. 기술성 평가 관점 기업가치 향상
3. 기술이전 및 라이선싱
4. IP 금융

1. 특허가치평가

특허가치평가는 특허 비즈니스를 위한 특허권의 매매 또는 라이선스, 금융기관에 대한 특허권의 담보, 특허권 침해소송에서 손해배상액의 산정, 기업 M&A나 구조조정 시의 해당 사업부문이 보유하고 있는 IP 자산에 대한 실사 등에서 사용되고 있다.[1)]

특허가치의 평가는 특허침해판단과 무효여부에 대한 판단 그리고 특허기술의 회피가능 여부와 시장에서 실시 여부가 중요하다. 특허침해판단은 클레임 차트(Claim Chart)[2)]를 사용하여 검토한다. 특허침해판단, 무효여부에 대한 판단 그리고 특허기술의 회피가능 여부 등은 8장과 9장에서 설명한 것을 참조 바란다.

한국발명진흥회에서는 특허의 우수성을 특허명세서 · 서지정보 · 행정정보로부터 추출된 특허정보를 활용하여 객관적으로 평가하는 온라인 특허 등급 평가 서비스로서, 한국, 미국, 유럽 등록특허(권리가 소멸된 특허는 제외)를 평가 대상으로 하고 있고, 전기 · 전자 · IT, 기계, 물리재료, 화학, 바이오 등 WIPO 5대 기술분류별로 평가모델을 구축하여 SMART3 (특허평가시스템)[3)]를 운영하고 있다.

---

1) 최철 외 3인, 지식재산 금융, 2013
2) 등록된 특허의 특허청구범위 청구항별 구성요소와 특허침해가 예상되는 제품의 구성요소를 비교하여 침해여부를 판단하는 표
3) 한국발명진흥회, smart.kipa.org

평가지표는 각 특허별 추출한 평가 요소를 활용하여 권리성, 기술성, 활용성의 3가지 항목으로 평가하고 있고, 평가요소는 출원, 심사, 등록, 심판 및 경과정보 등에서 추출 가능한 32개 특허 사실 정보(한국 32개, 미국 29개, 유럽 25개 평가 요소 사용)를 사용하고 있다.

연번	평가요소	연번	평가요소	연번	평가요소	연번	평가요소
1	IPC 수	9	무효심판 인용, 취하, 각하 수	17	연차등록 회수	25	존속기간 연장등록결정 여부
2	거절결정불복심판 수	10	발명의 설명의 길이	18	우선심사 청구 여부	26	종속항 수
3	권리자 변동 수	11	발명자 수	19	의견서 제출 수	27	종속항의 평균 길이
4	금융기관 질권설정 수	12	분할출원 우선권 주장 수	20	적극적 권리범위 확인심판 인용 수	28	청구항 계열 수
5	도면 수	13	선행문헌 중 논문/외국특허 수	21	적극적 권리범위 확인심판 기각, 취하, 각하 수	29	총 피인용 수
6	독립항 길이	14	소극적 권리범위 확인심판 기각 수	22	정보제공 수	30	피인용 특허의 인용문헌 중 논문/외국특허 수
7	독립항 수	15	소극적 권리범위 확인심판 인용, 취하, 각하 수	23	정정심판 수	31	피인용과 출원일 차이
8	무효심판 기각 수	16	실시권자 수	24	조기공개 여부	32	해외패밀리 국가 수

[그림 1] SMART3(특허평가시스템) 평가요소[4)]

특허가치평가 세부 산출 방법은 다음과 같이 시장접근법, 수익접근법, 비용접근법 등이 있다.

기술가치평가모형은 기본적으로 기술과 특허를 별도로 구분하지 않으며, 기술 내에 특허적 특성이 포함되는 것으로 보고 기술의 가치평가를 평가한다. 따라서 기술의 가치는 특허의 가치보다 상위적인 개념으로 볼 수 있다.

4) 한국발명진흥회, smart.kipa.org

구분	시장접근법	수익접근법	비용접근법
개념	자산의 가치를 시장에서 거래되는 가격으로 정의	자산의 가치를 해당 자산의 미래 기대수익으로 정의	자산의 가치를 해당 자산의 대체비용으로 정의
활용	실물자산 거래에 널리 활용	가장 널리 활용	회계목적으로 널리 활용
단점	평가하려는 대상과 유사한 다른 대상의 거래가치를 찾기 어려움	미래현금흐름, 할인율 산정이 어려움	자산의 사용가치와 취득가치를 동일시하는 문제

[그림 2] 특허가치평가(사례)[5)]

시장접근법은 대상기술과 동일 또는 유사한 기술이 활성시장에서 거래된 가치에 근거하여 비교 · 분석을 통하여 상대적인 가치를 산정하는 방법으로, 시장접근법을 적용할 경우에는 비교 대상과 어느 정도 유사성이 있는지 판단하여 비교 대상과 유의한 차이가 있을 때는 그 차이를 적절히 조정하여야 한다.

수익접근법은 대상기술의 경제적 수명기간 동안 기술사업화로 인하여 발생될 경제적 이익을 추정한 후 할인율을 적용하여 현재가치로 환산하는 방법으로, 수익접근법의 가치 산정에는 기술의 경제적 수명, 현금흐름, 할인율, 기술기여도 등 4가지 평가요소의 추정이 필요하다.

5) 산업통상자원부, 기술가치평가 실무가이드, 2017

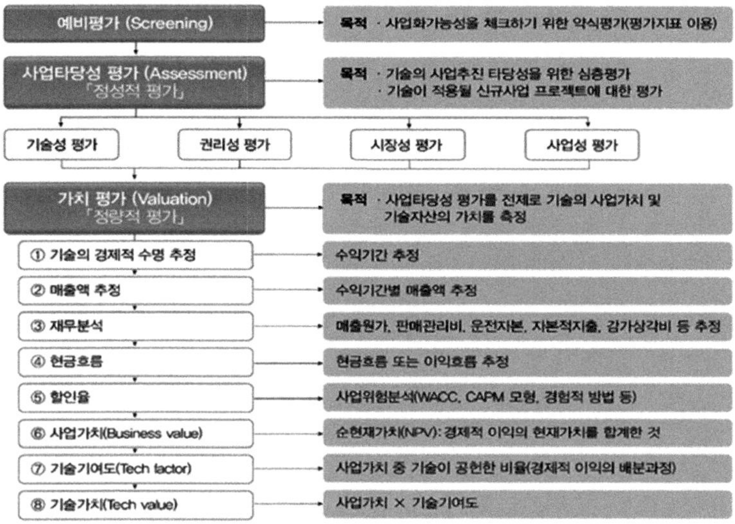

[그림 3] 수익접근법에 의한 기술가치평가 절차[6]

핵심변수의 추정은 다음과 같다.

핵심변수	개 요
① 기술의 경제적 수명	미래 현금 흐름의 유입기간을 추정
② 기술로 인해 창출되는 미래 현금흐름	추정기간의 매출액과 이익에 근거하여 미래 현금흐름의 각 연도별 금액을 추정
③ 할인율	미래 현금흐름을 현재가치로 할인하기 위한 적정 이자율 또는 수익률
④ 기술기여도	사업주체가 창출한 사업가치에서 대상기술이 기여한 정도

[그림 4] 수익접근법 핵심변수의 추정[7]

기술가치평가 요인은 기술성, 권리성, 시장성, 사업성이 있으며 다음과 같다.[8]

6) 산업통상자원부, 기술가치평가 실무가이드, 2017
7) 산업통상자원부, 기술가치평가 실무가이드, 2017
8) 산업통상자원부, 기술가치평가 실무가이드, 2017

기술성은 기술의 적용제품에 대한 기술개요(기술의 정의 및 개요), 기술개발 동향 및 경쟁(신규·대체)기술 현황, 경쟁기술 대비 기술수준(우위성, 첨단성, 독창성 등), 기술 활용성 및 파급효과 등에 대해 분석 · 평가하는 것을 의미한다.

기술성 분석은 기술환경 분석과 기술적 유용성 및 경쟁성 분석으로 나누어지며, 기술환경 분석은 대상기술을 중심으로 경쟁기술(기존·유사기술), 신규·대체기술, 후방(부품, 소재 등) 및 전방기술(조립, 완성, SI 등) 등 주변기술 환경을 조사하는 것이다. 또한, 기술적 유용성 및 경쟁성 분석은 기술환경 분석결과에 근거하여 파악된 각 기술의 특징을 토대로 대상 기술의 장단점을 비교 분석한다.

대상기술에 대해서는 기술자체의 특성, 적용분야 및 제품, 추가 필요기술 등에 대하여 분석 검토하여 기술의 현재 위치를 파악하고, 대상기술과 더불어 경쟁기술과 대체기술에 대해서도 기술의 특징 및 차별성을 분석한다.

분석결과는 기술의 독창성 및 우수성, 기술의 완성도, 적용제품의 구현에 필요한 기술수준, 추가 기술개발의 필요성, 기술 완성에 필요한 기본기술의 확보 정도, 기술의 한계점 및 보완사항 등의 항목으로 구분한다.

권리성은 대상특허의 서지정보, 명세서에 기재된 기술정보, 권리범위, 선행기술정보 등에 대한 조사를 기반으로 권리 안정성, 권리범위 광협, 제품 적용여부 등에 대한 분석을 수행하는 것으로, 대상기술을 기술사업화를 하는 데 있어 시장의 독점적 지위 확보 여부 및 경쟁으로부터 사업의 보호 강도가 어느 정도인지를 파악한다.

권리성 분석에서는 우선 대상특허의 기본 서지정보(권리자, 법적상태, 존속기간, 패밀리출원, 권리자의 관련 IP포트폴리오 정보 등)를 파악하고, 특허 청구범위 및 명세서에 기재된 내용을 바탕으로 기술내용을 확정하여야 한다.

특허 출원일 전에 공개된 국내 특허, 해외 특허, 국내외 논문, 기타 문헌을 대상으로 철저한 선행기술조사가 이루어져야 하고, 이러한 선행기술 조사 결과를 바탕으로 특허권의 무효가능성과 권리범위의 광협 등을 판단한다.

특허청구범위의 청구항에 기재된 구성요소를 나열하고, 이의 제품 적용 여부를 정밀하게 대비 · 조사하여 해당 제품이 특허에 의하여 보호되고 있는 제품인지를 판단한다.

시장성은 시장성 분석의 사전작업은 대상기술 적용제품(또는 공정), 적용시장에 대한 정의와 범위가 명확하게 설정되어야 하고, 적용제품의 특성(차별성 혹은 우위성)이 요약되어야 한다.

대상기술이 속한 산업의 특성 및 환경을 살펴보고, 시장구조, 제품현황, 시장진입장벽, 관련 정책 및 분석을 검토하며, 국내외 시장동향과 업체동향을 조사한 결과에 근거하여 시장경쟁력을 평가하는 것이다.

또한, 시장경쟁력 분석 결과에 근거하여 적용제품의 시장규모와 매출(혹은 시장점유) 예측에 사용할 정보를 제공하며, 분석 내용은 시장환경 분석과 시장경쟁 분석으로 구성한다.

사업성은 기술을 이용하여 사업화를 추진하는 주체(사업주체)의 사업화 기반역량, 생산 및 영업능력 등 경영요인을 고려하여 대상기술을 활용하여 생산되는 제품의 가격 및 품질경쟁력, 매출전망, 현금흐름 등 사업전망 전반에 관하여 평가한다.

사업성 분석에서는 사업화 역량, 제품의 가격 · 품질 경쟁력, 사업화 투자규모 등의 분석을 기초로 예상 매출규모, 수익률 등 정량적인 데이터를 도출하게 되는데, 주요 분석항목은 사업화 기반역량, 제품 경쟁력, 매출추정 및 수익분석 등이 있다.

2. 기술성 평가 관점 기업가치 향상

스타트업 생존과 성장에 있어 가장 필요한 것은 자금조달이며, 투자유치 및 IPO(기업공개)를 위한 기술특례상장, M&A, IP담보대출 등을 통해 활용되고 있다. 투자자는 기업(기술)가치 기반으로 투자규모를 결정하며, 충분한 자금 확보를 위해 높은 기술가치평가 결과가 필요하다. 따라서 스타트업을 비롯한 혁신기업의 창업 활성화와 사업화 촉진을 위해 기술성 평가 관점 기업가치 향상이 필요하다.

[그림 5]는 기술가치 평가 연계 Value-up 방법론을 예시한 사례다.

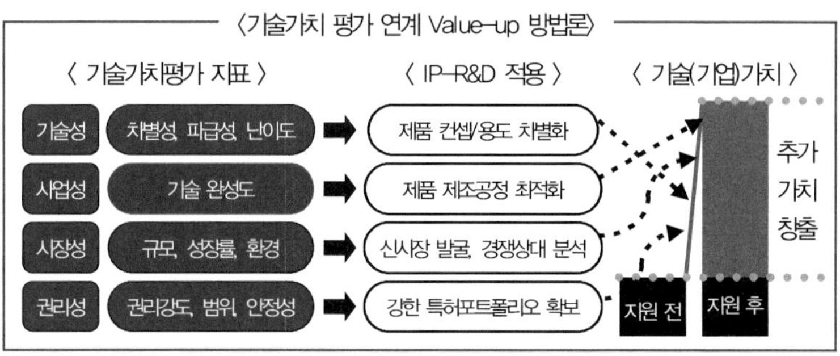

[그림 5] 기술가치 평가 연계 Value-up 방법론(사례)[9]

기술성 관점은 경쟁사 제품을 비교하고 선행특허를 분석하여 기능개선 아이디어를 적용하고 차별화된 제품의 기능을 추가하는 등의 활동을 통해 기술성(기술 혁신성 향상, 기술적 우월성 증가, 상용화 요구시간 단축, 기술 활용성 증가)을 향상한다.

---

9) 한국특허전략개발원, 기술가치 평가 연계 IP-R&D 사업

사업성 관점은 R&D 단계 및 기간을 단축하는 등의 활동을 통해 사업성을 향상한다. 시장성 관점은 신시장 개척 및 매출 확대 전략 수립, 경쟁사 및 시장환경 분석 등의 활동을 통해 시장성을 향상한다.

권리성 관점은 IP 전략을 통해 권리범위를 확장하고 권리 안정성(무효가능성을 낮추는)을 확보하여 권리성을 향상한다.

그림 6은 기술가치 평가 연계 IP-R&D 제공 내용을 그리고 그림 7은 기술가치 평가 연계 IP-R&D 추진 절차에 대한 예시로서, 전문가 그룹[10] 협업을 통한 기술성, 권리성, 시장성 분석을 통해 기업 기술(특허)의 가치를 높일 수 있는 전략 방향을 설정하고 이를 반영한 기존 IP보강 및 신규 IP창출 전략을 도출해서 기술(특허)에 대한 기술가치평가를 진행하는 것이다.

〈 기술가치평가 연계 IP-R&D 제공 내용 〉

I. 경제성 연계 기술성
1. 기술 적용 가능 제품군 선정
2. 관련 전체시장 중 제품군 시장
3. 시장확대에 필요한 제품군 또는 개발 기술

II. IP 연계 R&D
1. IP 적용 가능 기술범위 또는 제품범위
2. IP적용 제품 또는 기술의 경쟁력(유사 제품군 제품 또는 기술 장단점 분석 포함)
3. 기술 또는 제품 경쟁력 확보를 위한 IP 포트폴리오 구축

III. 제품화 가능성
1. 적용 IP의 제품화 가능성 및 개발 기간검토
2. 제품화 투자 비용

IV. IP-R&DB 전략
1. 개발 제품군의 예상 매출과 NPV, IRR 분석
2. 개발 계획 및 그 일정에 따른 소요비용 그리고 투자유치계획

[그림 6] 기술가치 평가 연계 IP-R&D 제공 내용(사례)[11]

10) 기술가치평가를 높이기 위해 변리사, 회계사, 기술가치평가사 등 구성
11) 한국특허전략개발원, 기술가치 평가 연계 IP-R&D 사업

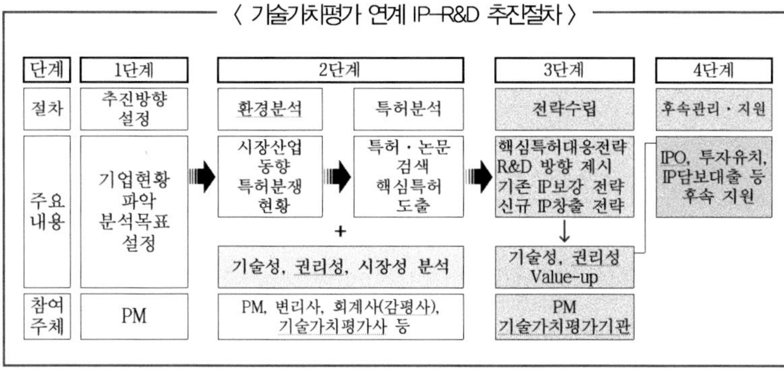

[그림 7] 기술가치 평가 연계 IP-R&D 제공 내용(사례)[12)]

12) 한국특허전략개발원, 기술가치 평가 연계 IP-R&D 사업

3. 기술이전 및 라이선싱

"기술이전"이란 양도, 실시권 허락, 기술지도, 공동연구, 합작투자 또는 인수 · 합병 등의 방법으로 기술이 기술보유자(해당 기술을 처분할 권한이 있는 자를 포함한다)로부터 그 외의 자에게 이전되는 것이다.[13]

기술이전은 고객발굴, 착수계약, 기술마케팅, 기술거래 계약, 기술이전 및 사후관리로 진행된다.

구분	주요 수행업무	주요 관련 서류양식
고객 발굴	• 대상기술 기초분석 • 수요기술(기업) 탐색 • 마케팅조건 협상 • 수수료율 산정 • 중개의뢰 유도	• 상담일지 • 기술소개자료 • 기술판매 의뢰서 • 기술도입 요청서
착수계약(MOU)	• 기술이전 업무 수행 • 착수계약초안 작성 • 착수계약 및 착수금 징수 • 추가기술자료 요청	• 착수계약서 • 청구용 세금계산서
기술마케팅	• 상세 기술 분석 및 검토 • 고객탐색 • 협상전략 수립 • 기획 마케팅 및 고객접촉 • 거래형태, 대가 및 조건 협의	• 기술도입희망 분석 • 제공기술분석 보고서
기술거래 계약	• 계약조건 및 협상전략 지원 • 거래의향 확인 및 조건 구체화 • 상세 계약서작성 지원	• 기술 라이선스 계약서 • 기술(특허) 양수도 계약서
기술이전 및 사후관리	• 기술이전 진행자문 • 이전교육자문 • 사업화 자금유치자문 • 추가 기술사업자문	• 사업화 자문계약서

[그림 8] 기술이전[14]

라이선싱(Licensing)은 특허를 판매하는 대신 특허에 대한 소유권을 유지하면서 하나 이상의 라이선스 계약을 맺을 수 있다.

13) 기술의 이전 및 사업화 촉진에 관한 법률 제2조(정의)
14) 산업통상자원부, 기술가치평가 실무가이드, 2017

특허거래 방식은 다음과 같다.

지식재산 거래 방식		내용
양수도		지식재산권의 권리 일부 또는 전부를 거래
라이선스	전용실시	지식재산권을 일정 범위 내에서 독점적으로 실시할 수 있는 지식재산 거래 방식으로서, 등록원부 상에 설정등록이 완료되는 시점부터 효력이 발생
	통상실시	지식재산권을 일정 범위 내에서 비독점적으로 실시할 수 있는 지식재산 거래 방식으로서, 계약 시점 혹은 계약상의 지정된 시점부터 효력이 발생
	재실시	지식재산 수요자가 라이선스 받은 지식재산권을 제3자에게 다시 라이선스할 수 있는 방식
기술자료 및 노하우의 매매에 의한 거래		지식재산권과 관련된 노하우, 실험 데이터 등의 관련 자료를 함께 거래하는 방식
기술력 보유 기업 또는 자산의 M&A 방식		지식재산을 보유한 기업 전체를 인수·매각하는 방식
지식재산 자문 및 지도와 연계한 거래 방식		기술자 파견 등을 통해 기술자문 및 지도를 라이선스 거래와 연계하는 방식
기타		지식재산 및 경영자원의 공동이전 방식, 제휴에 의한 협력, 공동연구 등

[그림 9] 지식재산 거래방식[15)]

한국발명진흥회 지식재산중개소는 온라인(IP-Market)과 오프라인(특허거래전문관)의 O2O[16)]연계서비스를 수행하고 있으며, 특허분석평가시스템(SMART3) 서비스를 통해 지식재산 수요·공급분석을 지원하고 있다.

15) 산업통상자원부, 기술가치평가 실무가이드, 2017

16) online to offline, offline to online, 오프라인과 온라인을 통합한 기술마케팅 서비스

특허청 지식재산 사업화 지원체계는 지식재산 거래를 희망하는 개인, 중소기업 등을 대상으로 특허거래전문관이 지식재산 중개자가 되어 지식재산 거래를 지원하고, IP-Market에서 제공하는 특허거래정보를 통해 민간 중심의 지식재산 거래 활성화를 지원한다.

[그림 10] 특허청 지식재산 사업화 지원체계, 특허청 홈페이지

한국특허전략개발원에서도 특허출원 전 시장 수요를 반영한 수요기반 발명 인터뷰를 통해 마케팅 대상 기업을 사전에 파악하고, 수요기업의 니즈에 맞는 유망기술을 선별 · 출원하여 기술이전 및 사업화를 추진하도록 돕는다. 발명 초기 단계에 발명 인터뷰를 실시하여 기술 수요 관점의 우수 특허를 창출하고, 기술 · 권리 · 시장성 평가를 통해 발굴된 유망 특허가 기술이전 되도록 사업화 전략 및 기술 마케팅을 지원한다.

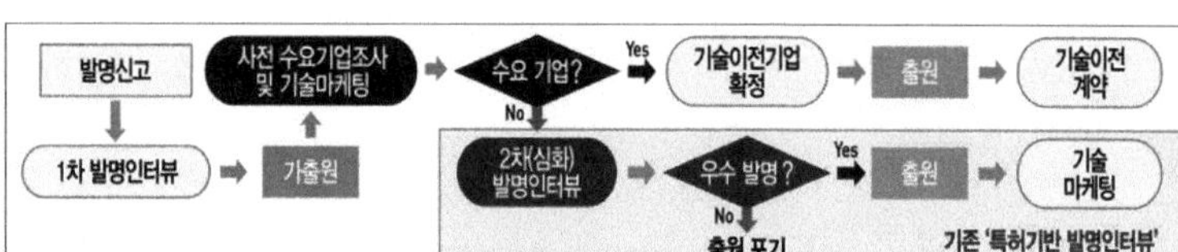

[그림 11] 특허기반 기술이전(수요기반 발명 인터뷰)[17]

17) 한국특허전략개발원, IP기반 기술이전(수요기반 발명 인터뷰) 사업

4. IP 금융

IP(Intellectual Property, 지식재산) 금융은 특허권, 상표권, 디자인권 등 지식재산의 가치를 평가받아 그 결과를 토대로 금융기관으로부터 자금을 융통하는 일련의 금융활동을 말한다.

금융기관으로부터 부동산 담보와 신용도 이외에 IP 금융을 통해 중소 · 벤처기업은 보다 원활하게 필요한 자금을 마련할 수 있다.

IP 금융에는 IP보증 대출, IP담보 대출, 그리고 IP투자가 있다.

유 형	내 용
IP보증대출	**정책자금**(기술보증기금·신용보증기금)이 지식재산을 담보로 **보증서 발급** → 민간은행이 대출
IP담보대출	**민간은행**이 지식재산을 **담보로 대출**
IP투자	우수 **지식재산 보유기업에 대한 투자** 또는 특허권 등 **지식재산 자체에 대한 투자**(지식재산 금융투자)

[그림 12] IP 금융

IP 금융은 권리행사 시 위험도,[18] 가치평가의 어려움,[19] 전문인력 부족 및 투자경험의 부족 등은 약점으로 작용하고 있는 것이 현실이다.

IP 금융을 활성하기 위해서는 먼저 양질의 투자 유망 IP를 발굴하고 창출하여 지속적으로 공급하고, 투자유망 특허에 관한 정보를 수요자 맞춤형 검색이 가능한 DB를 구축하고, 특허관리전문회사, 금융기관, IP서

18) 낮은 국내 손해배상 규모, 높은 무효율, 낮은 특허권자의 승소율 등
19) 부동산은 공시가격, 실거래 가격 등 다수 평가지표가 있으나, IP는 상대적으로 관련지표가 부족하다.

비스업체, 특허기술 수요기업 등에게 네트워크를 통해 제공하는 것이다. 그리고 정책자금(모태펀드)을 활용한 민간 지식재산 금융투자도 적극 유도해야 하고, 투자 친화적인 세제와 수수료 체계도 마련되어야 하며, IP 금융 전문인력도 적극적으로 양성해야 한다. IP 가치평가체계도 금융 친화적으로 구축되어야 한다.

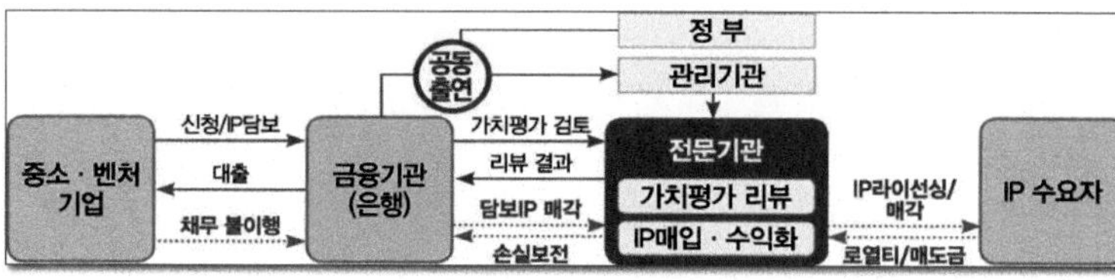

[그림 13] IP 금융(사례)[20]

IP 담보대출로 운영 중인 은행별 상품명은 다음과 같다.

협약은행별 IP담보대출 상품명

은행	상품명	은행	상품명
KDB산업은행 1588-1500	IP담보대출	NH농협은행 1661-3000	NH지식재산권 담보대출
신한은행 1577-8008	신한성공두드림 IP담보대출	우리은행 1588-5000	우리 CUBE론-IP
하나은행 1599-1111	하나IP담보대출	IBK기업은행 1588-2588	IP사업화자금대출
KB국민은행 1800-9500	KB더드림 IP담보대출	DGB대구은행 1566-5050	DGB IP모아모아 담보대출
BNK 부산은행 1544-6200	IP담보대출	BNK 경남은행 1600-8585	BNK Active IP담보대출

[그림 14] IP 담보 대출 은행별 상품명

20) 한국발명진흥회, www.kipa.org

미국은 IP 금융이 활발히 운영되고 있는 국가 중의 대표적이다. 우리나라도 IP 금융이 활발히 운영되기를 바라는 마음으로 다음과 같이 미국의 IP 금융 역사를 간략하게 소개한다.

[그림 15] 미국 IP 금융의 역사[21]

---

21) 특허청, 2020, 지식재산 금융투자 활성화 추진전략

첨부

지식재산권
산업재산권
신지식재산권
저작권
직무발명
특허법

지식재산권

지식재산은 인간이 만들어 낸 것으로서 재산적 가치가 있는 것을 말하고, 지식재산권은 지식재산을 보호하기 위한 권리를 말한다.

지식재산권은 산업재산권과 저작권으로 구분하고 산업재산권은 특허권, 실용신안권, 디자인권, 상표권으로 구성되어 있다.

또한 [그림 1]과 같이 지식재산을 지적창조물과 영업상의 표지로 나누기도 한다.

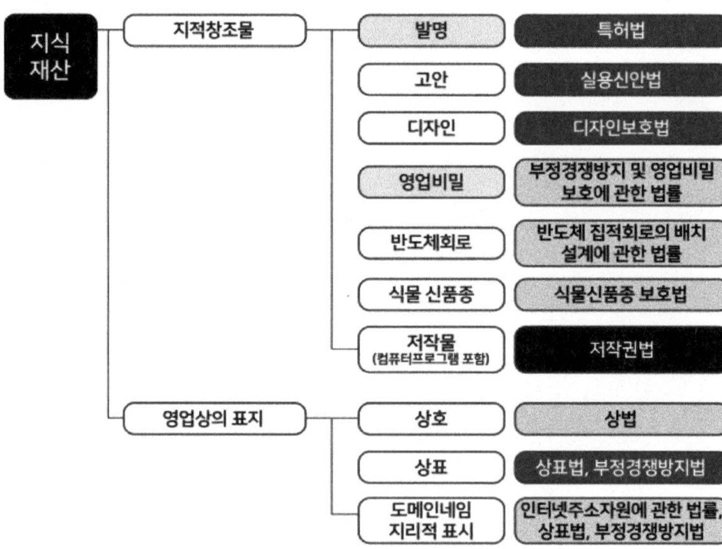

[그림 1] 지식재산권의 종류[1)]

산업재산권

산업재산권은 [그림 2]와 같이 특허권, 실용신안권, 디자인권, 상표권이 있다.

산업재산권	특허권	실용신안권	디자인	상표권
정의	▪ 자연법칙을 이용한 기술적사상의 창작으로서 고도한 발명	▪ 자연법칙을 이용한 기술적사상의 창작인 발명	▪ 물품의 형상, 모양, 색채 또는 이들을 결합한 것으로서 시각을 통하여 미감을 일으키게 하는 것	▪ 기호.문자.도형.입체적 형상.색채.홀로그램.동작 또는 이들을 결합하는 것
보호대상	▪ 모든 발명	▪ 물품의 형상.구조 또는 조합에 관한 고안에 한정됨	▪ 물품의 디자인	▪ 상품 및 서비스에 사용하는 표장(브랜드)
존속기간	▪ 등록일 후 출원일로부터 20년이 되는 날까지	▪ 등록일 후 출원일로 부터 10년이 되는 날까지	▪ 등록일 후 출원일로부터 20년이 되는 날까지	▪ 등록일로부터 10년 (10년 마다 갱신 가능)

[그림 2] 산업재산권의 종류 (재구성)

실용신안을 살펴보면, 실용신안은 자연법칙을 이용한 기술적 사상의 창작을 보호하는 것으로서 고도성을 요구하지 않고 있다.

고도한 발명수준에 이르지 못한다 하더라도 그 실용성을 무시할 수가 없는 중소기업이나 개인발명가의 소발명을 보호하여 산업발전에 이바지하고자 하는 것을 목적으로 하고 있다.

보호대상은 물품의 형상, 구조, 조합으로 한정하고 있으며, 제조방법, 사용방법, 화학물질, 조성물 등은 제외하고 있다.

물품의 형상, 구조, 조합으로 하고 있으므로 도면이 필수적으로 요구

1) 특허청, 기술보호 최적화를 위한 지식재산 믹스(IP-MIX) 전략 매뉴얼, 3쪽

되고 있다.

실용신안권은 설정등록일로부터 출원 후 10년 동안 권리를 보호받고 있어서 존속기간이 짧지만, 상대적으로 등록이 용이하고 권리획득을 위한 기간이 짧고, 비용이 저렴한 장점이 있다.

중국은 실용신안권에 대해 무심사주의를 채택하고 있다.

신지식재산권

지식재산권에서 산업재산권과 저작권 이외에 신지식재산권은 산업과 과학의 발달로 등장한 지식재산인데 종래의 지식재산권으로 보호하기가 어려워 신지식재산권으로 보호하고 있다.

컴퓨터프로그램으로 컴퓨터프로그램 발명2)은 컴퓨터 관련 발명의 심사기준으로, 표현인 컴퓨터프로그램저작물3)은 저작권으로 보호하고 있다. [그림 3]은 특허청 홈페이지에 있는 내용으로 컴퓨터 관련 발명 보호제도를 설명하고 있다.

컴퓨터 관련 발명 보호제도

• 컴퓨터 관련 발명이란?

발명의 실시에 컴퓨터·소프트웨어를 필요로 하는 발명으로써 컴퓨터프로그램 관련 발명, 영업방법 발명을 포함하여, 클라우드컴퓨팅, 빅데이터, 데이터베이스, 인터넷 보안, 모바일 앱 관련 발명이 대표적이고, 그 범주를 다음과 같이 나눌 수 있다.

• 컴퓨터 관련 발명의 범주

방법 발명	컴퓨터를 사용한 발명이 시계열적으로 연결된 일련의 처리 또는 조작, 즉 단계로 표현할 수 있을 때, 그 단계로 특정된 방법	
물건 발명	물건	- 컴퓨터를 사용한 발명이 복수의 기능 요소로 표현할 수 있을 때 그 기능 요소로 특정된 물건
	매체	- 프로그램을 설치하고 실행하거나 유통하기 위해 사용되는 '프로그램을 기록한 컴퓨터로 읽을 수 있는 매체' - 기록된 데이터 구조로부터 컴퓨터가 수행하는 처리 내용이 특정되는 '구조를 가진 데이터를 기록한 기록 매체' - 하드웨어와 결합되어 특정과제를 해결하기 위하여 '매체에 저장된 컴퓨터프로그램'

[그림 3] 컴퓨터 관련 발명 보호제도, 특허청 홈페이지

---

2) 컴퓨터상에서 소프트웨어에 의한 정보처리가 하드웨어를 이용하여 구체적으로 실현되고 있는 경우로서 소프트웨어가 컴퓨터에 읽혀지는 것에 의해 소프트웨어와 하드웨어가 협동한 구체적 수단으로 사용목적에 따른 정보의 연산 또는 가공을 실현함으로써 사용목적에 부응한 특유의 정보처리 장치 또는 그 동작 방법이 구축되는 것을 말한다.

3) 저작권법 제2조(정의) 16. "컴퓨터프로그램저작물"은 특정한 결과를 얻기 위하여 컴퓨터 등 정보처리능력을 가진 장치(이하 "컴퓨터"라 한다) 내에서 직접 또는 간접으로 사용되는 일련의 지시·명령으로 표현된 창작물을 말한다.

영업비밀은 부정경쟁방지 및 영업비밀보호에 관한 법률로 보호하고 있는데 '5. 기술보호방안'과 '6. 영업비밀'을 참조바란다.

반도체회로는 반도체집적회로의 배치설계에 관한 법률(약칭: 반도체설계법)[4]로 보호하고 있다.

4) 반도체집적회로의 배치설계에 관한 법률(약칭: 반도체설계법)

저작권

(1) 목 적

저작권법은 저작자의 권리와 이에 인접하는 권리를 보호하고 저작물의 공정한 이용을 도모함으로써 문화 및 관련 산업의 향상발전에 이바지함을 목적으로 한다.[5]

(2) 저작자, 저작물

"저작자"는 저작물을 창작한 자를 말한다. "저작물"은 인간의 사상 또는 감정을 표현한 창작물을 말한다.[6] 따라서 동물, 로봇은 저작자에 해당하지 않으며, 법인은 해당된다.

AI가 스스로 창작활동을 통해 작곡을 하고, 로고 디자인을 만들거나, 신문기사, 그림, 소설 등 창작물을 만들었을 경우 저작권으로 보호받을 수 있는가에 대해서는 상기한 바와 같이 저작자에 해당하지 않는다.

요리책을 그대로 복사하는 행위는 저작권법에 의해 저작권 침해가 되지만 요리책 속에 쓰인 방식대로 요리를 하는 것은 저작권법과 관계가 없다. 또한 초등학생이 쓴 일기나 그림도 모두 저작권법상 저작권이 인정되는 저작물이다.

5) 저작권법 제1조(목적)
6) 저작권법 제2조(정의)

저작권에서 인정하는 저작물[7]은 다음과 같다.

1. 소설 · 시 · 논문 · 강연 · 연설 · 각본 그 밖의 어문저작물
2. 음악저작물
3. 연극 및 무용 · 무언극 그 밖의 연극저작물
4. 회화 · 서예 · 조각 · 판화 · 공예 · 응용미술저작물 그 밖의 미술저작물
5. 건축물 · 건축을 위한 모형 및 설계도서 그 밖의 건축저작물
6. 사진저작물(이와 유사한 방법으로 제작된 것을 포함한다)
7. 영상저작물
8. 지도 · 도표 · 설계도 · 약도 · 모형 그 밖의 도형저작물
9. 컴퓨터프로그램저작물[8]

상기 저작물 이외에 2차적 저작물과 편집저작물이 있다.

2차적 저작물은 원저작물을 번역 · 편곡 · 변형 · 각색 · 영상제작 그 밖의 방법으로 작성한 창작물은 독자적인 저작물로서 보호되고, 2차적 저작물의 보호는 그 원저작물의 저작자의 권리에 영향을 미치지 않는다.[9]

☞ 영국의 소설가 조앤롤링(J. K. Rowling)의 원작소설 『해리포터』를 영화로 제작한 경우 영화 해리포터는 2차적 저작물로서 별도의 보호를 받지만, 만일 원저작자의 동의 없이 무단으로 영화를 제작한 것이라면 이는 원저작자에 대한 2차적 저작물 작성권의 침해문제가 발생하게 된다.

---

7) 저작권법 제4조(저작물의 예시 등)

8) 특정한 결과를 얻기 위하여 컴퓨터 등 정보처리능력을 가진 장치 내에서 직접 또는 간접으로 이용되는 일련의 지시 · 명령으로 표현된 창작물

9) 저작권법 제5조(2차적저작물)

편집저작물은 독자적인 저작물로서 보호되고, 편집저작물의 보호는 그 편집저작물의 구성부분이 되는 소재의 저작권에 영향을 미치지 않는다.[10]

☞ 일반적으로 공중에 널리 알려진 유머는 공동문화 재산에 속하는 것으로 저작물로서 보호받을 가능성이 낮지만, 유머들을 일정한 주제 등 기준에 따라 선별하고 정리, 배열하는 데 창작성이 인정된다면 이 유머집은 편집저작물로 보호된다.

☞ 특정분야의 판결문을 독창적인 기준에 따라 선택, 배열 혹은 구성한 때에는 저작권법상 편집저작물로 보호받을 수 있는 것으로 출판사에서 발행한 판례집 전체를 스캔하여 개인 블로그에 게재하는 것은 편집저작물에 대한 침해를 구성할 가능이 있다.

보호받지 못하는 저작물[11]로는

1. 헌법 · 법률 · 조약 · 명령 · 조례 및 규칙
2. 국가 또는 지방자치단체의 고시 · 공고 · 훈령 그 밖에 이와 유사한 것
3. 법원의 판결 · 결정 · 명령 및 심판이나 행정심판절차 그 밖에 이와 유사한 절차에 의한 의결 · 결정 등
4. 국가 또는 지방자치단체가 작성한 것으로서 1 내지 3에 규정된 것의 편집물 또는 번역물
5. 사실의 전달에 불과한 시사보도 등이 있다.

저작권은 저작물을 창작한 때부터 발생하며 어떠한 절차나 형식의 이행을 필요로 하지 않는다.

---

10) 저작권법 제6조(편집저작물)
11) 저작권법 제7조(보호받지 못하는 저작물)

(3) 저작인격권, 저작재산권, 저작인접권

저작인격권은 저작자의 인격을 보호하고자 하는 측면에서 주어진 권리로 공표권,[12)] 성명표시권,[13)] 동일성 유지권[14)] 등이 있다.

저작재산권은 저작물을 일정한 방식으로 이용하는 것으로부터 발생하는 경제적인 이익을 보호하기 위한 권리로서, 복제권, 공연권, 공중송신권, 전시권, 배포권, 대여권, 2차적저작물작성권 등이 있다.

저작인접권은 저작물을 해석하고 전달하는 사람에게 부여되는 권리로서, 실연자, 음반제작자, 방송사업자 등이 있다.

실연자는 가수, 배우, 무용수, 연주자, 지휘자, 영화감독 등이 해당하며, 음반제작자는 음반을 최초로 제작하는 데 있어서 전체적으로 기획하고 책임을 지는 사람이고, 방송사업자는 방송을 업으로 하는 자를 말한다.

(4) 저작권의 보호기간

저작재산권은 저작자의 생존하는 동안과 사망 후 70년간이고, 공동저작물인 경우 맨 마지막으로 사망한 저작자 사망 후 70년간이며,[15)] 무명 또는 이명저작물,[16)] 업무상저작물,[17)] 영상저작물[18)]은 저작자의 사망 시점을 알 수 없으므로 공표한 때부터 70년간이다.

---

12) 저작권법 제11조(공표권)
13) 저작권법 제12조(성명표시권)
14) 저작권법 제13조(동일성유지권)
15) 저작권법 제39조(보호기간의 원칙)
16) 저작권법 제40조(무명 또는 이명 저작물의 보호기간)
17) 저작권법 제41조(업무상저작물의 보호기간)
18) 저작권법 제42조(영상저작물의 보호기간)

저작인접권(실연자, 음반제작자, 방송사업자)은 70년(방송은 50년)이다.

(5) 저작재산권의 제한

다음 사항들은 저작재산권이 제한된다.

① 재판 등에서의 복제[19]

1. 재판 또는 수사를 위하여 필요한 경우
2. 입법 · 행정목적을 위한 내부 자료로서 필요한 경우

② 정치적 연설 등의 이용[20]

공개적으로 행한 정치적 연설 및 법정 · 국회 또는 지방의회에서 공개적으로 행한 진술은 어떠한 방법으로도 이용할 수 있다.

③ 공공저작물의 자유이용[21]

국가 또는 지방자치단체가 업무상 작성하여 공표한 저작물이나 계약에 따라 저작재산권의 전부를 보유한 저작물은 허락 없이 이용할 수 있다.

④ 학교교육 목적 등에의 이용[22]

고등학교 및 이에 준하는 학교 이하의 학교의 교육 목적상 필요한 교과용 도서에는 공표된 저작물을 게재할 수 있다.

---

19) 저작권법 제23조
20) 저작권법 제24조
21) 저작권법 제24조의 2
22) 저작권법 제25조

고등학교 및 이에 준하는 학교 이하의 학교에서 복제 · 배포 · 공연 · 방송 또는 전송을 하는 경우에는 보상금을 지급하지 아니한다.

⑤ 시사보도를 위한 이용[23)]

방송 · 신문 그 밖의 방법에 의하여 시사보도를 하는 경우에 그 과정에서 보이거나 들리는 저작물은 보도를 위한 정당한 범위 안에서 복제 · 배포 · 공연 또는 공중 송신할 수 있다.

⑥ 시사적인 기사 및 논설의 복제 등[24)]

정치 · 경제 · 사회 · 문화 · 종교에 관하여 「신문 등의 진흥에 관한 법률」 제2조의 규정에 따른 신문 및 인터넷신문 또는 「뉴스통신진흥에 관한 법률」 제2조의 규정에 따른 뉴스통신에 게재된 시사적인 기사나 논설은 다른 언론기관이 복제 · 배포 또는 방송할 수 있다. 다만, 이용을 금지하는 표시가 있는 경우에는 그러하지 아니하다.

⑦ 공표된 저작물의 인용[25)]

공표된 저작물은 보도 · 비평 · 교육 · 연구 등을 위하여는 정당한 범위 안에서 공정한 관행에 합치되게 이를 인용할 수 있다.

23) 저작권법 제26조
24) 저작권법 제27조
25) 저작권법 제28조

⑧ 도서관 등에서의 복제 등[26)]

도서관 등은 그 도서관 등에 보관된 도서 등을 사용하여 저작물을 복제할 수 있다.

⑨ 영리를 목적으로 하지 아니하는 공연 · 방송

영리를 목적으로 하지 아니하고 청중이나 관중 또는 제3자로부터 어떤 명목으로든지 반대급부를 받지 아니하는 경우에는 공표된 저작물을 공연(상업용 음반 또는 상업적 목적으로 공표된 영상저작물을 재생하는 경우를 제외한다) 또는 방송할 수 있다. 다만, 실연자에게 통상의 보수를 지급하는 경우에는 그러하지 아니하다.

청중이나 관중으로부터 해당 공연에 대한 반대급부를 받지 아니하는 경우에는 상업용 음반 또는 상업적 목적으로 공표된 영상저작물을 재생하여 공중에게 공연할 수 있다. 다만, 대통령령으로 정하는 경우에는 그러하지 아니하다.

☞ 다른 사람의 음악을 판매 매장에서 틀어주는 행위는 저작권법상 공연행위에 해당한다. 소규모 편의점, 치킨집, 음식점 등에서 구매한 CD를 재생하거나, MP3 파일을 구매하여 다운 받아 재생하거나, 스트리밍 서비스를 결제하여 음악을 재생하는 등의 경우 저작권법 제29조 제2항에 따른 비영리 공연에 해당하여 저작권 침해가 되지 않는다. 다만 저작권자의 경제적 이익을 심각하게 훼손할 염려가 있는 특정 장소(단란주점, 골프장, 에어로빅장, 무도장, 무도학원, 여객용 항공기,

---

26) 저작권법 제31조

여객용 열차, 대형마트, 백화점 등)에서는 비영리 공연을 허용하지 않고 있다.(저작권법 시행령 제11조에서 구체적으로 규정)

(6) 이용되는 저작물의 출처를 명시[27)]

시사보도를 위한 이용, 영리를 목적으로 하지 않는 공연.방송, 사적 이용을 위한 복제, 도서관 등에서의 복제, 시험문제로서의 복제, 방송사업자의 일시적 녹음 · 녹화, 저작물 이용 과정에서의 일시적 복제의 경우를 제외하고는 이용되는 저작물의 출처를 명시해야 한다.

공통적으로는 제목, 저작자명을 기재하여야 하며, 신문과 잡지는 신문 또는 잡지명, 날짜, 호수를, 연설은 연설한 때와 장소를, 2차적저작물은 2차적저작물의 저작자명, 원저작물 및 원저작물의 저작자명을, 개정판인 경우는 몇 판인지를 명시해야 한다.

(7) 저작권의 침해

저작권의 침해는 저작권으로 보호되는 저작물을 저작권자의 허락을 받지 아니하고 저작권법이 저작자에게 권리를 부여한 형태로 이용하는 행위를 말한다.

저작권자로부터 이용 허락을 받았다고 하더라도 그 허락 받은 이용 방법 및 조건을 벗어나서 이용하는 경우도 해당된다.

우리나라에서 만들어졌더라면 다른 사람의 저작권을 침해하는 것으

---

27) 저작권법 제37조(출처의 표시)

로 될 물건을 우리나라에 배포할 목적으로 수입하는 행위, 저작권을 침해하여 만들어진 물건을 알면서 배포할 목적으로 소지하는 행위, 프로그램의 저작권을 침해하여 만들어진 프로그램의 복제물을 그 사실을 알면서 취득한 자가 이를 업무상 이용하는 행위 등이 해당된다.[28)]

(8) 저작권 침해의 판별

① 타인의 저작물을 그대로 이용한 경우

- 구체적인 사례에 따라 그리고 이용된 부분의 양과 질이 상당한가 여부에 따라 침해 여부를 결정한다.

② 저작물을 수정하거나 변경하여 이용하는 경우

- 모방이 있었는지, 두 저작물 사이에 실질적 유사성이 있는지를 확인한다.
- 모방은 피고가 원고의 저작물에 접근할 기회가 있었느냐를 확인하고 또한 두 저작물 사이에 똑같은 오류가 발견되는 경우 피고가 원고의 저작물에 접근했다는 것으로 추정한다.
  ☞ 저작자가 내용에 영향을 미치지 않는 오류를 일부러 추가 → 나중에 침해입증 활용
- 실질적 유사성이 있는지 확인 전에 저작권으로 보호되는 부분인지 먼저 확인한다.
  ☞ 아이디어와 표현 분리, 판례는 사건의 플롯이나 줄거리를 아

28) 저작권법 제124조(침해로 보는 행위)

이디어로 보는 경향이 있다.

- 저작권으로 보호되는 '표현'이 실질적으로 유사한지 여부를 따져 보아야 한다.

(9) 저작권 침해에 대한 구제

① 저작권위원회에서 저작권 분쟁을 조정한다.

② 민사 구제로는 침해의 정지 청구, 침해의 예방 또는 손해배상의 담보 청구, 침해 물품 폐기 청구, 손해배상, 명예회복 청구가 있다.

③ 형사 구제로는 고의범에 한하여 처벌하고, 저작재산권 등을 침해한 자는 5년 이하의 징역 또는 5천만 원 이하의 벌금, 출처 명시를 위반한 경우 500만 원 이하의 벌금, 저작인격권을 침해하여 저작자의 명예를 훼손한 자는 3년 이하의 징역 또는 3천만 원 이하의 벌금, 부정발행의 죄[29] 등이 있다.

---

29) 저작자가 아닌 자를 저작자로 하여 공표한 자, 저작자 사망 후 저작물 이용자는 1년 이하의 징역 또는 1천만원 이하의 벌금

직무발명

발명진흥법 제2조의2에서는 '직무발명이란 종업원, 법인의 임원 또는 공무원(이하 "종업원등"이라 한다)이 그 직무에 관하여 발명한 것이 성질상 사용자 · 법인 또는 국가나 지방자치단체(이하 "사용자등"이라 한다)의 업무 범위에 속하고 그 발명을 하게 된 행위가 종업원등의 현재 또는 과거의 직무에 속하는 발명을 말한다'라고 하고 있다.

① 발명자가 종업원 등(법인의 임원, 공무원 포함)일 것
- **종업원 등이란 고용계약에 의해 타인의 사업에 종사하는 자**
- **사용자의 실질적인 지휘감독 하에 있다면 상근, 비상근, 임시고용자를 불문**

② 사용자 등(법인, 국가, 지방자치단체 포함)의 업무 범위에 속할 것
- **사용자의 사업범위로서 사업의 목적을 달성하기 위한 부대사업까지 포함 (국가, 지방자치단체 - 소속된 기관의 직제와 사무분장 규칙에 정해진 범위)**

③ 종업원 등의 현재 또는 과거의 직무에 속할 것
- **직무는 직접 담당하고 있는 일**
- **직무발명은 과거의 직무에 속하는 것도 포함 (퇴직 전에 완성한 발명을 퇴직 후에 출원하는 경우도 해당)**

여기서 발명자에 해당하기 위해서는 발명의 착상과 구체화에 실질적으로 관여한 자를 말하며, 자금 또는 설비를 제공하거나 발명을 지시 또는 위탁하거나 발명의 요구 조건을 제시하거나 발명의 착상에 일반적인 조언 또는 선택 만 한 자는 발명자에 해당하지 않는다.

따라서 종업원은 직무발명을 완성하면 지체 없이 사용자에게 서면으로 알려야 하며,[30] 사용자가 직무발명을 승계하기로 한 경우에는 출원할 때까지 발명의 내용을 비밀로 유지해야 한다.[31] 또한 직무발명을 한 종업원은 기본적으로 특허를 받을 수 있는 권리를 가지고,[32] 사용자에게 이 권리를 승계하거나 전용실시권을 설정한 경우 종업원은 이에 대한 보상을 받을 권리를 가진다.[33]

30) 발명진흥법 제12조(직무발명 완성사실의 통지)
31) 발명진흥법 제19조(비밀유지의 의무)
32) 발명진흥법 제10조(직무발명)
33) 발명진흥법 제15조(직무발명에 대한 보상)

특허법

[시행 2022. 10. 18.][법률 제19007호, 2002. 10. 18. 일부개정]
특허청(특허제도과), 042-481-5397 특허청(특허심사총괄과), 042-481-5395

제1장 총 칙

제1조(목적) 이 법은 발명을 보호·장려하고 그 이용을 도모함으로써 기술의 발전을 촉진하여 산업발전에 이바지함을 목적으로 한다.

제2조(정의) 이 법에서 사용하는 용어의 뜻은 다음과 같다.

1. "발명"이란 자연법칙을 이용한 기술적 사상의 창작으로서 고도(高度)한 것을 말한다.
2. "특허발명"이란 특허를 받은 발명을 말한다.
3. "실시"란 다음 각 목의 구분에 따른 행위를 말한다.
   가. 물건의 발명인 경우: 그 물건을 생산·사용·양도·대여 또는 수입하거나 그 물건의 양도 또는 대여의 청약(양도 또는 대여를 위한 전시를 포함한다. 이하 같다)을 하는 행위
   나. 방법의 발명인 경우: 그 방법을 사용하는 행위 또는 그 방법의 사용을 청약하는 행위
   다. 물건을 생산하는 방법의 발명인 경우: 나목의 행위 외에 그 방법에 의하여 생산한 물건을 사용·양도·대여 또는 수입하거나 그 물건의 양도 또는 대여의 청약을 하는 행위

제3조(미성년자 등의 행위능력) ① 미성년자·피한정후견인 또는 피성년후견인은 법정대리인에 의하지 아니하면 특허에 관한 출원·청구, 그 밖의 절차(이하 "특허에 관한 절차"라 한다)를 밟을 수 없다. 다만, 미성년자와 피한정후견인이 독립하여 법률행위를 할 수 있는 경우에는 그러하지 아니하다.

② 제1항의 법정대리인은 후견감독인의 동의 없이 제132조의2에 따른 특허취소신청(이하 "특허취소신청"이라 한다)이나 상대방이 청구한 심판 또는 재심에 대한 절차를 밟을 수 있다.

제4조(법인이 아닌 사단 등) 법인이 아닌 사단 또는 재단으로서 대표자나 관리인이 정하여져 있는 경우에는 그 사단 또는 재단의 이름으로 출원심사의 청구인, 특허취소신청인, 심판의 청구인·피청구인 또는 재심의 청구인·피청구인이 될 수 있다.

제5조(재외자의 특허관리인) ① 국내에 주소 또는 영업소가 없는 자(이하 "재외자"라 한다)는 재외자(법인의 경우에는 그 대표자)가 국내에 체류하는 경우를 제외하고는 그 재외자의 특허에 관한 대리인으로서 국내에 주소 또는 영업소가 있는 자(이하 "특허관리인"이라 한다)에 의해서만 특허에 관한 절차를 밟거나 이 법 또는 이 법에 따른 명령에 따라 행정청이 한 처분에 대하여 소(訴)를 제기할 수 있다.

② 특허관리인은 위임된 권한의 범위에서 특허에 관한 모든 절차 및 이 법 또는 이 법에 따른 명령에 따라 행정청이 한 처분에 관한 소송에서 본인을 대리한다.

제6조(대리권의 범위) 국내에 주소 또는 영업소가 있는 자로부터 특허에 관한 절차를 밟을

것을 위임받은 대리인은 특별히 권한을 위임받아야만 다음 각 호의 어느 하나에 해당하는 행위를 할 수 있다. 특허관리인의 경우에도 또한 같다.

1. 특허출원의 변경 · 포기 · 취하
2. 특허권의 포기
3. 특허권 존속기간의 연장등록출원의 취하
4. 신청의 취하
5. 청구의 취하
6. 제55조제1항에 따른 우선권 주장 또는 그 취하
7. 제132조의17에 따른 심판청구
8. 복대리인의 선임

제7조(대리권의 증명) 특허에 관한 절차를 밟는 자의 대리인(특허관리인을 포함한다. 이하 같다)의 대리권은 서면으로써 증명하여야 한다.

제7조의2(행위능력 등의 흠에 대한 추인) 행위능력 또는 법정대리권이 없거나 특허에 관한 절차를 밟는 데 필요한 권한의 위임에 흠이 있는 자가 밟은 절차는 보정(補正)된 당사자나 법정대리인이 추인하면 행위를 한 때로 소급하여 그 효력이 발생한다.

제8조(대리권의 불소멸) 특허에 관한 절차를 밟는 자의 위임을 받은 대리인의 대리권은 다음 각 호의 어느 하나에 해당하는 사유가 있어도 소멸하지 아니한다.

1. 본인의 사망이나 행위능력의 상실
2. 본인인 법인의 합병에 의한 소멸
3. 본인인 수탁자(受託者)의 신탁임무 종료
4. 법정대리인의 사망이나 행위능력의 상실
5. 법정대리인의 대리권 소멸이나 변경

제9조(개별대리) 특허에 관한 절차를 밟는 자의 대리인이 2인 이상이면 특허청장 또는 특허심판원장에 대하여 각각의 대리인이 본인을 대리한다.

제10조(대리인의 선임 또는 교체 명령 등) ① 특허청장 또는 제145조제1항에 따라 지정된 심판장(이하 "심판장"이라 한다)은 특허에 관한 절차를 밟는 자가 그 절차를 원활히 수행할 수 없거나 구술심리(口述審理)에서 진술할 능력이 없다고 인정되는 등 그 절차를 밟는 데 적당하지 아니하다고 인정되면 대리인을 선임하여 그 절차를 밟을 것을 명할 수 있다.

② 특허청장 또는 심판장은 특허에 관한 절차를 밟는 자의 대리인이 그 절차를 원활히 수행할 수 없거나 구술심리에서 진술할 능력이 없다고 인정되는 등 그 절차를 밟는 데 적당하지 아니하다고 인정되면 그 대리인을 바꿀 것을 명할 수 있다.

③ 특허청장 또는 심판장은 제1항 및 제2항의 경우에 변리사로 하여금 대리하게 할 것을 명할 수 있다.

④ 특허청장 또는 심판장은 제1항 또는 제2항에 따라 대리인의 선임 또는 교체 명령을 한 경우에는 제1항에 따른 특허에 관한 절차를 밟는 자 또는 제2항에 따른 대리인이 그 전에 특허청장 또는 특허심판원장에 대하여 한 특허에 관한 절차의 전부 또는 일부를 무효로 할 수 있다.

제11조(복수당사자의 대표) ① 2인 이상이 특허에 관한 절차를 밟을 때에는 다음 각 호의 어느 하나에 해당하는 사항을 제외하고는 각자가 모두를 대표한다. 다만, 대표자를 선정하여 특허청장 또는 특허심판원장에게 신고하면 그 대표자만이 모두를 대표할 수 있다.

1. 특허출원의 변경 · 포기 · 취하

2. 특허권 존속기간의 연장등록출원의 취하
3. 신청의 취하
4. 청구의 취하
5. 제55조제1항에 따른 우선권 주장 또는 그 취하
6. 제132조의17에 따른 심판청구

② 제1항 단서에 따라 대표자를 선정하여 신고하는 경우에는 대표자로 선임된 사실을 서면으로 증명하여야 한다.

제12조(「민사소송법」의 준용) 대리인에 관하여는 이 법에 특별한 규정이 있는 경우를 제외하고는 「민사소송법」 제1편제2장제4절을 준용한다.

제13조(재외자의 재판관할) 재외자의 특허권 또는 특허에 관한 권리에 관하여 특허관리인이 있으면 그 특허관리인의 주소 또는 영업소를, 특허관리인이 없으면 특허청 소재지를 「민사소송법」 제11조에 따른 재산이 있는 곳으로 본다.

제14조(기간의 계산) 이 법 또는 이 법에 따른 명령에서 정한 기간의 계산은 다음 각 호에 따른다.

1. 기간의 첫날은 계산에 넣지 아니한다. 다만, 그 기간이 오전 0시부터 시작하는 경우에는 계산에 넣는다.
2. 기간을 월 또는 연(年)으로 정한 경우에는 역(曆)에 따라 계산한다.
3. 월 또는 연의 처음부터 기간을 기산(起算)하지 아니하는 경우에는 마지막의 월 또는 연에서 그 기산일에 해당하는 날의 전날로 기간이 만료한다. 다만, 월 또는 연으로 정한 경우에 마지막 월에 해당하는 날이 없으면 그 월의 마지막 날로 기간이 만료한다.
4. 특허에 관한 절차에서 기간의 마지막 날이 공휴일(「근로자의날제정에관한법률」에 따른 근로자의 날 및 토요일을 포함한다)에 해당하면 기간은 그 다음 날로 만료한다.

제15조(기간의 연장 등) ① 특허청장은 청구에 따라 또는 직권으로 제132조의17에 따른 심판의 청구기간을 30일 이내에서 한 차례만 연장할 수 있다. 다만, 도서 · 벽지 등 교통이 불편한 지역에 있는 자의 경우에는 산업통상자원부령으로 정하는 바에 따라 그 횟수 및 기간을 추가로 연장할 수 있다.

② 특허청장 · 특허심판원장 · 심판장 또는 제57조제1항에 따른 심사관(이하 "심사관"이라 한다)은 이 법에 따라 특허에 관한 절차를 밟을 기간을 정한 경우에는 청구에 따라 그 기간을 단축 또는 연장하거나 직권으로 그 기간을 연장할 수 있다. 이 경우 특허청장 등은 그 절차의 이해관계인의 이익이 부당하게 침해되지 아니하도록 단축 또는 연장 여부를 결정하여야 한다.

③ 심판장은 이 법에 따라 특허에 관한 절차를 밟을 기일을 정한 경우에는 청구에 따라 또는 직권으로 그 기일을 변경할 수 있다.

제16조(절차의 무효) ① 특허청장 또는 특허심판원장은 제46조에 따른 보정명령을 받은 자가 지정된 기간에 그 보정을 하지 아니하면 특허에 관한 절차를 무효로 할 수 있다. 다만, 제82조제2항에 따른 심사청구료를 내지 아니하여 보정명령을 받은 자가 지정된 기간에 그 심사청구료를 내지 아니하면 특허출원서에 첨부한 명세서에 관한 보정을 무효로 할 수 있다.

② 특허청장 또는 특허심판원장은 제1항에 따라 특허에 관한 절차가 무효로 된 경우로서 지정된 기간을 지키지 못한 것이 정당한 사유에 의한 것으로 인정될 때에는 그 사유가 소멸한 날부터 2개월 이내에 보정명령을 받은 자의 청구에 따라 그 무효처분을 취소할 수 있다. 다만, 지정된 기간의 만료일부터 1년이 지났을 때에는 그러하지 아니하다.

③ 특허청장 또는 특허심판원장은 제1항 본문 · 단서에 따른 무효처분 또는 제2항 본문에 따른 무효처분의 취소처분을 할 때에는 그 보정명령을 받은 자에게 처분통지서를 송달하여야 한다.

제17조(절차의 추후보완) 특허에 관한 절차를 밟은 자가 책임질 수 없는 사유로 다음 각 호의 어느 하나에 해당하는 기간을 지키지 못한 경우에는 그 사유가 소멸한 날부터 2개월 이내에 지키지 못한 절차를 추후 보완할 수 있다. 다만, 그 기간의 만료일부터 1년이 지났을 때에는 그러하지 아니하다.

1. 제132조의17에 따른 심판의 청구기간
2. 제180조제1항에 따른 재심의 청구기간

제18조(절차의 효력 승계) 특허권 또는 특허에 관한 권리에 관하여 밟은 절차의 효력은 그 특허권 또는 특허에 관한 권리의 승계인에게 미친다.

제19조(절차의 속행) 특허청장 또는 심판장은 특허에 관한 절차가 특허청 또는 특허심판원에 계속(係屬) 중일 때 특허권 또는 특허에 관한 권리가 이전되면 그 특허권 또는 특허에 관한 권리의 승계인에 대하여 그 절차를 속행(續行)하게 할 수 있다.

제20조(절차의 중단) 특허에 관한 절차가 다음 각 호의 어느 하나에 해당하는 경우에는 특허청 또는 특허심판원에 계속 중인 절차는 중단된다. 다만, 절차를 밟을 것을 위임받은 대리인이 있는 경우에는 그러하지 아니하다.

1. 당사자가 사망한 경우
2. 당사자인 법인이 합병에 따라 소멸한 경우
3. 당사자가 절차를 밟을 능력을 상실한 경우
4. 당사자의 법정대리인이 사망하거나 그 대리권을 상실한 경우
5. 당사자의 신탁에 의한 수탁자의 임무가 끝난 경우
6. 제11조제1항 각 호 외의 부분 단서에 따른 대표자가 사망하거나 그 자격을 상실한 경우
7. 파산관재인 등 일정한 자격에 따라 자기 이름으로 남을 위하여 당사자가 된 자가 그 자격을 잃거나 사망한 경우

제21조(중단된 절차의 수계) 제20조에 따라 특허청 또는 특허심판원에 계속 중인 절차가 중단된 경우에는 다음 각 호의 구분에 따른 자가 그 절차를 수계(受繼)하여야 한다.

1. 제20조제1호의 경우: 사망한 당사자의 상속인 · 상속재산관리인 또는 법률에 따라 절차를 속행할 자. 다만, 상속인은 상속을 포기할 수 있을 때까지 그 절차를 수계하지 못한다.
2. 제20조제2호의 경우: 합병에 따라 설립되거나 합병 후 존속하는 법인
3. 제20조제3호 및 제4호의 경우: 절차를 밟을 능력을 회복한 당사자 또는 법정대리인이 된 자
4. 제20조제5호의 경우: 새로운 수탁자
5. 제20조제6호의 경우: 새로운 대표자 또는 각 당사자
6. 제20조제7호의 경우: 같은 자격을 가진 자

제22조(수계신청) ① 제20조에 따라 중단된 절차에 관한 수계신청은 제21조 각 호의 어느 하나에 해당하는 자가 할 수 있다. 이 경우 그 상대방은 특허청장 또는 제143조에 따른 심판관(이하 "심판관"이라 한다)에게 제21조 각 호의 어느 하나에 해당하는 자에 대하여 수계신청할 것을 명하도록 요청할 수 있다.

② 특허청장 또는 심판장은 제20조에 따라 중단된 절차에 관한 수계신청이 있으면 그 사실을 상대방에게 알려야 한다.

③ 특허청장 또는 심판관은 제20조에 따라 중단된 절차에 관한 수계신청에 대하여 직권으로 조사하여 이유 없다고 인정하면 결정으로 기각하여야 한다.
④ 특허청장 또는 심판관은 결정 또는 심결의 등본을 송달한 후에 중단된 절차에 관한 수계신청에 대해서는 수계하게 할 것인지를 결정하여야 한다.
⑤ 특허청장 또는 심판관은 제21조 각 호의 어느 하나에 해당하는 자가 중단된 절차를 수계하지 아니하면 직권으로 기간을 정하여 수계를 명하여야 한다.
⑥ 제5항에 따른 기간에 수계가 없는 경우에는 그 기간이 끝나는 날의 다음 날에 수계가 있는 것으로 본다.
⑦ 특허청장 또는 심판장은 제6항에 따라 수계가 있는 것으로 본 경우에는 그 사실을 당사자에게 알려야 한다.

제23조(절차의 중지) ① 특허청장 또는 심판관이 천재지변이나 그 밖의 불가피한 사유로 그 직무를 수행할 수 없을 때에는 특허청 또는 특허심판원에 계속 중인 절차는 그 사유가 없어질 때까지 중지된다.
② 당사자에게 일정하지 아니한 기간 동안 특허청 또는 특허심판원에 계속 중인 절차를 속행할 수 없는 장애사유가 생긴 경우에는 특허청장 또는 심판관은 결정으로 장애사유가 해소될 때까지 그 절차의 중지를 명할 수 있다.
③ 특허청장 또는 심판관은 제2항에 따른 결정을 취소할 수 있다.
④ 제1항 또는 제2항에 따른 중지나 제3항에 따른 취소를 하였을 때에는 특허청장 또는 심판장은 그 사실을 각각 당사자에게 알려야 한다.

제24조(중단 또는 중지의 효과) 특허에 관한 절차가 중단되거나 중지된 경우에는 그 기간의 진행은 정지되고, 그 절차의 수계통지를 하거나 그 절차를 속행하였을 때부터 다시 모든 기간이 진행된다.

제25조(외국인의 권리능력) 재외자 중 외국인은 다음 각 호의 어느 하나에 해당하는 경우를 제외하고는 특허권 또는 특허에 관한 권리를 누릴 수 없다.
1. 그 외국인이 속하는 국가에서 대한민국 국민에 대하여 그 국가의 국민과 같은 조건으로 특허권 또는 특허에 관한 권리를 인정하는 경우
2. 대한민국이 그 외국인에 대하여 특허권 또는 특허에 관한 권리를 인정하는 경우에는 그 외국인이 속하는 국가에서 대한민국 국민에 대하여 그 국가의 국민과 같은 조건으로 특허권 또는 특허에 관한 권리를 인정하는 경우
3. 조약 또는 이에 준하는 것(이하 "조약"이라 한다)에 따라 특허권 또는 특허에 관한 권리가 인정되는 경우

제26조 삭제

제27조 삭제

제28조(서류제출의 효력발생시기) ① 이 법 또는 이 법에 따른 명령에 따라 특허청장 또는 특허심판원장에게 제출하는 출원서, 청구서, 그 밖의 서류(물건을 포함한다. 이하 이 조에서 같다)는 특허청장 또는 특허심판원장에게 도달한 날부터 제출의 효력이 발생한다.
② 제1항의 출원서, 청구서, 그 밖의 서류를 우편으로 특허청장 또는 특허심판원장에게 제출하는 경우에는 다음 각 호의 구분에 따른 날에 특허청장 또는 특허심판원장에게 도달한 것으로 본다. 다만, 특허권 및 특허에 관한 권리의 등록신청서류와 「특허협력조약」 제2조(vii)에 따른 국제출원(이하 "국제출원"이라 한다)에 관한 서류를 우편으로 제출하는 경우에는 그 서류가 특허청장 또는 특허심판원장에게 도달한 날부터 효력이 발생한다.

1. 우편물의 통신일부인(通信日附印)에 표시된 날이 분명한 경우: 표시된 날
2. 우편물의 통신일부인에 표시된 날이 분명하지 아니한 경우: 우체국에 제출한 날을 우편물 수령증에 의하여 증명한 날

③ 삭제

④ 제1항 및 제2항에서 규정한 사항 외에 우편물의 지연, 우편물의 망실(亡失) 및 우편업무의 중단으로 인한 서류제출에 필요한 사항은 산업통상자원부령으로 정한다.

제28조의2(고유번호의 기재) ① 특허에 관한 절차를 밟는 자 중 산업통상자원부령으로 정하는 자는 특허청장 또는 특허심판원장에게 자신의 고유번호의 부여를 신청하여야 한다.

② 특허청장 또는 특허심판원장은 제1항에 따른 신청을 받으면 신청인에게 고유번호를 부여하고, 그 사실을 알려야 한다.

③ 특허청장 또는 특허심판원장은 특허에 관한 절차를 밟는 자가 제1항에 따라 고유번호를 신청하지 아니하면 그에게 직권으로 고유번호를 부여하고, 그 사실을 알려야 한다.

④ 제2항 또는 제3항에 따라 고유번호를 부여받은 자가 특허에 관한 절차를 밟는 경우에는 산업통상자원부령으로 정하는 서류에 자신의 고유번호를 적어야 한다. 이 경우 이 법 또는 이 법에 따른 명령에도 불구하고 그 서류에 주소(법인인 경우에는 영업소의 소재지를 말한다)를 적지 아니할 수 있다.

⑤ 특허에 관한 절차를 밟는 자의 대리인에 관하여는 제1항부터 제4항까지의 규정을 준용한다.

⑥ 고유번호의 부여 신청, 고유번호의 부여 및 통지, 그 밖에 고유번호에 관하여 필요한 사항은 산업통상자원부령으로 정한다.

제28조의3(전자문서에 의한 특허에 관한 절차의 수행) ① 특허에 관한 절차를 밟는 자는 이 법에 따라 특허청장 또는 특허심판원장에게 제출하는 특허출원서, 그 밖의 서류를 산업통상자원부령으로 정하는 방식에 따라 전자문서화하고, 이를 정보통신망을 이용하여 제출하거나 이동식 저장장치 등 전자적 기록매체에 수록하여 제출할 수 있다.

② 제1항에 따라 제출된 전자문서는 이 법에 따라 제출된 서류와 같은 효력을 가진다.

③ 제1항에 따라 정보통신망을 이용하여 제출된 전자문서는 그 문서의 제출인이 정보통신망을 통하여 접수번호를 확인할 수 있는 때에 특허청 또는 특허심판원에서 사용하는 접수용 전산정보처리조직의 파일에 기록된 내용으로 접수된 것으로 본다.

④ 제1항에 따라 전자문서로 제출할 수 있는 서류의 종류 · 제출방법, 그 밖에 전자문서에 의한 서류의 제출에 필요한 사항은 산업통상자원부령으로 정한다.

제28조의4(전자문서 이용신고 및 전자서명) ① 전자문서로 특허에 관한 절차를 밟으려는 자는 미리 특허청장 또는 특허심판원장에게 전자문서 이용신고를 하여야 하며, 특허청장 또는 특허심판원장에게 제출하는 전자문서에 제출인을 알아볼 수 있도록 전자서명을 하여야 한다.

② 제28조의3에 따라 제출된 전자문서는 제1항에 따른 전자서명을 한 자가 제출한 것으로 본다.

③ 제1항에 따른 전자문서 이용신고 절차, 전자서명 방법 등에 관하여 필요한 사항은 산업통상자원부령으로 정한다.

제28조의5(정보통신망을 이용한 통지 등의 수행) ① 특허청장 · 특허심판원장 · 심판장 · 심판관 또는 심사관은 제28조의4제1항에 따라 전자문서 이용신고를 한 자에게 서류의 통지 및 송달(이하 "통지등"이라 한다)을 하려는 경우에는 정보통신망을 이용하여 통지등을 할 수

있다.

② 제1항에 따라 정보통신망을 이용하여 한 서류의 통지등은 서면으로 한 것과 같은 효력을 가진다.

③ 제1항에 따른 서류의 통지등은 그 통지등을 받을 자가 자신이 사용하는 전산정보처리조직을 통하여 그 서류를 확인한 때에 특허청 또는 특허심판원에서 사용하는 발송용 전산정보처리조직의 파일에 기록된 내용으로 도달한 것으로 본다.

④ 제1항에 따라 정보통신망을 이용하여 하는 통지등의 종류 · 방법 등에 관하여 필요한 사항은 산업통상자원부령으로 정한다.

제2장 특허요건 및 특허출원

제29조(특허요건) ① 산업상 이용할 수 있는 발명으로서 다음 각 호의 어느 하나에 해당하는 것을 제외하고는 그 발명에 대하여 특허를 받을 수 있다.

1. 특허출원 전에 국내 또는 국외에서 공지(公知)되었거나 공연(公然)히 실시된 발명
2. 특허출원 전에 국내 또는 국외에서 반포된 간행물에 게재되었거나 전기통신회선을 통하여 공중(公衆)이 이용할 수 있는 발명

② 특허출원 전에 그 발명이 속하는 기술분야에서 통상의 지식을 가진 사람이 제1항 각 호의 어느 하나에 해당하는 발명에 의하여 쉽게 발명할 수 있으면 그 발명에 대해서는 제1항에도 불구하고 특허를 받을 수 없다.

③ 특허출원한 발명이 다음 각 호의 요건을 모두 갖춘 다른 특허출원의 출원서에 최초로 첨부된 명세서 또는 도면에 기재된 발명과 동일한 경우에 그 발명은 제1항에도 불구하고 특허를 받을 수 없다. 다만, 그 특허출원의 발명자와 다른 특허출원의 발명자가 같거나 그 특허출원을 출원한 때의 출원인과 다른 특허출원의 출원인이 같은 경우에는 그러하지 아니하다.

1. 그 특허출원일 전에 출원된 특허출원일 것
2. 그 특허출원 후 제64조에 따라 출원공개되거나 제87조제3항에 따라 등록공고된 특허출원일 것

④ 특허출원한 발명이 다음 각 호의 요건을 모두 갖춘 실용신안등록출원의 출원서에 최초로 첨부된 명세서 또는 도면에 기재된 고안(考案)과 동일한 경우에 그 발명은 제1항에도 불구하고 특허를 받을 수 없다. 다만, 그 특허출원의 발명자와 실용신안등록출원의 고안자가 같거나 그 특허출원을 출원한 때의 출원인과 실용신안등록출원의 출원인이 같은 경우에는 그러하지 아니하다.

1. 그 특허출원일 전에 출원된 실용신안등록출원일 것
2. 그 특허출원 후 「실용신안법」 제15조에 따라 준용되는 이 법 제64조에 따라 출원공개되거나 「실용신안법」 제21조제3항에 따라 등록공고된 실용신안등록출원일 것

⑤ 제3항을 적용할 때 다른 특허출원이 제199조제2항에 따른 국제특허출원(제214조제4항에 따라 특허출원으로 보는 국제출원을 포함한다)인 경우 제3항 본문 중 "출원서에 최초로 첨부된 명세서 또는 도면"은 "국제출원일까지 제출한 발명의 설명, 청구범위 또는 도면"으로, 같은 항 제2호 중 "출원공개"는 "출원공개 또는 「특허협력조약」 제21조에 따라 국제공개"로 본다.

⑥ 제4항을 적용할 때 실용신안등록출원이 「실용신안법」 제34조제2항에 따른 국제실용신안등록출원(같은 법 제40조제4항에 따라 실용신안등록출원으로 보는 국제출원을 포함한다)인 경우 제4항 본문 중 "출원서에 최초로 첨부된 명세서 또는 도면"은 "국제출원일까지 제출한 고안의 설명, 청구범위 또는 도면"으로, 같은 항 제2호 중 "출원공개"는 "출원공개 또는 「특허협력조약」 제21조에 따라 국제공개"로 본다.

⑦ 제3항 또는 제4항을 적용할 때 제201조제4항에 따라 취하한 것으로 보는 국제특허출원 또는 「실용신안법」 제35조제4항에 따라 취하한 것으로 보는 국제실용신안등록출원은 다른 특허출원 또는 실용신안등록출원으로 보지 아니한다.

제30조(공지 등이 되지 아니한 발명으로 보는 경우) ① 특허를 받을 수 있는 권리를 가진 자의 발명이 다음 각 호의 어느 하나에 해당하게 된 경우 그 날부터 12개월 이내에 특허출원을 하면 그 특허출원된 발명에 대하여 제29조제1항 또는 제2항을 적용할 때에는 그 발명은 같은 조 제1항 각 호의 어느 하나에 해당하지 아니한 것으로 본다.

1. 특허를 받을 수 있는 권리를 가진 자에 의하여 그 발명이 제29조제1항 각 호의 어느 하나에 해당하게 된 경우. 다만, 조약 또는 법률에 따라 국내 또는 국외에서 출원공개되거나 등록공고된 경우는 제외한다.
2. 특허를 받을 수 있는 권리를 가진 자의 의사에 반하여 그 발명이 제29조제1항 각 호의 어느 하나에 해당하게 된 경우

② 제1항제1호를 적용받으려는 자는 특허출원서에 그 취지를 적어 출원하여야 하고, 이를 증명할 수 있는 서류를 산업통상자원부령으로 정하는 방법에 따라 특허출원일부터 30일 이내에 특허청장에게 제출하여야 한다.

③ 제2항에도 불구하고 산업통상자원부령으로 정하는 보완수수료를 납부한 경우에는 다음 각 호의 어느 하나에 해당하는 기간에 제1항제1호를 적용받으려는 취지를 적은 서류 또는 이를 증명할 수 있는 서류를 제출할 수 있다.

1. 제47조제1항에 따라 보정할 수 있는 기간
2. 제66조에 따른 특허결정 또는 제176조제1항에 따른 특허거절결정 취소심결(특허등록을 결정한 심결에 한정하되, 재심심결을 포함한다)의 등본을 송달받은 날부터 3개월 이내의 기간. 다만, 제79조에 따른 설정등록을 받으려는 날이 3개월보다 짧은 경우에는 그 날까지의 기간

제31조 삭제

제32조(특허를 받을 수 없는 발명) 공공의 질서 또는 선량한 풍속에 어긋나거나 공중의 위생을 해칠 우려가 있는 발명에 대해서는 제29조제1항에도 불구하고 특허를 받을 수 없다.

제33조(특허를 받을 수 있는 자) ① 발명을 한 사람 또는 그 승계인은 이 법에서 정하는 바에 따라 특허를 받을 수 있는 권리를 가진다. 다만, 특허청 직원 및 특허심판원 직원은 상속이나 유증(遺贈)의 경우를 제외하고는 재직 중 특허를 받을 수 없다.

② 2명 이상이 공동으로 발명한 경우에는 특허를 받을 수 있는 권리를 공유한다.

제34조(무권리자의 특허출원과 정당한 권리자의 보호) 발명자가 아닌 자로서 특허를 받을 수 있는 권리의 승계인이 아닌 자(이하 "무권리자"라 한다)가 한 특허출원이 제33조제1항 본문에 따른 특허를 받을 수 있는 권리를 가지지 아니한 사유로 제62조제2호에 해당하여 특허를 받지 못하게 된 경우에는 그 무권리자의 특허출원 후에 한 정당한 권리자의 특허출원은 무권리자가 특허출원한 때에 특허출원한 것으로 본다. 다만, 무권리자가 특허를 받지 못하게 된 날부터 30일이 지난 후에 정당한 권리자가 특허출원을 한 경우에는 그러하지 아

니하다.

제35조(무권리자의 특허와 정당한 권리자의 보호) 제33조제1항 본문에 따른 특허를 받을 수 있는 권리를 가지지 아니한 사유로 제133조제1항제2호에 해당하여 특허를 무효로 한다는 심결이 확정된 경우에는 그 무권리자의 특허출원 후에 한 정당한 권리자의 특허출원은 무효로 된 그 특허의 출원 시에 특허출원한 것으로 본다. 다만, 심결이 확정된 날부터 30일이 지난 후에 정당한 권리자가 특허출원을 한 경우에는 그러하지 아니하다. 〈개정 2016. 2. 29.〉

제36조(선출원) ① 동일한 발명에 대하여 다른 날에 둘 이상의 특허출원이 있는 경우에는 먼저 특허출원한 자만이 그 발명에 대하여 특허를 받을 수 있다.

② 동일한 발명에 대하여 같은 날에 둘 이상의 특허출원이 있는 경우에는 특허출원인 간에 협의하여 정한 하나의 특허출원인만이 그 발명에 대하여 특허를 받을 수 있다. 다만, 협의가 성립하지 아니하거나 협의를 할 수 없는 경우에는 어느 특허출원인도 그 발명에 대하여 특허를 받을 수 없다.

③ 특허출원된 발명과 실용신안등록출원된 고안이 동일한 경우 그 특허출원과 실용신안등록출원이 다른 날에 출원된 것이면 제1항을 준용하고, 그 특허출원과 실용신안등록출원이 같은 날에 출원된 것이면 제2항을 준용한다.

④ 특허출원 또는 실용신안등록출원이 다음 각 호의 어느 하나에 해당하는 경우 그 특허출원 또는 실용신안등록출원은 제1항부터 제3항까지의 규정을 적용할 때에는 처음부터 없었던 것으로 본다. 다만, 제2항 단서(제3항에 따라 준용되는 경우를 포함한다)에 해당하여 그 특허출원 또는 실용신안등록출원에 대하여 거절결정이나 거절한다는 취지의 심결이 확정된 경우에는 그러하지 아니하다.

1. 포기, 무효 또는 취하된 경우
2. 거절결정이나 거절한다는 취지의 심결이 확정된 경우

⑤ 발명자 또는 고안자가 아닌 자로서 특허를 받을 수 있는 권리 또는 실용신안등록을 받을 수 있는 권리의 승계인이 아닌 자가 한 특허출원 또는 실용신안등록출원은 제1항부터 제3항까지의 규정을 적용할 때에는 처음부터 없었던 것으로 본다.

⑥ 특허청장은 제2항의 경우에 특허출원인에게 기간을 정하여 협의의 결과를 신고할 것을 명하고, 그 기간에 신고가 없으면 제2항에 따른 협의는 성립되지 아니한 것으로 본다.

제37조(특허를 받을 수 있는 권리의 이전 등) ① 특허를 받을 수 있는 권리는 이전할 수 있다.

② 특허를 받을 수 있는 권리는 질권의 목적으로 할 수 없다.

③ 특허를 받을 수 있는 권리가 공유인 경우에는 각 공유자는 다른 공유자 모두의 동의를 받아야만 그 지분을 양도할 수 있다.

제38조(특허를 받을 수 있는 권리의 승계) ① 특허출원 전에 이루어진 특허를 받을 수 있는 권리의 승계는 그 승계인이 특허출원을 하여야 제3자에게 대항할 수 있다.

② 동일한 자로부터 동일한 특허를 받을 수 있는 권리를 승계한 자가 둘 이상인 경우 그 승계한 권리에 대하여 같은 날에 둘 이상의 특허출원이 있으면 특허출원인 간에 협의하여 정한 자에게만 승계의 효력이 발생한다.

③ 동일한 자로부터 동일한 발명 및 고안에 대한 특허를 받을 수 있는 권리 및 실용신안등록을 받을 수 있는 권리를 승계한 자가 둘 이상인 경우 그 승계한 권리에 대하여 같은 날에 특허출원 및 실용신안등록출원이 있으면 특허출원인 및 실용신안등록출원인 간에 협의하여 정한 자에게만 승계의 효력이 발생한다.

④ 특허출원 후에는 특허를 받을 수 있는 권리의 승계는 상속, 그 밖의 일반승계의 경우를 제외하고는 특허출원인변경신고를 하여야만 그 효력이 발생한다.
⑤ 특허를 받을 수 있는 권리의 상속, 그 밖의 일반승계가 있는 경우에는 승계인은 지체 없이 그 취지를 특허청장에게 신고하여야 한다.
⑥ 동일한 자로부터 동일한 특허를 받을 수 있는 권리를 승계한 자가 둘 이상인 경우 그 승계한 권리에 대하여 같은 날에 둘 이상의 특허출원인변경신고가 있으면 신고를 한 자 간에 협의하여 정한 자에게만 신고의 효력이 발생한다.
⑦ 제2항 · 제3항 또는 제6항의 경우에는 제36조제6항을 준용한다.

제39조 삭제

제40조 삭제

제41조(국방상 필요한 발명 등) ① 정부는 국방상 필요한 경우 외국에 특허출원하는 것을 금지하거나 발명자 · 출원인 및 대리인에게 그 특허출원의 발명을 비밀로 취급하도록 명할 수 있다. 다만, 정부의 허가를 받은 경우에는 외국에 특허출원을 할 수 있다.
② 정부는 특허출원된 발명이 국방상 필요한 경우에는 특허를 하지 아니할 수 있으며, 전시 · 사변 또는 이에 준하는 비상시에 국방상 필요한 경우에는 특허를 받을 수 있는 권리를 수용할 수 있다.
③ 제1항에 따른 외국에의 특허출원 금지 또는 비밀취급에 따른 손실에 대해서는 정부는 정당한 보상금을 지급하여야 한다.
④ 제2항에 따라 특허하지 아니하거나 수용한 경우에는 정부는 정당한 보상금을 지급하여야 한다.
⑤ 제1항에 따른 외국에의 특허출원 금지 또는 비밀취급명령을 위반한 경우에는 그 발명에 대하여 특허를 받을 수 있는 권리를 포기한 것으로 본다.
⑥ 제1항에 따른 외국에의 특허출원 금지 또는 비밀취급명령을 위반한 경우에는 외국에의 특허출원 금지 또는 비밀취급에 따른 손실보상금의 청구권을 포기한 것으로 본다.
⑦ 제1항에 따른 외국에의 특허출원 금지 및 비밀취급의 절차, 제2항부터 제4항까지의 규정에 따른 수용, 보상금 지급의 절차, 그 밖에 필요한 사항은 대통령령으로 정한다.

제42조(특허출원) ① 특허를 받으려는 자는 다음 각 호의 사항을 적은 특허출원서를 특허청장에게 제출하여야 한다.
1. 특허출원인의 성명 및 주소(법인인 경우에는 그 명칭 및 영업소의 소재지)
2. 특허출원인의 대리인이 있는 경우에는 그 대리인의 성명 및 주소나 영업소의 소재지[대리인이 특허법인 · 특허법인(유한)인 경우에는 그 명칭, 사무소의 소재지 및 지정된 변리사의 성명]
3. 발명의 명칭
4. 발명자의 성명 및 주소

② 제1항에 따른 특허출원서에는 발명의 설명 · 청구범위를 적은 명세서와 필요한 도면 및 요약서를 첨부하여야 한다.
③ 제2항에 따른 발명의 설명은 다음 각 호의 요건을 모두 충족하여야 한다.
1. 그 발명이 속하는 기술분야에서 통상의 지식을 가진 사람이 그 발명을 쉽게 실시할 수 있도록 명확하고 상세하게 적을 것
2. 그 발명의 배경이 되는 기술을 적을 것

④ 제2항에 따른 청구범위에는 보호받으려는 사항을 적은 항(이하 "청구항"이라 한다)이

하나 이상 있어야 하며, 그 청구항은 다음 각 호의 요건을 모두 충족하여야 한다.

1. 발명의 설명에 의하여 뒷받침될 것
2. 발명이 명확하고 간결하게 적혀 있을 것

⑤ 삭제

⑥ 제2항에 따른 청구범위에는 보호받으려는 사항을 명확히 할 수 있도록 발명을 특정하는 데 필요하다고 인정되는 구조 · 방법 · 기능 · 물질 또는 이들의 결합관계 등을 적어야 한다.

⑦ 삭제

⑧ 제2항에 따른 청구범위의 기재방법에 관하여 필요한 사항은 대통령령으로 정한다.

⑨ 제2항에 따른 발명의 설명, 도면 및 요약서의 기재방법 등에 관하여 필요한 사항은 산업통상자원부령으로 정한다.

제42조의2(특허출원일 등) ① 특허출원일은 명세서 및 필요한 도면을 첨부한 특허출원서가 특허청장에게 도달한 날로 한다. 이 경우 명세서에 청구범위는 적지 아니할 수 있으나, 발명의 설명은 적어야 한다.

② 특허출원인은 제1항 후단에 따라 특허출원서에 최초로 첨부한 명세서에 청구범위를 적지 아니한 경우에는 제64조제1항 각 호의 구분에 따른 날부터 1년 2개월이 되는 날까지 명세서에 청구범위를 적는 보정을 하여야 한다. 다만, 본문에 따른 기한 이전에 제60조제3항에 따른 출원심사 청구의 취지를 통지받은 경우에는 그 통지를 받은 날부터 3개월이 되는 날 또는 제64조제1항 각 호의 구분에 따른 날부터 1년 2개월이 되는 날 중 빠른 날까지 보정을 하여야 한다.

③ 특허출원인이 제2항에 따른 보정을 하지 아니한 경우에는 제2항에 따른 기한이 되는 날의 다음 날에 해당 특허출원을 취하한 것으로 본다.

제42조의3(외국어특허출원 등) ① 특허출원인이 명세서 및 도면(도면 중 설명부분에 한정한다. 이하 제2항 및 제5항에서 같다)을 국어가 아닌 산업통상자원부령으로 정하는 언어로 적겠다는 취지를 특허출원을 할 때 특허출원서에 적은 경우에는 그 언어로 적을 수 있다.

② 특허출원인이 특허출원서에 최초로 첨부한 명세서 및 도면을 제1항에 따른 언어로 적은 특허출원(이하 "외국어특허출원"이라 한다)을 한 경우에는 제64조제1항 각 호의 구분에 따른 날부터 1년 2개월이 되는 날까지 그 명세서 및 도면의 국어번역문을 산업통상자원부령으로 정하는 방법에 따라 제출하여야 한다. 다만, 본문에 따른 기한 이전에 제60조제3항에 따른 출원심사 청구의 취지를 통지받은 경우에는 그 통지를 받은 날부터 3개월이 되는 날 또는 제64조제1항 각 호의 구분에 따른 날부터 1년 2개월이 되는 날 중 빠른 날까지 제출하여야 한다.

③ 제2항에 따라 국어번역문을 제출한 특허출원인은 제2항에 따른 기한 이전에 그 국어번역문을 갈음하여 새로운 국어번역문을 제출할 수 있다. 다만, 다음 각 호의 어느 하나에 해당하는 경우에는 그러하지 아니하다.

1. 명세서 또는 도면을 보정(제5항에 따라 보정한 것으로 보는 경우는 제외한다)한 경우
2. 특허출원인이 출원심사의 청구를 한 경우

④ 특허출원인이 제2항에 따른 명세서의 국어번역문을 제출하지 아니한 경우에는 제2항에 따른 기한이 되는 날의 다음 날에 해당 특허출원을 취하한 것으로 본다.

⑤ 특허출원인이 제2항에 따른 국어번역문 또는 제3항 본문에 따른 새로운 국어번역문을 제출한 경우에는 외국어특허출원의 특허출원서에 최초로 첨부한 명세서 및 도면을 그 국어번역문에 따라 보정한 것으로 본다. 다만, 제3항 본문에 따라 새로운 국어번역문을 제출한

경우에는 마지막 국어번역문(이하 이 조 및 제47조제2항 후단에서 "최종 국어번역문"이라 한다) 전에 제출한 국어번역문에 따라 보정한 것으로 보는 모든 보정은 처음부터 없었던 것으로 본다.

⑥ 특허출원인은 제47조제1항에 따라 보정을 할 수 있는 기간에 최종 국어번역문의 잘못된 번역을 산업통상자원부령으로 정하는 방법에 따라 정정할 수 있다. 이 경우 정정된 국어번역문에 관하여는 제5항을 적용하지 아니한다.

⑦ 제6항 전단에 따라 제47조제1항제1호 또는 제2호에 따른 기간에 정정을 하는 경우에는 마지막 정정 전에 한 모든 정정은 처음부터 없었던 것으로 본다.

제43조(요약서) 제42조제2항에 따른 요약서는 기술정보로서의 용도로 사용하여야 하며, 특허발명의 보호범위를 정하는 데에는 사용할 수 없다.

제44조(공동출원) 특허를 받을 수 있는 권리가 공유인 경우에는 공유자 모두가 공동으로 특허출원을 하여야 한다.

제45조(하나의 특허출원의 범위) ① 특허출원은 하나의 발명마다 하나의 특허출원으로 한다. 다만, 하나의 총괄적 발명의 개념을 형성하는 일 군(群)의 발명에 대하여 하나의 특허출원으로 할 수 있다.

② 제1항 단서에 따라 일 군의 발명에 대하여 하나의 특허출원으로 할 수 있는 요건은 대통령령으로 정한다.

제46조(절차의 보정) 특허청장 또는 특허심판원장은 특허에 관한 절차가 다음 각 호의 어느 하나에 해당하는 경우에는 기간을 정하여 보정을 명하여야 한다. 이 경우 보정명령을 받은 자는 그 기간에 그 보정명령에 대한 의견서를 특허청장 또는 특허심판원장에게 제출할 수 있다.

1. 제3조제1항 또는 제6조를 위반한 경우
2. 이 법 또는 이 법에 따른 명령으로 정하는 방식을 위반한 경우
3. 제82조에 따라 내야 할 수수료를 내지 아니한 경우

제47조(특허출원의 보정) ① 특허출원인은 제66조에 따른 특허결정의 등본을 송달하기 전까지 특허출원서에 첨부한 명세서 또는 도면을 보정할 수 있다. 다만, 제63조제1항에 따른 거절이유통지(이하 "거절이유통지"라 한다)를 받은 후에는 다음 각 호의 구분에 따른 기간(제3호의 경우에는 그 때)에만 보정할 수 있다.

1. 거절이유통지(거절이유통지에 대한 보정에 따라 발생한 거절이유에 대한 거절이유통지는 제외한다)를 최초로 받거나 제2호의 거절이유통지가 아닌 거절이유통지를 받은 경우: 해당 거절이유통지에 따른 의견서 제출기간
2. 거절이유통지(제66조의3제2항에 따른 통지를 한 경우에는 그 통지 전의 거절이유통지는 제외한다)에 대한 보정에 따라 발생한 거절이유에 대하여 거절이유통지를 받은 경우: 해당 거절이유통지에 따른 의견서 제출기간
3. 제67조의2에 따른 재심사를 청구하는 경우: 청구할 때

② 제1항에 따른 명세서 또는 도면의 보정은 특허출원서에 최초로 첨부한 명세서 또는 도면에 기재된 사항의 범위에서 하여야 한다. 이 경우, 외국어특허출원에 대한 보정은 최종 국어번역문(제42조의3제6항 전단에 따른 정정이 있는 경우에는 정정된 국어번역문을 말한다) 또는 특허출원서에 최초로 첨부한 도면(도면 중 설명부분은 제외한다)에 기재된 사항의 범위에서도 하여야 한다.

③ 제1항제2호 및 제3호에 따른 보정 중 청구범위에 대한 보정은 다음 각 호의 어느 하나

에 해당하는 경우에만 할 수 있다.

1. 청구항을 한정 또는 삭제하거나 청구항에 부가하여 청구범위를 감축하는 경우
2. 잘못 기재된 사항을 정정하는 경우
3. 분명하지 아니하게 기재된 사항을 명확하게 하는 경우
4. 제2항에 따른 범위를 벗어난 보정에 대하여 그 보정 전 청구범위로 되돌아가거나 되돌아가면서 청구범위를 제1호부터 제3호까지의 규정에 따라 보정하는 경우

④ 제1항제1호 또는 제2호에 따른 기간에 보정을 하는 경우에는 각각의 보정절차에서 마지막 보정 전에 한 모든 보정은 취하된 것으로 본다.

⑤ 외국어특허출원인 경우에는 제1항 본문에도 불구하고 제42조의3제2항에 따라

제48조 삭제

제49조 삭제

제50조 삭제

제51조(보정각하) ① 심사관은 제47조제1항제2호 및 제3호에 따른 보정이 같은 조 제2항 또는 제3항을 위반하거나 그 보정(같은 조 제3항제1호 및 제4호에 따른 보정 중 청구항을 삭제하는 보정은 제외한다)에 따라 새로운 거절이유가 발생한 것으로 인정하면 결정으로 그 보정을 각하하여야 한다. 다만, 다음 각 호의 어느 하나에 해당하는 보정인 경우에는 그러하지 아니하다.

1. 제66조의2에 따른 직권보정을 하는 경우: 그 직권보정 전에 한 보정
2. 제66조의3에 따른 직권 재심사를 하는 경우: 취소된 특허결정 전에 한 보정
3. 제67조의2에 따른 재심사의 청구가 있는 경우: 그 청구 전에 한 보정

② 제1항에 따른 각하결정은 서면으로 하여야 하며, 그 이유를 붙여야 한다.

③ 제1항에 따른 각하결정에 대해서는 불복할 수 없다. 다만, 제132조의17에 따른 특허거절결정에 대한 심판에서 그 각하결정(제66조의3에 따른 직권 재심사를 하는 경우 취소된 특허결정 전에 한 각하결정과 제67조의2에 따른 재심사의 청구가 있는 경우 그 청구 전에 한 각하결정은 제외한다)에 대하여 다투는 경우에는 그러하지 아니하다.

제52조(분할출원) ① 특허출원인은 둘 이상의 발명을 하나의 특허출원으로 한 경우에는 그 특허출원의 출원서에 최초로 첨부된 명세서 또는 도면에 기재된 사항의 범위에서 다음 각 호의 어느 하나에 해당하는 기간에 그 일부를 하나 이상의 특허출원으로 분할할 수 있다. 다만, 그 특허출원이 외국어특허출원인 경우에는 그 특허출원에 대한 제42조의3제2항에 따른 국어번역문이 제출된 경우에만 분할할 수 있다.

1. 제47조제1항에 따라 보정을 할 수 있는 기간
2. 특허거절결정등본을 송달받은 날부터 3개월(제15조제1항에 따라 제132조의17에 따른 기간이 연장된 경우 그 연장된 기간을 말한다) 이내의 기간
3. 제66조에 따른 특허결정 또는 제176조제1항에 따른 특허거절결정 취소심결(특허등록을 결정한 심결에 한정하되, 재심심결을 포함한다)의 등본을 송달받은 날부터 3개월 이내의 기간. 다만, 제79조에 따른 설정등록을 받으려는 날이 3개월보다 짧은 경우에는 그 날까지의 기간

② 제1항에 따라 분할된 특허출원(이하 "분할출원"이라 한다)이 있는 경우 그 분할출원은 특허출원한 때에 출원한 것으로 본다. 다만, 그 분할출원에 대하여 다음 각 호의 규정을 적용할 경우에는 해당 분할출원을 한 때에 출원한 것으로 본다.

1. 분할출원이 제29조제3항에 따른 다른 특허출원 또는 「실용신안법」 제4조제4항에 따른 특

허출원에 해당하여 이 법 제29조제3항 또는 「실용신안법」 제4조제4항을 적용하는 경우
2. 제30조제2항을 적용하는 경우
3. 제54조제3항을 적용하는 경우
4. 제55조제2항을 적용하는 경우

③ 제1항에 따라 분할출원을 하려는 자는 분할출원을 할 때에 특허출원서에 그 취지 및 분할의 기초가 된 특허출원의 표시를 하여야 한다.

④ 분할의 기초가 된 특허출원이 제54조 또는 제55조에 따라 우선권을 주장한 특허출원인 경우에는 제1항에 따라 분할출원을 한 때에 그 분할출원에 대해서도 우선권 주장을 한 것으로 보며, 분할의 기초가 된 특허출원에 대하여 제54조제4항에 따라 제출된 서류 또는 서면이 있는 경우에는 분할출원에 대해서도 해당 서류 또는 서면이 제출된 것으로 본다.

⑤ 제4항에 따라 우선권을 주장한 것으로 보는 분할출원에 관하여는 제54조제7항 또는 제55조제7항에 따른 기한이 지난 후에도 분할출원을 한 날부터 30일 이내에 그 우선권 주장의 전부 또는 일부를 취하할 수 있다.

⑥ 분할출원의 경우에 제54조에 따른 우선권을 주장하는 자는 같은 조 제4항에 따른 서류를 같은 조 제5항에 따른 기간이 지난 후에도 분할출원을 한 날부터 3개월 이내에 특허청장에게 제출할 수 있다.

⑦ 분할출원이 외국어특허출원인 경우에는 특허출원인은 제42조의3제2항에 따른 국어번역문 또는 같은 조 제3항 본문에 따른 새로운 국어번역문을 같은 조 제2항에 따른 기한이 지난 후에도 분할출원을 한 날부터 30일이 되는 날까지는 제출할 수 있다. 다만, 제42조의3제3항 각 호의 어느 하나에 해당하는 경우에는 새로운 국어번역문을 제출할 수 없다.

⑧ 특허출원서에 최초로 첨부한 명세서에 청구범위를 적지 아니한 분할출원에 관하여는 제42조의2제2항에 따른 기한이 지난 후에도 분할출원을 한 날부터 30일이 되는 날까지는 명세서에 청구범위를 적는 보정을 할 수 있다.

제52조의2(분리출원) ① 특허거절결정을 받은 자는 제132조의17에 따른 심판청구가 기각된 경우 그 심결의 등본을 송달받은 날부터 30일(제186조제5항에 따라 심판장이 부가기간을 정한 경우에는 그 기간을 말한다) 이내에 그 특허출원의 출원서에 최초로 첨부된 명세서 또는 도면에 기재된 사항의 범위에서 그 특허출원의 일부를 새로운 특허출원으로 분리할 수 있다. 이 경우 새로운 특허출원의 청구범위에는 다음 각 호의 어느 하나에 해당하는 청구항만을 적을 수 있다.
1. 그 심판청구의 대상이 되는 특허거절결정에서 거절되지 아니한 청구항
2. 거절된 청구항에서 그 특허거절결정의 기초가 된 선택적 기재사항을 삭제한 청구항
3. 제1호 또는 제2호에 따른 청구항을 제47조제3항 각 호(같은 항 제4호는 제외한다)의 어느 하나에 해당하도록 적은 청구항
4. 제1호부터 제3호까지 중 어느 하나의 청구항에서 그 특허출원의 출원서에 최초로 첨부된 명세서 또는 도면에 기재된 사항의 범위를 벗어난 부분을 삭제한 청구항

② 제1항에 따라 분리된 특허출원(이하 "분리출원"이라 한다)에 관하여는 제52조제2항부터 제5항까지의 규정을 준용한다. 이 경우 "분할"은 "분리"로, "분할출원"은 "분리출원"으로 본다.

③ 분리출원을 하는 경우에는 제42조의2제1항 후단 또는 제42조의3제1항에도 불구하고 특허출원서에 최초로 첨부한 명세서에 청구범위를 적지 아니하거나 명세서 및 도면(도면 중 설명부분에 한정한다)을 국어가 아닌 언어로 적을 수 없다.

④ 분리출원은 새로운 분리출원, 분할출원 또는 「실용신안법」 제10조에 따른 변경출원의 기초가 될 수 없다.

제53조(변경출원) ① 실용신안등록출원인은 그 실용신안등록출원의 출원서에 최초로 첨부된 명세서 또는 도면에 기재된 사항의 범위에서 그 실용신안등록출원을 특허출원으로 변경할 수 있다. 다만, 다음 각 호의 어느 하나에 해당하는 경우에는 그러하지 아니하다.

1. 그 실용신안등록출원에 관하여 최초의 거절결정등본을 송달받은 날부터 3개월(「실용신안법」 제3조에 따라 준용되는 이 법 제15조제1항에 따라 제132조의17에 따른 기간이 연장된 경우에는 그 연장된 기간을 말한다)이 지난 경우
2. 그 실용신안등록출원이 「실용신안법」 제8조의3제2항에 따른 외국어실용신안등록출원인 경우로서 변경하여 출원할 때 같은 항에 따른 국어번역문이 제출되지 아니한 경우

② 제1항에 따라 변경된 특허출원(이하 "변경출원"이라 한다)이 있는 경우에 그 변경출원은 실용신안등록출원을 한 때에 특허출원한 것으로 본다. 다만, 그 변경출원이 다음 각 호의 어느 하나에 해당하는 경우에는 그러하지 아니하다.

1. 제29조제3항에 따른 다른 특허출원 또는 「실용신안법」 제4조제4항에 따른 특허출원에 해당하여 이 법 제29조제3항 또는 「실용신안법」 제4조제4항을 적용하는 경우
2. 제30조제2항을 적용하는 경우
3. 제54조제3항을 적용하는 경우
4. 제55조제2항을 적용하는 경우

③ 제1항에 따라 변경출원을 하려는 자는 변경출원을 할 때 특허출원서에 그 취지 및 변경출원의 기초가 된 실용신안등록출원의 표시를 하여야 한다.

④ 변경출원이 있는 경우에는 그 실용신안등록출원은 취하된 것으로 본다.

⑤ 삭제

⑥ 변경출원의 경우에 제54조에 따른 우선권을 주장하는 자는 같은 조 제4항에 따른 서류를 같은 조 제5항에 따른 기간이 지난 후에도 변경출원을 한 날부터 3개월 이내에 특허청장에게 제출할 수 있다.

⑦ 특허출원인은 변경출원이 외국어특허출원인 경우에는 제42조의3제2항에 따른 국어번역문 또는 같은 조 제3항 본문에 따른 새로운 국어번역문을 같은 조 제2항에 따른 기한이 지난 후에도 변경출원을 한 날부터 30일이 되는 날까지는 제출할 수 있다. 다만, 제42조의3제3항 각 호의 어느 하나에 해당하는 경우에는 새로운 국어번역문을 제출할 수 없다.

⑧ 특허출원인은 특허출원서에 최초로 첨부한 명세서에 청구범위를 적지 아니한 변경출원의 경우 제42조의2제2항에 따른 기한이 지난 후에도 변경출원을 한 날부터 30일이 되는 날까지 명세서에 청구범위를 적는 보정을 할 수 있다.

제54조(조약에 의한 우선권 주장) ① 조약에 따라 다음 각 호의 어느 하나에 해당하는 경우에는 제29조 및 제36조를 적용할 때에 그 당사국에 출원한 날을 대한민국에 특허출원한 날로 본다.

1. 대한민국 국민에게 특허출원에 대한 우선권을 인정하는 당사국의 국민이 그 당사국 또는 다른 당사국에 특허출원한 후 동일한 발명을 대한민국에 특허출원하여 우선권을 주장하는 경우
2. 대한민국 국민에게 특허출원에 대한 우선권을 인정하는 당사국에 대한민국 국민이 특허출원한 후 동일한 발명을 대한민국에 특허출원하여 우선권을 주장하는 경우

② 제1항에 따라 우선권을 주장하려는 자는 우선권 주장의 기초가 되는 최초의 출원일부터

1년 이내에 특허출원을 하지 아니하면 우선권을 주장할 수 없다.
③ 제1항에 따라 우선권을 주장하려는 자는 특허출원을 할 때 특허출원서에 그 취지, 최초로 출원한 국가명 및 출원의 연월일을 적어야 한다.
④ 제3항에 따라 우선권을 주장한 자는 제1호의 서류 또는 제2호의 서면을 특허청장에게 제출하여야 한다. 다만, 제2호의 서면은 산업통상자원부령으로 정하는 국가의 경우만 해당한다.
1. 최초로 출원한 국가의 정부가 인증하는 서류로서 특허출원의 연월일을 적은 서면, 발명의 명세서 및 도면의 등본
2. 최초로 출원한 국가의 특허출원의 출원번호 및 그 밖에 출원을 확인할 수 있는 정보 등 산업통상자원부령으로 정하는 사항을 적은 서면

⑤ 제4항에 따른 서류 또는 서면은 다음 각 호에 해당하는 날 중 최우선일(最優先日)부터 1년 4개월 이내에 제출하여야 한다.
1. 조약 당사국에 최초로 출원한 출원일
2. 그 특허출원이 제55조제1항에 따른 우선권 주장을 수반하는 경우에는 그 우선권 주장의 기초가 되는 출원의 출원일
3. 그 특허출원이 제3항에 따른 다른 우선권 주장을 수반하는 경우에는 그 우선권 주장의 기초가 되는 출원의 출원일

⑥ 제3항에 따라 우선권을 주장한 자가 제5항의 기간에 제4항에 따른 서류를 제출하지 아니한 경우에는 그 우선권 주장은 효력을 상실한다.
⑦ 제1항에 따라 우선권 주장을 한 자 중 제2항의 요건을 갖춘 자는 제5항에 따른 최우선일부터 1년 4개월 이내에 해당 우선권 주장을 보정하거나 추가할 수 있다.

제55조(특허출원 등을 기초로 한 우선권 주장) ① 특허를 받으려는 자는 자신이 특허나 실용신안등록을 받을 수 있는 권리를 가진 특허출원 또는 실용신안등록출원으로 먼저 한 출원(이하 "선출원"이라 한다)의 출원서에 최초로 첨부된 명세서 또는 도면에 기재된 발명을 기초로 그 특허출원한 발명에 관하여 우선권을 주장할 수 있다. 다만, 다음 각 호의 어느 하나에 해당하는 경우에는 그러하지 아니하다.
1. 그 특허출원이 선출원의 출원일부터 1년이 지난 후에 출원된 경우
2. 선출원이 제52조제2항(「실용신안법」 제11조에 따라 준용되는 경우를 포함한다)에 따른 분할출원 또는 제52조의2제2항(「실용신안법」 제11조에 따라 준용되는 경우를 포함한다)에 따른 분리출원이거나 제53조제2항 또는 「실용신안법」 제10조제2항에 따른 변경출원인 경우
3. 그 특허출원을 할 때에 선출원이 포기 · 무효 또는 취하된 경우
4. 그 특허출원을 할 때에 선출원이 설정등록되었거나 특허거절결정, 실용신안등록거절결정 또는 거절한다는 취지의 심결이 확정된 경우

② 제1항에 따른 우선권을 주장하려는 자는 특허출원을 할 때 특허출원서에 그 취지와 선출원의 표시를 하여야 한다.
③ 제1항에 따른 우선권 주장을 수반하는 특허출원된 발명 중 해당 우선권 주장의 기초가 된 선출원의 출원서에 최초로 첨부된 명세서 또는 도면에 기재된 발명과 같은 발명에 관하여 제29조제1항 · 제2항, 같은 조 제3항 본문, 같은 조 제4항 본문, 제30조제1항, 제36조제1항부터 제3항까지, 제96조제1항제3호, 제98조, 제103조, 제105조제1항 · 제2항, 제129조 및 제136조제5항(제132조의3제3항 또는 제133조의2제4항에 따라 준용되는 경우를 포함한

다), 「실용신안법」 제7조제3항 · 제4항 및 제25조, 「디자인보호법」 제95조 및 제103조제3항을 적용할 때에는 그 특허출원은 그 선출원을 한 때에 특허출원한 것으로 본다.

④ 제1항에 따른 우선권 주장을 수반하는 특허출원의 출원서에 최초로 첨부된 명세서 또는 도면에 기재된 발명 중 해당 우선권 주장의 기초가 된 선출원의 출원서에 최초로 첨부된 명세서 또는 도면에 기재된 발명과 같은 발명은 그 특허출원이 출원공개되거나 특허가 등록공고되었을 때에 해당 우선권 주장의 기초가 된 선출원에 관하여 출원공개가 된 것으로 보고 제29조제3항 본문, 같은 조 제4항 본문 또는 「실용신안법」 제4조제3항 본문 · 제4항 본문을 적용한다.

⑤ 선출원이 다음 각 호의 어느 하나에 해당하면 그 선출원의 출원서에 최초로 첨부된 명세서 또는 도면에 기재된 발명 중 그 선출원에 관하여 우선권 주장의 기초가 된 출원의 출원서에 최초로 첨부된 명세서 또는 도면에 기재된 발명에 대해서는 제3항과 제4항을 적용하지 아니한다.

1. 선출원이 제1항에 따른 우선권 주장을 수반하는 출원인 경우
2. 선출원이 「공업소유권의 보호를 위한 파리 협약」 제4조D(1)에 따른 우선권 주장을 수반하는 출원인 경우

⑥ 제4항을 적용할 때 선출원이 다음 각 호의 어느 하나에 해당하더라도 제29조제7항을 적용하지 아니한다.

1. 선출원이 제201조제4항에 따라 취하한 것으로 보는 국제특허출원인 경우
2. 선출원이 「실용신안법」 제35조제4항에 따라 취하한 것으로 보는 국제실용신안등록출원인 경우

⑦ 제1항에 따른 요건을 갖추어 우선권 주장을 한 자는 선출원일(선출원이 둘 이상인 경우에는 최선출원일을 말한다)부터 1년 4개월 이내에 그 우선권 주장을 보정하거나 추가할 수 있다.

⑧ 제1항에 따른 우선권 주장의 기초가 된 선출원은 제79조에 따른 설정등록을 받을 수 없다. 다만, 해당 선출원을 기초로 한 우선권 주장이 취하된 경우에는 그러하지 아니하다.

제56조(선출원의 취하 등) ① 제55조제1항에 따른 우선권 주장의 기초가 된 선출원은 그 출원일부터 1년 3개월이 지난 때에 취하된 것으로 본다. 다만, 그 선출원이 다음 각 호의 어느 하나에 해당하는 경우에는 그러하지 아니하다.

1. 포기, 무효 또는 취하된 경우
2. 설정등록되었거나 특허거절결정, 실용신안등록거절결정 또는 거절한다는 취지의 심결이 확정된 경우
3. 해당 선출원을 기초로 한 우선권 주장이 취하된 경우

② 제55조제1항에 따른 우선권 주장을 수반하는 특허출원의 출원인은 선출원의 출원일부터 1년 3개월이 지난 후에는 그 우선권 주장을 취하할 수 없다.

③ 제55조제1항에 따른 우선권 주장을 수반하는 특허출원이 선출원의 출원일부터 1년 3개월 이내에 취하된 때에는 그 우선권 주장도 동시에 취하된 것으로 본다.

제3장 심사 〈개정 2014. 6. 11.〉

제57조(심사관에 의한 심사) ① 특허청장은 심사관에게 특허출원을 심사하게 한다.

② 심사관의 자격에 관하여 필요한 사항은 대통령령으로 정한다.

제58조(전문기관의 등록 등) ① 특허청장은 출원인이 특허출원할 때 필요하거나 특허출원을 심사(국제출원에 대한 국제조사 및 국제예비심사를 포함한다)할 때에 필요하다고 인정하면 제2항에 따른 전문기관에 미생물의 기탁 · 분양, 선행기술의 조사, 특허분류의 부여, 그 밖에 대통령령으로 정하는 업무를 의뢰할 수 있다.

② 제1항에 따라 특허청장이 의뢰하는 업무를 수행하려는 자는 특허청장에게 전문기관의 등록을 하여야 한다.

③ 특허청장은 제1항의 업무를 효과적으로 수행하기 위하여 필요하다고 인정하는 경우에는 대통령령으로 정하는 전담기관으로 하여금 전문기관 업무에 대한 관리 및 평가에 관한 업무를 대행하게 할 수 있다.

④ 특허청장은 특허출원의 심사에 필요하다고 인정하는 경우에는 관계 행정기관, 해당 기술분야의 전문기관 또는 특허에 관한 지식과 경험이 풍부한 사람에게 협조를 요청하거나 의견을 들을 수 있다. 이 경우 특허청장은 예산의 범위에서 수당 또는 비용을 지급할 수 있다.

⑤ 제2항에 따른 전문기관의 등록기준, 선행기술의 조사 또는 특허분류의 부여 등의 의뢰에 필요한 사항은 대통령령으로 정한다.

제58조의2(전문기관 등록의 취소 등) ① 특허청장은 제58조제2항에 따른 전문기관이 제1호에 해당하는 경우에는 전문기관의 등록을 취소하여야 하며, 제2호 또는 제3호에 해당하는 경우에는 그 등록을 취소하거나 6개월 이내의 기간을 정하여 업무의 전부 또는 일부의 정지를 명할 수 있다.

1. 거짓이나 그 밖의 부정한 방법으로 등록을 한 경우
2. 제58조제5항에 따른 등록기준에 맞지 아니하게 된 경우
3. 전문기관의 임직원이 특허출원 중인 발명(국제출원 중인 발명을 포함한다)에 관하여 직무상 알게 된 비밀을 누설하거나 도용한 경우

② 특허청장은 제1항에 따라 전문기관의 등록을 취소하거나 업무정지를 명하려면 청문을 하여야 한다.

③ 제1항에 따른 처분의 세부 기준과 절차 등에 관하여 필요한 사항은 산업통상자원부령으로 정한다.

제59조(특허출원심사의 청구) ① 특허출원에 대하여 심사청구가 있을 때에만 이를 심사한다.

② 누구든지 특허출원에 대하여 특허출원일부터 3년 이내에 특허청장에게 출원심사의 청구를 할 수 있다. 다만, 특허출원인은 다음 각 호의 어느 하나에 해당하는 경우에는 출원심사의 청구를 할 수 없다.

1. 명세서에 청구범위를 적지 아니한 경우
2. 제42조의3제2항에 따른 국어번역문을 제출하지 아니한 경우(외국어특허출원의 경우로 한정한다)

③ 제34조 및 제35조에 따른 정당한 권리자의 특허출원, 분할출원, 분리출원 또는 변경출원에 관하여는 제2항에 따른 기간이 지난 후에도 정당한 권리자가 특허출원을 한 날, 분할출원을 한 날, 분리출원을 한 날 또는 변경출원을 한 날부터 각각 30일 이내에 출원심사의

청구를 할 수 있다.

④ 출원심사의 청구는 취하할 수 없다.

⑤ 제2항 또는 제3항에 따라 출원심사의 청구를 할 수 있는 기간에 출원심사의 청구가 없으면 그 특허출원은 취하한 것으로 본다.

제60조(출원심사의 청구절차) ① 출원심사의 청구를 하려는 자는 다음 각 호의 사항을 적은 출원심사청구서를 특허청장에게 제출하여야 한다.

1. 청구인의 성명 및 주소(법인인 경우에는 그 명칭 및 영업소의 소재지)
2. 출원심사의 청구대상이 되는 특허출원의 표시

② 특허청장은 출원공개 전에 출원심사의 청구가 있으면 출원공개 시에, 출원공개 후에 출원심사의 청구가 있으면 지체 없이 그 취지를 특허공보에 게재하여야 한다.

③ 특허청장은 특허출원인이 아닌 자로부터 출원심사의 청구가 있으면 그 취지를 특허출원인에게 알려야 한다.

제61조(우선심사) 특허청장은 다음 각 호의 어느 하나에 해당하는 특허출원에 대해서는 심사관에게 다른 특허출원에 우선하여 심사하게 할 수 있다.

1. 제64조에 따른 출원공개 후 특허출원인이 아닌 자가 업(業)으로서 특허출원된 발명을 실시하고 있다고 인정되는 경우
2. 대통령령으로 정하는 특허출원으로서 긴급하게 처리할 필요가 있다고 인정되는 경우
3. 대통령령으로 정하는 특허출원으로서 재난의 예방·대응·복구 등에 필요하다고 인정되는 경우

제62조(특허거절결정) 심사관은 특허출원이 다음 각 호의 어느 하나의 거절이유(이하 "거절이유"라 한다)에 해당하는 경우에는 특허거절결정을 하여야 한다.

1. 제25조·제29조·제32조·제36조제1항부터 제3항까지 또는 제44조에 따라 특허를 받을 수 없는 경우
2. 제33조제1항 본문에 따른 특허를 받을 수 있는 권리를 가지지 아니하거나 같은 항 단서에 따라 특허를 받을 수 없는 경우
3. 조약을 위반한 경우
4. 제42조제3항·제4항·제8항 또는 제45조에 따른 요건을 갖추지 아니한 경우
5. 제47조제2항에 따른 범위를 벗어난 보정인 경우
6. 제52조제1항에 따른 범위를 벗어난 분할출원 또는 제52조의2제1항에 따른 범위를 벗어나는 분리출원인 경우
7. 제53조제1항에 따른 범위를 벗어난 변경출원인 경우

제63조(거절이유통지) ① 심사관은 다음 각 호의 어느 하나에 해당하는 경우 특허출원인에게 거절이유를 통지하고, 기간을 정하여 의견서를 제출할 수 있는 기회를 주어야 한다. 다만, 제51조제1항에 따라 각하결정을 하려는 경우에는 그러하지 아니하다.

1. 제62조에 따라 특허거절결정을 하려는 경우
2. 제66조의3제1항에 따른 직권 재심사를 하여 취소된 특허결정 전에 이미 통지한 거절이유로 특허거절결정을 하려는 경우

② 심사관은 청구범위에 둘 이상의 청구항이 있는 특허출원에 대하여 제1항 본문에 따라 거절이유를 통지할 때에는 그 통지서에 거절되는 청구항을 명확히 밝히고, 그 청구항에 관한 거절이유를 구체적으로 적어야 한다.

제63조의2(특허출원에 대한 정보제공) 특허출원에 관하여 누구든지 그 특허출원이 거절이유

에 해당하여 특허될 수 없다는 취지의 정보를 증거와 함께 특허청장에게 제공할 수 있다. 다만, 제42조제3항제2호, 같은 조 제8항 및 제45조에 따른 요건을 갖추지 아니한 경우에는 그러하지 아니하다.

제63조의3(외국의 심사결과 제출명령) 심사관은 제54조에 따른 우선권 주장을 수반한 특허출원의 심사에 필요한 경우에는 기간을 정하여 그 우선권 주장의 기초가 되는 출원을 한 국가의 심사결과에 대한 자료(그 심사결과가 없는 경우에는 그 취지를 적은 의견서를 말한다)를 산업통상자원부령으로 정하는 방법에 따라 제출할 것을 특허출원인에게 명할 수 있다.

제64조(출원공개) ① 특허청장은 다음 각 호의 구분에 따른 날부터 1년 6개월이 지난 후 또는 그 전이라도 특허출원인이 신청한 경우에는 산업통상자원부령으로 정하는 바에 따라 그 특허출원에 관하여 특허공보에 게재하여 출원공개를 하여야 한다.

1. 제54조제1항에 따른 우선권 주장을 수반하는 특허출원의 경우: 그 우선권 주장의 기초가 된 출원일
2. 제55조제1항에 따른 우선권 주장을 수반하는 특허출원의 경우: 선출원의 출원일
3. 제54조제1항 또는 제55조제1항에 따른 둘 이상의 우선권 주장을 수반하는 특허출원의 경우: 해당 우선권 주장의 기초가 된 출원일 중 최우선일
4. 제1호부터 제3호까지의 어느 하나에 해당하지 아니하는 특허출원의 경우: 그 특허출원일

② 제1항에도 불구하고 다음 각 호의 어느 하나에 해당하는 경우에는 출원공개를 하지 아니한다.

1. 명세서에 청구범위를 적지 아니한 경우
2. 제42조의3제2항에 따른 국어번역문을 제출하지 아니한 경우(외국어특허출원의 경우로 한정한다)
3. 제87조제3항에 따라 등록공고를 한 특허의 경우

③ 제41조제1항에 따라 비밀취급된 특허출원의 발명에 대해서는 그 발명의 비밀취급이 해제될 때까지 그 특허출원의 출원공개를 보류하여야 하며, 그 발명의 비밀취급이 해제된 경우에는 지체 없이 제1항에 따라 출원공개를 하여야 한다. 다만, 그 특허출원이 설정등록된 경우에는 출원공개를 하지 아니한다.

④ 제1항의 출원공개에 관하여 출원인의 성명 · 주소 및 출원번호 등 특허공보에 게재할 사항은 대통령령으로 정한다.

제65조(출원공개의 효과) ① 특허출원인은 출원공개가 있은 후 그 특허출원된 발명을 업으로서 실시한 자에게 특허출원된 발명임을 서면으로 경고할 수 있다.

② 특허출원인은 제1항에 따른 경고를 받거나 제64조에 따라 출원공개된 발명임을 알고 그 특허출원된 발명을 업으로 실시한 자에게 그 경고를 받거나 출원공개된 발명임을 알았을 때부터 특허권의 설정등록을 할 때까지의 기간 동안 그 특허발명의 실시에 대하여 합리적으로 받을 수 있는 금액에 상당하는 보상금의 지급을 청구할 수 있다.

③ 제2항에 따른 청구권은 그 특허출원된 발명에 대한 특허권이 설정등록된 후에만 행사할 수 있다.

④ 제2항에 따른 청구권의 행사는 특허권의 행사에 영향을 미치지 아니한다.

⑤ 제2항에 따른 청구권을 행사하는 경우에는 제127조 · 제129조 · 제132조 및 「민법」 제760조 · 제766조를 준용한다. 이 경우 「민법」 제766조제1항 중 "피해자나 그 법정대리인이 그 손해 및 가해자를 안 날"은 "해당 특허권의 설정등록일"로 본다.

⑥ 제64조에 따른 출원공개 후 다음 각 호의 어느 하나에 해당하는 경우에는 제2항에 따른

청구권은 처음부터 발생하지 아니한 것으로 본다.
1. 특허출원이 포기·무효 또는 취하된 경우
2. 특허출원에 대하여 제62조에 따른 특허거절결정이 확정된 경우
3. 제132조의13제1항에 따른 특허취소결정이 확정된 경우
4. 제133조에 따른 특허를 무효로 한다는 심결(같은 조 제1항제4호에 따른 경우는 제외한다)이 확정된 경우

제66조(특허결정) 심사관은 특허출원에 대하여 거절이유를 발견할 수 없으면 특허결정을 하여야 한다.

제66조의2(직권보정 등) ① 심사관은 제66조에 따른 특허결정을 할 때에 특허출원서에 첨부된 명세서, 도면 또는 요약서에 적힌 사항이 명백히 잘못된 경우에는 직권으로 보정(이하 "직권보정"이라 한다)할 수 있다. 이 경우 직권보정은 제47조제2항에 따른 범위에서 하여야 한다.
② 제1항에 따라 심사관이 직권보정을 하려면 제67조제2항에 따른 특허결정의 등본 송달과 함께 그 직권보정 사항을 특허출원인에게 알려야 한다.
③ 특허출원인은 직권보정 사항의 전부 또는 일부를 받아들일 수 없으면 제79조제1항에 따라 특허료를 낼 때까지 그 직권보정 사항에 대한 의견서를 특허청장에게 제출하여야 한다.
④ 특허출원인이 제3항에 따라 의견서를 제출한 경우 해당 직권보정 사항의 전부 또는 일부는 처음부터 없었던 것으로 본다. 이 경우 그 특허결정도 함께 취소된 것으로 본다. 다만, 특허출원서에 첨부된 요약서에 관한 직권보정 사항의 전부 또는 일부만 처음부터 없었던 것으로 보는 경우에는 그러하지 아니하다.
⑤ 삭제
⑥ 직권보정이 제47조제2항에 따른 범위를 벗어나거나 명백히 잘못되지 아니한 사항을 직권보정한 경우 그 직권보정은 처음부터 없었던 것으로 본다.

제66조의3(특허결정 이후 직권 재심사) ① 심사관은 특허결정된 특허출원에 관하여 명백한 거절이유를 발견한 경우에는 직권으로 특허결정을 취소하고, 그 특허출원을 다시 심사(이하 "직권 재심사"라 한다)할 수 있다. 다만, 다음 각 호의 어느 하나에 해당하는 경우에는 그러하지 아니하다.
1. 거절이유가 제42조제3항제2호, 같은 조 제8항 및 제45조에 따른 요건에 관한 것인 경우
2. 그 특허결정에 따라 특허권이 설정등록된 경우
3. 그 특허출원이 취하되거나 포기된 경우

② 제1항에 따라 심사관이 직권 재심사를 하려면 특허결정을 취소한다는 사실을 특허출원인에게 통지하여야 한다.
③ 특허출원인이 제2항에 따른 통지를 받기 전에 그 특허출원이 제1항제2호 또는 제3호에 해당하게 된 경우에는 특허결정의 취소는 처음부터 없었던 것으로 본다.

제67조(특허여부결정의 방식) ① 특허결정 및 특허거절결정(이하 "특허여부결정"이라 한다)은 서면으로 하여야 하며, 그 이유를 붙여야 한다.
② 특허청장은 특허여부결정이 있는 경우에는 그 결정의 등본을 특허출원인에게 송달하여야 한다.

제67조의2(재심사의 청구) ① 특허출원인은 그 특허출원에 관하여 특허결정의 등본을 송달받은 날부터 제79조에 따른 설정등록을 받기 전까지의 기간 또는 특허거절결정등본을 송달받은 날부터 3개월(제15조제1항에 따라 제132조의17에 따른 기간이 연장된 경우 그 연장

된 기간을 말한다) 이내에 그 특허출원의 명세서 또는 도면을 보정하여 해당 특허출원에 관한 재심사(이하 "재심사"라 한다)를 청구할 수 있다. 다만, 다음 각 호의 어느 하나에 해당하는 경우에는 그러하지 아니하다.

1. 재심사를 청구할 때에 이미 재심사에 따른 특허여부의 결정이 있는 경우
2. 제132조의17에 따른 심판청구가 있는 경우(제176조제1항에 따라 특허거절결정이 취소된 경우는 제외한다)
3. 그 특허출원이 분리출원인 경우

② 특허출원인은 제1항에 따른 재심사의 청구와 함께 의견서를 제출할 수 있다.

③ 제1항에 따라 재심사가 청구된 경우 그 특허출원에 대하여 종전에 이루어진 특허결정 또는 특허거절결정은 취소된 것으로 본다. 다만, 재심사의 청구절차가 제16조제1항에 따라 무효로 된 경우에는 그러하지 아니하다.

④ 제1항에 따른 재심사의 청구는 취하할 수 없다.

제67조의3(특허출원의 회복) ① 특허출원인이 정당한 사유로 다음 각 호의 어느 하나에 해당하는 기간을 지키지 못하여 특허출원이 취하되거나 특허거절결정이 확정된 것으로 인정되는 경우에는 그 사유가 소멸한 날부터 2개월 이내에 출원심사의 청구 또는 재심사의 청구를 할 수 있다. 다만, 그 기간의 만료일부터 1년이 지난 때에는 그러하지 아니하다.

1. 제59조제2항 또는 제3항에 따라 출원심사의 청구를 할 수 있는 기간
2. 제67조의2제1항에 따라 재심사의 청구를 할 수 있는 기간

② 제1항에 따른 출원심사의 청구 또는 재심사의 청구가 있는 경우에는 제59조제5항에도 불구하고 그 특허출원은 취하되지 아니한 것으로 보거나 특허거절결정이 확정되지 아니한 것으로 본다.

제68조(심판규정의 심사에의 준용) 특허출원의 심사에 관하여는 제148조제1호부터 제5호까지 및 제7호를 준용한다.

제69조 삭제

제70조 삭제

제71조 삭제

제72조 삭제

제73조 삭제

제74조 삭제

제75조 삭제

제76조 삭제

제77조 삭제

제78조(심사 또는 소송절차의 중지) ① 특허출원의 심사에 필요한 경우에는 특허취소신청에 대한 결정이나 심결이 확정될 때까지 또는 소송절차가 완결될 때까지 그 심사절차를 중지할 수 있다.

② 법원은 소송에 필요한 경우에는 특허출원에 대한 특허여부결정이 확정될 때까지 그 소송절차를 중지할 수 있다.

③ 제1항 및 제2항에 따른 중지에 대해서는 불복할 수 없다.

제78조의2 삭제

제4장 특허료 및 특허등록 등

제79조(특허료) ① 제87조제1항에 따른 특허권의 설정등록을 받으려는 자는 설정등록을 받으려는 날(이하 "설정등록일"이라 한다)부터 3년분의 특허료를 내야 하고, 특허권자는 그 다음 해부터의 특허료를 해당 권리의 설정등록일에 해당하는 날을 기준으로 매년 1년분씩 내야 한다.

② 제1항에도 불구하고 특허권자는 그 다음 해부터의 특허료는 그 납부연도 순서에 따라 수년분 또는 모든 연도분을 함께 낼 수 있다.

③ 제1항 및 제2항에 따른 특허료, 그 납부방법 및 납부기간, 그 밖에 필요한 사항은 산업통상자원부령으로 정한다.

제80조(이해관계인에 의한 특허료의 납부) ① 이해관계인은 특허료를 내야 할 자의 의사와 관계없이 특허료를 낼 수 있다.

② 이해관계인은 제1항에 따라 특허료를 낸 경우에는 내야 할 자가 현재 이익을 얻는 한도에서 그 비용의 상환을 청구할 수 있다.

제81조(특허료의 추가납부 등) ① 특허권의 설정등록을 받으려는 자 또는 특허권자는 제79조제3항에 따른 납부기간이 지난 후에도 6개월 이내(이하 "추가납부기간"이라 한다)에 특허료를 추가로 낼 수 있다.

② 제1항에 따라 특허료를 추가로 낼 때에는 내야 할 특허료의 2배의 범위에서 산업통상자원부령으로 정하는 금액을 납부하여야 한다.

③ 추가납부기간에 특허료를 내지 아니한 경우(추가납부기간이 끝나더라도 제81조의2제2항에 따른 보전기간이 끝나지 아니한 경우에는 그 보전기간에 보전하지 아니한 경우를 말한다)에는 특허권의 설정등록을 받으려는 자의 특허출원은 포기한 것으로 보며, 특허권자의 특허권은 제79조제1항 또는 제2항에 따라 낸 특허료에 해당되는 기간이 끝나는 날의 다음 날로 소급하여 소멸된 것으로 본다.

제81조의2(특허료의 보전) ① 특허청장은 특허권의 설정등록을 받으려는 자 또는 특허권자가 제79조제3항 또는 제81조제1항에 따른 기간에 특허료의 일부를 내지 아니한 경우에는 특허료의 보전(補塡)을 명하여야 한다.

② 제1항에 따라 보전명령을 받은 자는 그 보전명령을 받은 날부터 1개월 이내(이하 "보전기간"이라 한다)에 특허료를 보전할 수 있다.

③ 제2항에 따라 특허료를 보전하는 자는 내지 아니한 금액의 2배의 범위에서 산업통상자원부령으로 정한 금액을 내야 한다.

제81조의3(특허료의 추가납부 또는 보전에 의한 특허출원과 특허권의 회복 등) ① 특허권의 설정등록을 받으려는 자 또는 특허권자가 정당한 사유로 추가납부기간에 특허료를 내지 아니하였거나 보전기간에 보전하지 아니한 경우에는 그 사유가 소멸한 날부터 2개월 이내에 그 특허료를 내거나 보전할 수 있다. 다만, 추가납부기간의 만료일 또는 보전기간의 만료일 중 늦은 날부터 1년이 지난 때에는 그러하지 아니하다.

② 제1항에 따라 특허료를 내거나 보전한 자는 제81조제3항에도 불구하고 그 특허출원을 포기하지 아니한 것으로 보며, 그 특허권은 계속하여 존속하고 있던 것으로 본다.

③ 추가납부기간에 특허료를 내지 아니하였거나 보전기간에 보전하지 아니하여 특허발명의 특허권이 소멸한 경우 그 특허권자는 추가납부기간 또는 보전기간 만료일부터 3개월

이내에 제79조에 따른 특허료의 2배를 내고, 그 소멸한 권리의 회복을 신청할 수 있다. 이 경우 그 특허권은 계속하여 존속하고 있던 것으로 본다.

④ 제2항 또는 제3항에 따른 특허출원 또는 특허권의 효력은 추가납부기간 또는 보전기간이 지난 날부터 특허료를 내거나 보전한 날까지의 기간(이하 이 조에서 "효력제한기간"이라 한다) 중에 타인이 특허출원된 발명 또는 특허발명을 실시한 행위에 대해서는 그 효력이 미치지 아니한다.

⑤ 효력제한기간 중 국내에서 선의로 제2항 또는 제3항에 따른 특허출원된 발명 또는 특허발명을 업으로 실시하거나 이를 준비하고 있는 자는 그 실시하거나 준비하고 있는 발명 및 사업목적의 범위에서 그 특허출원된 발명 또는 특허발명에 대한 특허권에 대하여 통상실시권을 가진다.

⑥ 제5항에 따라 통상실시권을 가진 자는 특허권자 또는 전용실시권자에게 상당한 대가를 지급하여야 한다.

⑦ 제1항 본문에 따른 납부나 보전 또는 제3항 전단에 따른 신청에 필요한 사항은 산업통상자원부령으로 정한다.

제82조(수수료) ① 특허에 관한 절차를 밟는 자는 수수료를 내야 한다.

② 특허출원인이 아닌 자가 출원심사의 청구를 한 후 그 특허출원서에 첨부한 명세서를 보정하여 청구범위에 적은 청구항의 수가 증가한 경우에는 그 증가한 청구항에 관하여 내야 할 심사청구료는 특허출원인이 내야 한다.

③ 제1항에 따른 수수료, 그 납부방법 및 납부기간, 그 밖에 필요한 사항은 산업통상자원부령으로 정한다.

제83조(특허료 또는 수수료의 감면) ① 특허청장은 다음 각 호의 어느 하나에 해당하는 특허료 및 수수료는 제79조 및 제82조에도 불구하고 면제한다.

1. 국가에 속하는 특허출원 또는 특허권에 관한 수수료 또는 특허료
2. 제133조제1항, 제134조제1항·제2항 또는 제137조제1항에 따른 심사관의 무효심판청구에 대한 수수료

② 특허청장은 다음 각 호의 어느 하나에 해당하는 자가 한 특허출원 또는 그 특허출원하여 받은 특허권에 대해서는 제79조 및 제82조에도 불구하고 산업통상자원부령으로 정하는 특허료 및 수수료를 감면할 수 있다.

1. 「국민기초생활 보장법」에 따른 의료급여 수급자
2. 「재난 및 안전관리 기본법」 제36조에 따른 재난사태 또는 같은 법 제60조에 따른 특별재난지역으로 선포된 지역에 거주하거나 주된 사무소를 두고 있는 자 중 산업통상자원부령으로 정하는 요건을 갖춘 자
3. 그 밖에 산업통상자원부령으로 정하는 자

③ 제2항에 따라 특허료 및 수수료를 감면받으려는 자는 산업통상자원부령으로 정하는 서류를 특허청장에게 제출하여야 한다.

④ 특허청장은 제2항에 따른 특허료 및 수수료 감면을 거짓이나 그 밖의 부정한 방법으로 받은 자에 대하여는 산업통상자원부령으로 정하는 바에 따라 감면받은 특허료 및 수수료의 2배액을 징수할 수 있다. 이 경우 그 출원인 또는 특허권자가 하는 특허출원 또는 그 특허출원하여 받은 특허권에 대해서는 산업통상자원부령으로 정하는 기간 동안 제2항을 적용하지 아니한다.

제84조(특허료 등의 반환) ① 납부된 특허료 및 수수료는 다음 각 호의 어느 하나에 해당하

는 경우에만 납부한 자의 청구에 의하여 반환한다.
1. 잘못 납부된 특허료 및 수수료
2. 제132조의13제1항에 따른 특허취소결정이나 특허를 무효로 한다는 심결이 확정된 해의 다음 해부터의 특허료 해당분
3. 특허권의 존속기간의 연장등록을 무효로 한다는 심결이 확정된 해의 다음 해부터의 특허료 해당분
4. 특허출원(분할출원, 분리출원, 변경출원 및 제61조에 따른 우선심사의 신청을 한 특허출원은 제외한다) 후 1개월 이내에 그 특허출원을 취하하거나 포기한 경우에 이미 낸 수수료 중 특허출원료 및 특허출원의 우선권 주장 신청료
5. 출원심사의 청구를 한 이후 다음 각 목 중 어느 하나가 있기 전까지 특허출원을 취하(제53조제4항 또는 제56조제1항 본문에 따라 취하된 것으로 보는 경우를 포함한다. 이하 이 조에서 같다)하거나 포기한 경우 이미 낸 심사청구료
  가. 제36조제6항에 따른 협의 결과 신고 명령(동일인에 의한 특허출원에 한정한다)
  나. 삭제
  다. 제63조에 따른 거절이유통지
  라. 제67조제2항에 따른 특허결정의 등본 송달
5의2. 출원심사의 청구를 한 이후 다음 각 목의 어느 하나에 해당하는 기간 내에 특허출원을 취하하거나 포기한 경우 이미 낸 심사청구료의 3분의 1에 해당하는 금액
  가. 제5호가목에 따른 신고 명령 후 신고기간 만료 전까지
  나. 제5호다목에 따른 거절이유통지(제47조제1항제1호에 해당하는 경우로 한정한다) 후 의견서 제출기간 만료 전까지
6. 특허권을 포기한 해의 다음 해부터의 특허료 해당분
7. 제176조제1항에 따라 특허거절결정 또는 특허권의 존속기간의 연장등록거절결정이 취소된 경우(제184조에 따라 재심의 절차에서 준용되는 경우를 포함하되, 심판 또는 재심 중 제170조제1항에 따라 준용되는 제47조제1항제1호 또는 제2호에 따른 보정이 있는 경우는 제외한다)에 이미 낸 수수료 중 심판청구료(재심의 경우에는 재심청구료를 말한다. 이하 이 조에서 같다)
8. 심판청구가 제141조제2항에 따라 결정으로 각하되고 그 결정이 확정된 경우(제184조에 따라 재심의 절차에서 준용되는 경우를 포함한다)에 이미 낸 심판청구료의 2분의 1에 해당하는 금액
9. 심리의 종결을 통지받기 전까지 제155조제1항에 따른 참가신청을 취하한 경우(제184조에 따라 재심의 절차에서 준용되는 경우를 포함한다)에 이미 낸 수수료 중 참가신청료의 2분의 1에 해당하는 금액
10. 제155조제1항에 따른 참가신청이 결정으로 거부된 경우(제184조에 따라 재심의 절차에서 준용되는 경우를 포함한다)에 이미 낸 수수료 중 참가신청료의 2분의 1에 해당하는 금액
11. 심리의 종결을 통지받기 전까지 심판청구를 취하한 경우(제184조에 따라 재심의 절차에서 준용되는 경우를 포함한다)에 이미 낸 수수료 중 심판청구료의 2분의 1에 해당하는 금액

② 특허청장 또는 특허심판원장은 납부된 특허료 및 수수료가 제1항 각 호의 어느 하나에 해당하는 경우에는 그 사실을 납부한 자에게 통지하여야 한다.

③ 제1항에 따른 특허료 및 수수료의 반환청구는 제2항에 따른 통지를 받은 날부터 5년이 지나면 할 수 없다.

제85조(특허원부) ① 특허청장은 특허청에 특허원부를 갖추어 두고 다음 각 호의 사항을 등록한다.

1. 특허권의 설정 · 이전 · 소멸 · 회복 · 처분의 제한 또는 존속기간의 연장
2. 전용실시권 또는 통상실시권의 설정 · 보존 · 이전 · 변경 · 소멸 또는 처분의 제한
3. 특허권 · 전용실시권 또는 통상실시권을 목적으로 하는 질권의 설정 · 이전 · 변경 · 소멸 또는 처분의 제한

② 제1항에 따른 특허원부는 그 전부 또는 일부를 전자적 기록매체 등으로 작성할 수 있다.

③ 제1항 및 제2항에서 규정한 사항 외에 등록사항 및 등록절차 등에 관하여 필요한 사항은 대통령령으로 정한다.

④ 특허발명의 명세서 및 도면, 그 밖에 대통령령으로 정하는 서류는 특허원부의 일부로 본다.

제86조(특허증의 발급) ① 특허청장은 특허권의 설정등록을 한 경우에는 산업통상자원부령으로 정하는 바에 따라 특허권자에게 특허증을 발급하여야 한다.

② 특허청장은 특허증이 특허원부나 그 밖의 서류와 맞지 아니하면 신청에 따라 또는 직권으로 특허증을 회수하여 정정발급하거나 새로운 특허증을 발급하여야 한다.

③ 특허청장은 다음 각 호의 어느 하나에 해당하는 경우에는 결정, 심결 또는 이전등록에 따른 새로운 특허증을 발급하여야 한다.

1. 특허발명의 명세서 또는 도면의 정정을 인정한다는 취지의 결정 또는 심결이 확정된 경우
2. 제99조의2제2항에 따라 특허권이 이전등록된 경우

제5장 특허권 〈개정 2014. 6. 11.〉

제87조(특허권의 설정등록 및 등록공고) ① 특허권은 설정등록에 의하여 발생한다.

② 특허청장은 다음 각 호의 어느 하나에 해당하는 경우에는 특허권을 설정하기 위한 등록을 하여야 한다.

1. 제79조제1항에 따라 특허료를 냈을 때
2. 제81조제1항에 따라 특허료를 추가로 냈을 때
3. 제81조의2제2항에 따라 특허료를 보전하였을 때
4. 제81조의3제1항에 따라 특허료를 내거나 보전하였을 때
5. 제83조제1항제1호 및 같은 조 제2항에 따라 그 특허료가 면제되었을 때

③ 특허청장은 제2항에 따라 등록한 경우에는 다음 각 호의 사항을 특허공보에 게재하여 등록공고를 하여야 한다.

1. 특허권자의 성명 및 주소(법인인 경우에는 그 명칭 및 영업소의 소재지를 말한다)
2. 특허출원번호 및 출원연월일
3. 발명자의 성명 및 주소
4. 특허출원서에 첨부된 요약서
5. 특허번호 및 설정등록연월일
6. 등록공고연월일

7. 제63조제1항 각 호 외의 부분 본문에 따라 통지한 거절이유에 선행기술에 관한 정보(선행기술이 적혀 있는 간행물의 명칭과 그 밖에 선행기술에 관한 정보의 소재지를 말한다)가 포함된 경우 그 정보

8. 그 밖에 대통령령으로 정하는 사항

④ 비밀취급이 필요한 특허발명에 대해서는 그 발명의 비밀취급이 해제될 때까지 그 특허의 등록공고를 보류하여야 하며, 그 발명의 비밀취급이 해제된 경우에는 지체 없이 제3항에 따라 등록공고를 하여야 한다.

⑤ 삭제

제88조(특허권의 존속기간) ① 특허권의 존속기간은 제87조제1항에 따라 특허권을 설정등록한 날부터 특허출원일 후 20년이 되는 날까지로 한다.

② 정당한 권리자의 특허출원이 제34조 또는 제35조에 따라 특허된 경우에는 제1항의 특허권의 존속기간은 무권리자의 특허출원일의 다음 날부터 기산한다.

제89조(허가등에 따른 특허권의 존속기간의 연장) ① 특허발명을 실시하기 위하여 다른 법령에 따라 허가를 받거나 등록 등을 하여야 하고, 그 허가 또는 등록 등(이하 "허가등"이라 한다)을 위하여 필요한 유효성 · 안전성 등의 시험으로 인하여 장기간이 소요되는 대통령령으로 정하는 발명인 경우에는 제88조제1항에도 불구하고 그 실시할 수 없었던 기간에 대하여 5년의 기간까지 그 특허권의 존속기간을 한 차례만 연장할 수 있다.

② 제1항을 적용할 때 허가등을 받은 자에게 책임있는 사유로 소요된 기간은 제1항의 "실시할 수 없었던 기간"에 포함되지 아니한다.

제90조(허가등에 따른 특허권의 존속기간의 연장등록출원) ① 제89조제1항에 따라 특허권의 존속기간의 연장등록출원을 하려는 자(이하 이 조 및 제91조에서 "연장등록출원인"이라 한다)는 다음 각 호의 사항을 적은 특허권의 존속기간의 연장등록출원서를 특허청장에게 제출하여야 한다.

1. 연장등록출원인의 성명 및 주소(법인인 경우에는 그 명칭 및 영업소의 소재지)
2. 연장등록출원인의 대리인이 있는 경우에는 그 대리인의 성명 및 주소나 영업소의 소재지[대리인이 특허법인 · 특허법인(유한)인 경우에는 그 명칭, 사무소의 소재지 및 지정된 변리사의 성명]
3. 연장대상특허권의 특허번호 및 연장대상청구범위의 표시
4. 연장신청의 기간
5. 제89조제1항에 따른 허가등의 내용
6. 산업통상자원부령으로 정하는 연장이유(이를 증명할 수 있는 자료를 첨부하여야 한다)

② 제1항에 따른 특허권의 존속기간의 연장등록출원은 제89조제1항에 따른 허가등을 받은 날부터 3개월 이내에 출원하여야 한다. 다만, 제88조에 따른 특허권의 존속기간의 만료 전 6개월 이후에는 그 특허권의 존속기간의 연장등록출원을 할 수 없다.

③ 특허권이 공유인 경우에는 공유자 모두가 공동으로 특허권의 존속기간의 연장등록출원을 하여야 한다.

④ 제1항에 따른 특허권의 존속기간의 연장등록출원이 있으면 그 존속기간은 연장된 것으로 본다. 다만, 그 출원에 관하여 제91조의 연장등록거절결정이 확정된 경우에는 그러하지 아니하다.

⑤ 특허청장은 제1항에 따른 특허권의 존속기간의 연장등록출원이 있으면 제1항 각 호의 사항을 특허공보에 게재하여야 한다.

⑥ 연장등록출원인은 특허청장이 연장등록여부결정등본을 송달하기 전까지 연장등록출원서에 적혀 있는 사항 중 제1항제3호부터 제6호까지의 사항(제3호 중 연장대상특허권의 특허번호는 제외한다)에 대하여 보정할 수 있다. 다만, 제93조에 따라 준용되는 거절이유통지를 받은 후에는 해당 거절이유통지에 따른 의견서 제출기간에만 보정할 수 있다.

제91조(허가등에 따른 특허권의 존속기간의 연장등록거절결정) 심사관은 제90조에 따른 특허권의 존속기간의 연장등록출원이 다음 각 호의 어느 하나에 해당하는 경우에는 그 출원에 대하여 연장등록거절결정을 하여야 한다.

1. 그 특허발명의 실시가 제89조제1항에 따른 허가등을 받을 필요가 있는 것으로 인정되지 아니하는 경우
2. 그 특허권자 또는 그 특허권의 전용실시권이나 등록된 통상실시권을 가진 자가 제89조제1항에 따른 허가등을 받지 아니한 경우
3. 연장신청의 기간이 제89조에 따라 인정되는 그 특허발명을 실시할 수 없었던 기간을 초과하는 경우
4. 연장등록출원인이 해당 특허권자가 아닌 경우
5. 제90조제3항을 위반하여 연장등록출원을 한 경우

제92조(허가등에 따른 특허권의 존속기간의 연장등록결정 등) ① 심사관은 제90조에 따른 특허권의 존속기간의 연장등록출원에 대하여 제91조 각 호의 어느 하나에 해당하는 사유를 발견할 수 없을 때에는 연장등록결정을 하여야 한다.

② 특허청장은 제1항에 따른 연장등록결정을 한 경우에는 특허권의 존속기간의 연장을 특허원부에 등록하여야 한다.

③ 특허청장은 제2항에 따른 등록을 한 경우에는 다음 각 호의 사항을 특허공보에 게재하여야 한다.

1. 특허권자의 성명 및 주소(법인인 경우에는 그 명칭 및 영업소의 소재지)
2. 특허번호
3. 연장등록의 연월일
4. 연장기간
5. 제89조제1항에 따른 허가등의 내용

제92조의2(등록지연에 따른 특허권의 존속기간의 연장) ① 특허출원에 대하여 특허출원일부터 4년과 출원심사 청구일부터 3년 중 늦은 날보다 지연되어 특허권의 설정등록이 이루어지는 경우에는 제88조제1항에도 불구하고 그 지연된 기간만큼 해당 특허권의 존속기간을 연장할 수 있다.

② 제1항의 규정을 적용함에 있어서 출원인으로 인하여 지연된 기간은 제1항에 따른 특허권의 존속기간의 연장에서 제외된다. 다만, 출원인으로 인하여 지연된 기간이 겹치는 경우에는 특허권의 존속기간의 연장에서 제외되는 기간은 출원인으로 인하여 실제 지연된 기간을 초과하여서는 아니된다.

③ 제2항에서 "출원인으로 인하여 지연된 기간"에 관한 사항은 대통령령으로 정한다.

④ 제1항에 따라 특허출원일부터 4년을 기산할 때에는 제34조, 제35조, 제52조제2항, 제52조의2제2항, 제53조제2항, 제199조제1항 및 제214조제4항에도 불구하고 다음 각 호에 해당하는 날을 특허출원일로 본다.

1. 제34조 또는 제35조에 따른 정당한 권리자의 특허출원의 경우에는 정당한 권리자가 출원을 한 날

2. 제52조에 따른 분할출원의 경우에는 분할출원을 한 날
2의2. 제52조의2에 따른 분리출원의 경우에는 분리출원을 한 날
3. 제53조에 따른 변경출원의 경우에는 변경출원을 한 날
4. 제199조제1항에 따라 특허출원으로 보는 국제출원의 경우에는 제203조제1항 각 호의 사항을 기재한 서면을 제출한 날
5. 제214조에 따라 특허출원으로 보는 국제출원의 경우에는 국제출원의 출원인이 제214조제1항에 따라 결정을 신청한 날
6. 제1호부터 제5호까지의 규정 중 어느 하나에 해당되지 아니하는 특허출원에 대하여는 그 특허출원일

제92조의3(등록지연에 따른 특허권의 존속기간의 연장등록출원) ① 제92조의2에 따라 특허권의 존속기간의 연장등록출원을 하려는 자(이하 이 조 및 제92조의4에서 "연장등록출원인"이라 한다)는 다음 각 호의 사항을 적은 특허권의 존속기간의 연장등록출원서를 특허청장에게 제출하여야 한다.
1. 연장등록출원인의 성명 및 주소(법인인 경우에는 그 명칭 및 영업소의 소재지)
2. 연장등록출원인의 대리인이 있는 경우에는 그 대리인의 성명 및 주소나 영업소의 소재지(대리인이 특허법인 · 특허법인(유한)인 경우에는 그 명칭, 사무소의 소재지 및 지정된 변리사의 성명)
3. 연장 대상 특허권의 특허번호
4. 연장신청의 기간
5. 산업통상자원부령이 정하는 연장이유(이를 증명할 수 있는 자료를 첨부하여야 한다)

② 제1항에 따른 특허권의 존속기간의 연장등록출원은 특허권의 설정등록일부터 3개월 이내에 출원하여야 한다.

③ 특허권이 공유인 경우에는 공유자 전원이 공동으로 특허권의 존속기간의 연장등록출원을 하여야 한다.

④ 연장등록출원인은 심사관이 특허권의 존속기간의 연장등록 여부결정 전까지 연장등록출원서에 기재된 사항 중 제1항제4호 및 제5호의 사항에 대하여 보정할 수 있다. 다만, 제93조에 따라 준용되는 거절이유통지를 받은 후에는 해당 거절이유통지에 따른 의견서 제출기간에만 보정할 수 있다.

제92조의4(등록지연에 따른 특허권의 존속기간의 연장등록거절결정) 심사관은 제92조의3에 따른 특허권의 존속기간의 연장등록출원이 다음 각 호의 어느 하나에 해당하는 경우에는 그 출원에 대하여 연장등록거절결정을 하여야 한다.
1. 연장신청의 기간이 제92조의2에 따라 인정되는 연장의 기간을 초과한 경우
2. 연장등록출원인이 해당 특허권자가 아닌 경우
3. 제92조의3제3항을 위반하여 연장등록출원을 한 경우

제92조의5(등록지연에 따른 특허권의 존속기간의 연장등록결정 등) ① 심사관은 제92조의3에 따른 특허권의 존속기간의 연장등록출원에 대하여 제92조의4 각 호의 어느 하나에 해당하는 사유를 발견할 수 없는 경우에는 연장등록결정을 하여야 한다.

② 특허청장은 제1항의 연장등록결정이 있으면 특허권의 존속기간의 연장을 특허원부에 등록하여야 한다.

③ 제2항에 따른 등록이 있으면 다음 각 호의 사항을 특허공보에 게재하여야 한다.
1. 특허권자의 성명 및 주소(법인인 경우에는 그 명칭 및 영업소의 소재지)

2. 특허번호
3. 연장등록 연월일
4. 연장 기간

제93조(준용규정) 특허권의 존속기간의 연장등록출원의 심사에 관하여는 제57조제1항, 제63조, 제67조, 제148조제1호부터 제5호까지 및 같은 조 제7호를 준용한다.

제94조(특허권의 효력) ① 특허권자는 업으로서 특허발명을 실시할 권리를 독점한다. 다만, 그 특허권에 관하여 전용실시권을 설정하였을 때에는 제100조제2항에 따라 전용실시권자가 그 특허발명을 실시할 권리를 독점하는 범위에서는 그러하지 아니하다.

② 특허발명의 실시가 제2조제3호나목에 따른 방법의 사용을 청약하는 행위인 경우 특허권의 효력은 그 방법의 사용이 특허권 또는 전용실시권을 침해한다는 것을 알면서 그 방법의 사용을 청약하는 행위에만 미친다.

제95조(허가등에 따른 존속기간이 연장된 경우의 특허권의 효력) 제90조제4항에 따라 특허권의 존속기간이 연장된 특허권의 효력은 그 연장등록의 이유가 된 허가등의 대상물건(그 허가등에 있어 물건에 대하여 특정의 용도가 정하여져 있는 경우에는 그 용도에 사용되는 물건)에 관한 그 특허발명의 실시 행위에만 미친다.

제96조(특허권의 효력이 미치지 아니하는 범위) ① 특허권의 효력은 다음 각 호의 어느 하나에 해당하는 사항에는 미치지 아니한다.

1. 연구 또는 시험(「약사법」에 따른 의약품의 품목허가 · 품목신고 및 「농약관리법」에 따른 농약의 등록을 위한 연구 또는 시험을 포함한다)을 하기 위한 특허발명의 실시
2. 국내를 통과하는데 불과한 선박 · 항공기 · 차량 또는 이에 사용되는 기계 · 기구 · 장치, 그 밖의 물건
3. 특허출원을 한 때부터 국내에 있는 물건

② 둘 이상의 의약[사람의 질병의 진단 · 경감 · 치료 · 처치(處置) 또는 예방을 위하여 사용되는 물건을 말한다. 이하 같다]이 혼합되어 제조되는 의약의 발명 또는 둘 이상의 의약을 혼합하여 의약을 제조하는 방법의 발명에 관한 특허권의 효력은 「약사법」에 따른 조제행위와 그 조제에 의한 의약에는 미치지 아니한다.

제97조(특허발명의 보호범위) 특허발명의 보호범위는 청구범위에 적혀 있는 사항에 의하여 정하여진다.

제98조(타인의 특허발명 등과의 관계) 특허권자 · 전용실시권자 또는 통상실시권자는 특허발명이 그 특허발명의 특허출원일 전에 출원된 타인의 특허발명 · 등록실용신안 또는 등록디자인이나 그 디자인과 유사한 디자인을 이용하거나 특허권이 그 특허발명의 특허출원일 전에 출원된 타인의 디자인권 또는 상표권과 저촉되는 경우에는 그 특허권자 · 실용신안권자 · 디자인권자 또는 상표권자의 허락을 받지 아니하고는 자기의 특허발명을 업으로서 실시할 수 없다.

제99조(특허권의 이전 및 공유 등) ① 특허권은 이전할 수 있다.

② 특허권이 공유인 경우에는 각 공유자는 다른 공유자 모두의 동의를 받아야만 그 지분을 양도하거나 그 지분을 목적으로 하는 질권을 설정할 수 있다.

③ 특허권이 공유인 경우에는 각 공유자는 계약으로 특별히 약정한 경우를 제외하고는 다른 공유자의 동의를 받지 아니하고 그 특허발명을 자신이 실시할 수 있다.

④ 특허권이 공유인 경우에는 각 공유자는 다른 공유자 모두의 동의를 받아야만 그 특허권에 대하여 전용실시권을 설정하거나 통상실시권을 허락할 수 있다.

제99조의2(특허권의 이전청구) ① 특허가 제133조제1항제2호 본문에 해당하는 경우에 특허를 받을 수 있는 권리를 가진 자는 법원에 해당 특허권의 이전(특허를 받을 수 있는 권리가 공유인 경우에는 그 지분의 이전을 말한다)을 청구할 수 있다.

② 제1항의 청구에 기초하여 특허권이 이전등록된 경우에는 다음 각 호의 권리는 그 특허권이 설정등록된 날부터 이전등록을 받은 자에게 있는 것으로 본다.

1. 해당 특허권
2. 제65조제2항에 따른 보상금 지급 청구권
3. 제207조제4항에 따른 보상금 지급 청구권

③ 제1항의 청구에 따라 공유인 특허권의 지분을 이전하는 경우에는 제99조제2항에도 불구하고 다른 공유자의 동의를 받지 아니하더라도 그 지분을 이전할 수 있다.

제100조(전용실시권) ① 특허권자는 그 특허권에 대하여 타인에게 전용실시권을 설정할 수 있다.

② 전용실시권을 설정받은 전용실시권자는 그 설정행위로 정한 범위에서 그 특허발명을 업으로서 실시할 권리를 독점한다.

③ 전용실시권자는 다음 각 호의 경우를 제외하고는 특허권자의 동의를 받아야만 전용실시권을 이전할 수 있다.

1. 전용실시권을 실시사업(實施事業)과 함께 이전하는 경우
2. 상속이나 그 밖의 일반승계의 경우

④ 전용실시권자는 특허권자의 동의를 받아야만 그 전용실시권을 목적으로 하는 질권을 설정하거나 통상실시권을 허락할 수 있다.

⑤ 전용실시권에 관하여는 제99조제2항부터 제4항까지의 규정을 준용한다.

제101조(특허권 및 전용실시권의 등록의 효력) ① 다음 각 호의 어느 하나에 해당하는 사항은 등록하여야만 효력이 발생한다.

1. 특허권의 이전(상속이나 그 밖의 일반승계에 의한 경우는 제외한다), 포기에 의한 소멸 또는 처분의 제한
2. 전용실시권의 설정 · 이전(상속이나 그 밖의 일반승계에 의한 경우는 제외한다) · 변경 · 소멸(혼동에 의한 경우는 제외한다) 또는 처분의 제한
3. 특허권 또는 전용실시권을 목적으로 하는 질권의 설정 · 이전(상속이나 그 밖의 일반승계에 의한 경우는 제외한다) · 변경 · 소멸(혼동에 의한 경우는 제외한다) 또는 처분의 제한

② 제1항 각 호에 따른 특허권 · 전용실시권 및 질권의 상속이나 그 밖의 일반승계의 경우에는 지체 없이 그 취지를 특허청장에게 신고하여야 한다.

제102조(통상실시권) ① 특허권자는 그 특허권에 대하여 타인에게 통상실시권을 허락할 수 있다.

② 통상실시권자는 이 법에 따라 또는 설정행위로 정한 범위에서 특허발명을 업으로서 실시할 수 있는 권리를 가진다.

③ 제107조에 따른 통상실시권은 실시사업과 함께 이전하는 경우에만 이전할 수 있다.

④ 제138조, 「실용신안법」 제32조 또는 「디자인보호법」 제123조에 따른 통상실시권은 그 통상실시권자의 해당 특허권 · 실용신안권 또는 디자인권과 함께 이전되고, 해당 특허권 · 실용신안권 또는 디자인권이 소멸되면 함께 소멸된다.

⑤ 제3항 및 제4항에 따른 통상실시권 외의 통상실시권은 실시사업과 함께 이전하는 경우

또는 상속이나 그 밖의 일반승계의 경우를 제외하고는 특허권자(전용실시권에 관한 통상실시권의 경우에는 특허권자 및 전용실시권자)의 동의를 받아야만 이전할 수 있다.

⑥ 제3항 및 제4항에 따른 통상실시권 외의 통상실시권은 특허권자(전용실시권에 관한 통상실시권의 경우에는 특허권자 및 전용실시권자)의 동의를 받아야만 그 통상실시권을 목적으로 하는 질권을 설정할 수 있다.

⑦ 통상실시권에 관하여는 제99조제2항 및 제3항을 준용한다.

제103조(선사용에 의한 통상실시권) 특허출원 시에 그 특허출원된 발명의 내용을 알지 못하고 그 발명을 하거나 그 발명을 한 사람으로부터 알게 되어 국내에서 그 발명의 실시사업을 하거나 이를 준비하고 있는 자는 그 실시하거나 준비하고 있는 발명 및 사업목적의 범위에서 그 특허출원된 발명의 특허권에 대하여 통상실시권을 가진다.

제103조의2(특허권의 이전청구에 따른 이전등록 전의 실시에 의한 통상실시권) ① 다음 각 호의 어느 하나에 해당하는 자가 제99조의2제2항에 따른 특허권의 이전등록이 있기 전에 해당 특허가 제133조제1항제2호 본문에 해당하는 것을 알지 못하고 국내에서 해당 발명의 실시사업을 하거나 이를 준비하고 있는 경우에는 그 실시하거나 준비를 하고 있는 발명 및 사업목적의 범위에서 그 특허권에 대하여 통상실시권을 가진다.

1. 이전등록된 특허의 원(原)특허권자
2. 이전등록된 특허권에 대하여 이전등록 당시에 이미 전용실시권이나 통상실시권 또는 그 전용실시권에 대한 통상실시권을 취득하고 등록을 받은 자. 다만, 제118조제2항에 따른 통상실시권을 취득한 자는 등록을 필요로 하지 아니한다.

② 제1항에 따라 통상실시권을 가진 자는 이전등록된 특허권자에게 상당한 대가를 지급하여야 한다.

제104조(무효심판청구 등록 전의 실시에 의한 통상실시권) ① 다음 각 호의 어느 하나에 해당하는 자가 특허 또는 실용신안등록에 대한 무효심판청구의 등록 전에 자기의 특허발명 또는 등록실용신안이 무효사유에 해당하는 것을 알지 못하고 국내에서 그 발명 또는 고안의 실시사업을 하거나 이를 준비하고 있는 경우에는 그 실시하거나 준비하고 있는 발명 또는 고안 및 사업목적의 범위에서 그 특허권에 대하여 통상실시권을 가지거나 특허나 실용신안등록이 무효로 된 당시에 존재하는 특허권의 전용실시권에 대하여 통상실시권을 가진다.

1. 동일한 발명에 대한 둘 이상의 특허 중 그 하나의 특허를 무효로 한 경우 그 무효로 된 특허의 원특허권자
2. 특허발명과 등록실용신안이 동일하여 그 실용신안등록을 무효로 한 경우 그 무효로 된 실용신안등록의 원(原)실용신안권자
3. 특허를 무효로 하고 동일한 발명에 관하여 정당한 권리자에게 특허를 한 경우 그 무효로 된 특허의 원특허권자
4. 실용신안등록을 무효로 하고 그 고안과 동일한 발명에 관하여 정당한 권리자에게 특허를 한 경우 그 무효로 된 실용신안의 원실용신안권자
5. 제1호부터 제4호까지의 경우에 있어서 그 무효로 된 특허권 또는 실용신안권에 대하여 무효심판청구 등록 당시에 이미 전용실시권이나 통상실시권 또는 그 전용실시권에 대한 통상실시권을 취득하고 등록을 받은 자. 다만, 제118조제2항에 따른 통상실시권을 취득한 자는 등록을 필요로 하지 아니한다.

② 제1항에 따라 통상실시권을 가진 자는 특허권자 또는 전용실시권자에게 상당한 대가를 지급하여야 한다.

제105조(디자인권의 존속기간 만료 후의 통상실시권) ① 특허출원일 전 또는 특허출원일과 같은 날에 출원되어 등록된 디자인권이 그 특허권과 저촉되는 경우 그 디자인권의 존속기간이 만료될 때에는 그 디자인권자는 그 디자인권의 범위에서 그 특허권에 대하여 통상실시권을 가지거나 그 디자인권의 존속기간 만료 당시 존재하는 그 특허권의 전용실시권에 대하여 통상실시권을 가진다.

② 특허출원일 전 또는 특허출원일과 같은 날에 출원되어 등록된 디자인권이 그 특허권과 저촉되는 경우 그 디자인권의 존속기간이 만료될 때에는 다음 각 호의 어느 하나에 해당하는 권리를 가진 자는 원(原)권리의 범위에서 그 특허권에 대하여 통상실시권을 가지거나 그 디자인권의 존속기간 만료 당시 존재하는 그 특허권의 전용실시권에 대하여 통상실시권을 가진다.

1. 그 디자인권의 존속기간 만료 당시 존재하는 그 디자인권에 대한 전용실시권
2. 그 디자인권이나 그 디자인권에 대한 전용실시권에 대하여 「디자인보호법」 제104조제1항에 따라 효력이 발생한 통상실시권

③ 제2항에 따라 통상실시권을 가진 자는 특허권자 또는 전용실시권자에게 상당한 대가를 지급하여야 한다.

제106조(특허권의 수용) ① 정부는 특허발명이 전시, 사변 또는 이에 준하는 비상시에 국방상 필요한 경우에는 특허권을 수용할 수 있다.

② 특허권이 수용되는 경우에는 그 특허발명에 관한 특허권 외의 권리는 소멸된다.

③ 정부는 제1항에 따라 특허권을 수용하는 경우에는 특허권자, 전용실시권자 또는 통상실시권자에 대하여 정당한 보상금을 지급하여야 한다.

④ 특허권의 수용 및 보상금의 지급에 필요한 사항은 대통령령으로 정한다.

제106조의2(정부 등에 의한 특허발명의 실시) ① 정부는 특허발명이 국가 비상사태, 극도의 긴급상황 또는 공공의 이익을 위하여 비상업적(非商業的)으로 실시할 필요가 있다고 인정하는 경우에는 그 특허발명을 실시하거나 정부 외의 자에게 실시하게 할 수 있다.

② 정부 또는 제1항에 따른 정부 외의 자는 타인의 특허권이 존재한다는 사실을 알았거나 알 수 있을 때에는 제1항에 따른 실시 사실을 특허권자, 전용실시권자 또는 통상실시권자에게 신속하게 알려야 한다.

③ 정부 또는 제1항에 따른 정부 외의 자는 제1항에 따라 특허발명을 실시하는 경우에는 특허권자, 전용실시권자 또는 통상실시권자에게 정당한 보상금을 지급하여야 한다.

④ 특허발명의 실시 및 보상금의 지급에 필요한 사항은 대통령령으로 정한다.

제107조(통상실시권 설정의 재정) ① 특허발명을 실시하려는 자는 특허발명이 다음 각 호의 어느 하나에 해당하고, 그 특허발명의 특허권자 또는 전용실시권자와 합리적인 조건으로 통상실시권 허락에 관한 협의(이하 이 조에서 "협의"라 한다)를 하였으나 합의가 이루어지지 아니하는 경우 또는 협의를 할 수 없는 경우에는 특허청장에게 통상실시권 설정에 관한 재정(裁定)(이하 "재정"이라 한다)을 청구할 수 있다. 다만, 공공의 이익을 위하여 비상업적으로 실시하려는 경우와 제4호에 해당하는 경우에는 협의 없이도 재정을 청구할 수 있다.

1. 특허발명이 천재지변이나 그 밖의 불가항력 또는 대통령령으로 정하는 정당한 이유 없이 계속하여 3년 이상 국내에서 실시되고 있지 아니한 경우
2. 특허발명이 정당한 이유 없이 계속하여 3년 이상 국내에서 상당한 영업적 규모로 실시되고 있지 아니하거나 적당한 정도와 조건으로 국내수요를 충족시키지 못한 경우

3. 특허발명의 실시가 공공의 이익을 위하여 특히 필요한 경우
4. 사법적 절차 또는 행정적 절차에 의하여 불공정거래행위로 판정된 사항을 바로잡기 위하여 특허발명을 실시할 필요가 있는 경우
5. 자국민 다수의 보건을 위협하는 질병을 치료하기 위하여 의약품(의약품 생산에 필요한 유효성분, 의약품 사용에 필요한 진단키트를 포함한다)을 수입하려는 국가(이하 이 조에서 "수입국"이라 한다)에 그 의약품을 수출할 수 있도록 특허발명을 실시할 필요가 있는 경우

② 특허출원일부터 4년이 지나지 아니한 특허발명에 관하여는 제1항제1호 및 제2호를 적용하지 아니한다.

③ 특허청장은 재정을 하는 경우 청구별로 통상실시권 설정의 필요성을 검토하여야 한다.

④ 특허청장은 제1항제1호부터 제3호까지 또는 제5호에 따른 재정을 하는 경우 재정을 받는 자에게 다음 각 호의 조건을 붙여야 한다.

1. 제1항제1호부터 제3호까지의 규정에 따른 재정의 경우에는 통상실시권을 국내수요충족을 위한 공급을 주목적으로 실시할 것
2. 제1항제5호에 따른 재정의 경우에는 생산된 의약품 전량을 수입국에 수출할 것

⑤ 특허청장은 재정을 하는 경우 상당한 대가가 지급될 수 있도록 하여야 한다. 이 경우 제1항제4호 또는 제5호에 따른 재정을 하는 경우에는 다음 각 호의 사항을 대가 결정에 고려할 수 있다.

1. 제1항제4호에 따른 재정의 경우에는 불공정거래행위를 바로잡기 위한 취지
2. 제1항제5호에 따른 재정의 경우에는 그 특허발명을 실시함으로써 발생하는 수입국에서의 경제적 가치

⑥ 반도체 기술에 대해서는 제1항제3호(공공의 이익을 위하여 비상업적으로 실시하는 경우만 해당한다) 또는 제4호의 경우에만 재정을 청구할 수 있다.

⑦ 수입국은 세계무역기구회원국 중 세계무역기구에 다음 각 호의 사항을 통지한 국가 또는 세계무역기구회원국이 아닌 국가 중 대통령령으로 정하는 국가로서 다음 각 호의 사항을 대한민국정부에 통지한 국가의 경우만 해당한다.

1. 수입국이 필요로 하는 의약품의 명칭과 수량
2. 국제연합총회의 결의에 따른 최빈개발도상국이 아닌 경우 해당 의약품의 생산을 위한 제조능력이 없거나 부족하다는 수입국의 확인
3. 수입국에서 해당 의약품이 특허된 경우 강제적인 실시를 허락하였거나 허락할 의사가 있다는 그 국가의 확인

⑧ 제1항제5호에 따른 의약품은 다음 각 호의 어느 하나에 해당하는 것으로 한다.

1. 특허된 의약품
2. 특허된 제조방법으로 생산된 의약품
3. 의약품 생산에 필요한 특허된 유효성분
4. 의약품 사용에 필요한 특허된 진단키트

⑨ 재정을 청구하는 자가 제출하여야 하는 서류, 그 밖에 재정에 관하여 필요한 사항은 대통령령으로 정한다.

제108조(답변서의 제출) 특허청장은 재정의 청구가 있으면 그 청구서의 부본(副本)을 그 청구에 관련된 특허권자 · 전용실시권자, 그 밖에 그 특허에 관하여 등록을 한 권리를 가지는 자에게 송달하고, 기간을 정하여 답변서를 제출할 수 있는 기회를 주어야 한다.

제109조(산업재산권분쟁조정위원회 및 관계 부처의 장의 의견청취) 특허청장은 재정을 할 때 필요하다고 인정하는 경우에는 「발명진흥법」 제41조에 따른 산업재산권분쟁조정위원회(이하 "조정위원회"라 한다) 및 관계 부처의 장의 의견을 들을 수 있고, 관계 행정기관이나 관계인에게 협조를 요청할 수 있다.

제110조(재정의 방식 등) ① 재정은 서면으로 하고, 그 이유를 구체적으로 적어야 한다.

② 제1항에 따른 재정에는 다음 각 호의 사항을 구체적으로 적어야 한다.

1. 통상실시권의 범위 및 기간
2. 대가와 그 지급방법 및 지급시기
3. 제107조제1항제5호에 따른 재정의 경우에는 그 특허발명의 특허권자 · 전용실시권자 또는 통상실시권자(재정에 따른 경우는 제외한다)가 공급하는 의약품과 외관상 구분할 수 있는 포장 · 표시 및 재정에서 정한 사항을 공시할 인터넷 주소
4. 그 밖에 재정을 받은 자가 그 특허발명을 실시할 경우 법령 또는 조약에 따른 내용을 이행하기 위하여 필요한 준수사항

③ 특허청장은 정당한 사유가 있는 경우를 제외하고는 재정청구일부터 6개월 이내에 재정에 관한 결정을 하여야 한다.

④ 제107조제1항제5호에 따른 재정청구가 같은 조 제7항 및 제8항에 해당하고 같은 조 제9항에 따른 서류가 모두 제출된 경우에는 특허청장은 정당한 사유가 있는 경우를 제외하고는 통상실시권 설정의 재정을 하여야 한다.

제111조(재정서등본의 송달) ① 특허청장은 재정을 한 경우에는 당사자 및 그 특허에 관하여 등록을 한 권리를 가지는 자에게 재정서등본을 송달하여야 한다.

② 제1항에 따라 당사자에게 재정서등본이 송달되었을 때에는 재정서에 적혀 있는 바에 따라 당사자 사이에 협의가 이루어진 것으로 본다.

제111조의2(재정서의 변경) ① 재정을 받은 자는 재정서에 적혀 있는 제110조제2항제3호의 사항에 관하여 변경이 필요하면 그 원인을 증명하는 서류를 첨부하여 특허청장에게 변경청구를 할 수 있다.

② 특허청장은 제1항에 따른 청구가 이유있다고 인정되면 재정서에 적혀 있는 사항을 변경할 수 있다. 이 경우 이해관계인의 의견을 들어야 한다.

③ 제2항의 경우에 관하여는 제111조를 준용한다.

제112조(대가의 공탁) 제110조제2항제2호에 따른 대가를 지급하여야 하는 자는 다음 각 호의 어느 하나에 해당하는 경우에는 그 대가를 공탁(供託)하여야 한다.

1. 대가를 받을 자가 수령을 거부하거나 수령할 수 없는 경우
2. 대가에 대하여 제190조제1항에 따른 소송이 제기된 경우
3. 해당 특허권 또는 전용실시권을 목적으로 하는 질권이 설정되어 있는 경우. 다만, 질권자의 동의를 받은 경우에는 그러하지 아니하다.

제113조(재정의 실효) 재정을 받은 자가 제110조제2항제2호에 따른 지급시기까지 대가(대가를 정기 또는 분할하여 지급할 경우에는 최초의 지급분)를 지급하지 아니하거나 공탁을 하지 아니한 경우에는 그 재정은 효력을 잃는다.

제114조(재정의 취소) ① 특허청장은 재정을 받은 자가 다음 각 호의 어느 하나에 해당하는 경우에는 이해관계인의 신청에 따라 또는 직권으로 그 재정을 취소할 수 있다. 다만, 제2호의 경우에는 재정을 받은 통상실시권자의 정당한 이익이 보호될 수 있는 경우로 한정한다.

1. 재정을 받은 목적에 적합하도록 그 특허발명을 실시하지 아니한 경우

2. 통상실시권을 재정한 사유가 없어지고 그 사유가 다시 발생하지 아니할 것이라고 인정되는 경우
3. 정당한 사유 없이 재정서에 적혀 있는 제110조제2항제3호 또는 제4호의 사항을 위반하였을 경우

② 제1항의 경우에 관하여는 제108조 · 제109조 · 제110조제1항 및 제111조제1항을 준용한다.

③ 제1항에 따라 재정이 취소되면 통상실시권은 그때부터 소멸된다.

제115조(재정에 대한 불복이유의 제한) 재정에 대하여 「행정심판법」에 따라 행정심판을 제기하거나 「행정소송법」에 따라 취소소송을 제기하는 경우에는 그 재정으로 정한 대가는 불복이유로 할 수 없다.

제116조 삭제

제117조 삭제

제118조(통상실시권의 등록의 효력) ① 통상실시권을 등록한 경우에는 그 등록 후에 특허권 또는 전용실시권을 취득한 자에 대해서도 그 효력이 발생한다.

② 제81조의3제5항, 제103조부터 제105조까지, 제122조, 제182조, 제183조 및 「발명진흥법」 제10조제1항에 따른 통상실시권은 등록이 없더라도 제1항에 따른 효력이 발생한다.

③ 통상실시권의 이전 · 변경 · 소멸 또는 처분의 제한, 통상실시권을 목적으로 하는 질권의 설정 · 이전 · 변경 · 소멸 또는 처분의 제한은 이를 등록하여야만 제3자에게 대항할 수 있다.

제119조(특허권 등의 포기의 제한) ① 특허권자는 다음 각 호의 모두의 동의를 받아야만 특허권을 포기할 수 있다.

1. 전용실시권자
2. 질권자
3. 제100조제4항에 따른 통상실시권자
4. 제102조제1항에 따른 통상실시권자
5. 「발명진흥법」 제10조제1항에 따른 통상실시권자

② 전용실시권자는 질권자 또는 제100조제4항에 따른 통상실시권자의 동의를 받아야만 전용실시권을 포기할 수 있다.

③ 통상실시권자는 질권자의 동의를 받아야만 통상실시권을 포기할 수 있다.

제120조(포기의 효과) 특허권 · 전용실시권 또는 통상실시권을 포기한 때에는 특허권 · 전용실시권 또는 통상실시권은 그때부터 소멸된다.

제121조(질권) 특허권 · 전용실시권 또는 통상실시권을 목적으로 하는 질권을 설정하였을 때에는 질권자는 계약으로 특별히 정한 경우를 제외하고는 해당 특허발명을 실시할 수 없다.

제122조(질권행사 등으로 인한 특허권의 이전에 따른 통상실시권) 특허권자(공유인 특허권을 분할청구한 경우에는 분할청구를 한 공유자를 제외한 나머지 공유자를 말한다)는 특허권을 목적으로 하는 질권설정 또는 공유인 특허권의 분할청구 이전에 그 특허발명을 실시하고 있는 경우에는 그 특허권이 경매 등에 의하여 이전되더라도 그 특허발명에 대하여 통상실시권을 가진다. 이 경우 특허권자는 경매 등에 의하여 특허권을 이전받은 자에게 상당한 대가를 지급하여야 한다. 〈개정 2021. 10. 19.〉

제123조(질권의 물상대위) 질권은 이 법에 따른 보상금이나 특허발명의 실시에 대하여 받을 대가나 물건에 대해서도 행사할 수 있다. 다만, 그 보상금 등의 지급 또는 인도 전에 압류하여야 한다.

제124조(상속인이 없는 경우 등의 특허권 소멸) ①특허권의 상속이 개시된 때 상속인이 없는

경우에는 그 특허권은 소멸된다.

② 청산절차가 진행 중인 법인의 특허권은 법인의 청산종결등기일(청산종결등기가 되었더라도 청산사무가 사실상 끝나지 아니한 경우에는 청산사무가 사실상 끝난 날과 청산종결등기일부터 6개월이 지난 날 중 빠른 날로 한다. 이하 이 항에서 같다)까지 그 특허권의 이전등록을 하지 아니한 경우에는 청산종결등기일의 다음 날에 소멸한다.

第125條(특허실시보고) 특허청장은 특허권자·전용실시권자 또는 통상실시권자에게 특허발명의 실시 여부 및 그 규모 등에 관하여 보고하게 할 수 있다.

第125條의2(대가 및 보상금액에 대한 집행권원) 이 법에 따라 특허청장이 정한 대가와 보상금액에 관하여 확정된 결정은 집행력 있는 집행권원(執行權原)과 같은 효력을 가진다. 이 경우 집행력 있는 정본은 특허청 소속 공무원이 부여한다.

제6장 특허권자의 보호

第126條(권리침해에 대한 금지청구권 등) ① 특허권자 또는 전용실시권자는 자기의 권리를 침해한 자 또는 침해할 우려가 있는 자에 대하여 그 침해의 금지 또는 예방을 청구할 수 있다.

② 특허권자 또는 전용실시권자가 제1항에 따른 청구를 할 때에는 침해행위를 조성한 물건(물건을 생산하는 방법의 발명인 경우에는 침해행위로 생긴 물건을 포함한다)의 폐기, 침해행위에 제공된 설비의 제거, 그 밖에 침해의 예방에 필요한 행위를 청구할 수 있다.

第126條의2(구체적 행위태양 제시 의무) ① 특허권 또는 전용실시권 침해소송에서 특허권자 또는 전용실시권자가 주장하는 침해행위의 구체적 행위태양을 부인하는 당사자는 자기의 구체적 행위태양을 제시하여야 한다.

② 법원은 당사자가 제1항에도 불구하고 자기의 구체적 행위태양을 제시할 수 없는 정당한 이유가 있다고 주장하는 경우에는 그 주장의 당부를 판단하기 위하여 그 당사자에게 자료의 제출을 명할 수 있다. 다만, 그 자료의 소지자가 그 자료의 제출을 거절할 정당한 이유가 있으면 그러하지 아니하다.

③ 제2항에 따른 자료제출명령에 관하여는 제132조제2항 및 제3항을 준용한다. 이 경우 제132조제3항 중 "침해의 증명 또는 손해액의 산정에 반드시 필요한 때"를 "구체적 행위태양을 제시할 수 없는 정당한 이유의 유무 판단에 반드시 필요한 때"로 한다.

④ 당사자가 정당한 이유 없이 자기의 구체적 행위태양을 제시하지 않는 경우에는 법원은 특허권자 또는 전용실시권자가 주장하는 침해행위의 구체적 행위태양을 진실한 것으로 인정할 수 있다.

第127條(침해로 보는 행위) 다음 각 호의 구분에 따른 행위를 업으로서 하는 경우에는 특허권 또는 전용실시권을 침해한 것으로 본다.

1. 특허가 물건의 발명인 경우: 그 물건의 생산에만 사용하는 물건을 생산·양도·대여 또는 수입하거나 그 물건의 양도 또는 대여의 청약을 하는 행위
2. 특허가 방법의 발명인 경우: 그 방법의 실시에만 사용하는 물건을 생산·양도·대여 또는 수입하거나 그 물건의 양도 또는 대여의 청약을 하는 행위

第128條(손해배상청구권 등) ① 특허권자 또는 전용실시권자는 고의 또는 과실로 자기의 특허권 또는 전용실시권을 침해한 자에 대하여 침해로 인하여 입은 손해의 배상을 청구할 수

있다.

② 제1항에 따라 손해배상을 청구하는 경우 그 권리를 침해한 자가 그 침해행위를 하게 한 물건을 양도하였을 때에는 다음 각 호에 해당하는 금액의 합계액을 특허권자 또는 전용실시권자가 입은 손해액으로 할 수 있다.

1. 그 물건의 양도수량(특허권자 또는 전용실시권자가 그 침해행위 외의 사유로 판매할 수 없었던 사정이 있는 경우에는 그 침해행위 외의 사유로 판매할 수 없었던 수량을 뺀 수량) 중 특허권자 또는 전용실시권자가 생산할 수 있었던 물건의 수량에서 실제 판매한 물건의 수량을 뺀 수량을 넘지 않는 수량에 특허권자 또는 전용실시권자가 그 침해행위가 없었다면 판매할 수 있었던 물건의 단위수량당 이익액을 곱한 금액
2. 그 물건의 양도수량 중 특허권자 또는 전용실시권자가 생산할 수 있었던 물건의 수량에서 실제 판매한 물건의 수량을 뺀 수량을 넘는 수량 또는 그 침해행위 외의 사유로 판매할 수 없었던 수량이 있는 경우 이들 수량(특허권자 또는 전용실시권자가 그 특허권자의 특허권에 대한 전용실시권의 설정, 통상실시권의 허락 또는 그 전용실시권자의 전용실시권에 대한 통상실시권의 허락을 할 수 있었다고 인정되지 않는 경우에는 해당 수량을 뺀 수량)에 대해서는 특허발명의 실시에 대하여 합리적으로 받을 수 있는 금액

③ 삭제

④ 제1항에 따라 손해배상을 청구하는 경우 특허권 또는 전용실시권을 침해한 자가 그 침해행위로 인하여 얻은 이익액을 특허권자 또는 전용실시권자가 입은 손해액으로 추정한다.

⑤ 제1항에 따라 손해배상을 청구하는 경우 그 특허발명의 실시에 대하여 합리적으로 받을 수 있는 금액을 특허권자 또는 전용실시권자가 입은 손해액으로 하여 손해배상을 청구할 수 있다.

⑥ 제5항에도 불구하고 손해액이 같은 항에 따른 금액을 초과하는 경우에는 그 초과액에 대해서도 손해배상을 청구할 수 있다. 이 경우 특허권 또는 전용실시권을 침해한 자에게 고의 또는 중대한 과실이 없을 때에는 법원은 손해배상액을 산정할 때 그 사실을 고려할 수 있다.

⑦ 법원은 특허권 또는 전용실시권의 침해에 관한 소송에서 손해가 발생된 것은 인정되나 그 손해액을 증명하기 위하여 필요한 사실을 증명하는 것이 해당 사실의 성질상 극히 곤란한 경우에는 제2항부터 제6항까지의 규정에도 불구하고 변론 전체의 취지와 증거조사의 결과에 기초하여 상당한 손해액을 인정할 수 있다.

⑧ 법원은 타인의 특허권 또는 전용실시권을 침해한 행위가 고의적인 것으로 인정되는 경우에는 제1항에도 불구하고 제2항부터 제7항까지의 규정에 따라 손해로 인정된 금액의 3배를 넘지 아니하는 범위에서 배상액을 정할 수 있다.

⑨ 제8항에 따른 배상액을 판단할 때에는 다음 각 호의 사항을 고려하여야 한다.

1. 침해행위를 한 자의 우월적 지위 여부
2. 고의 또는 손해 발생의 우려를 인식한 정도
3. 침해행위로 인하여 특허권자 및 전용실시권자가 입은 피해규모
4. 침해행위로 인하여 침해한 자가 얻은 경제적 이익
5. 침해행위의 기간 · 횟수 등
6. 침해행위에 따른 벌금
7. 침해행위를 한 자의 재산상태
8. 침해행위를 한 자의 피해구제 노력의 정도

제128조의2(감정사항 설명의무) 특허권 또는 전용실시권 침해소송에서 법원이 침해로 인한 손해액의 산정을 위하여 감정을 명한 때에는 당사자는 감정인에게 감정에 필요한 사항을 설명하여야 한다.

제129조(생산방법의 추정) 물건을 생산하는 방법의 발명에 관하여 특허가 된 경우에 그 물건과 동일한 물건은 그 특허된 방법에 의하여 생산된 것으로 추정한다. 다만, 그 물건이 다음 각 호의 어느 하나에 해당하는 경우에는 그러하지 아니하다.

1. 특허출원 전에 국내에서 공지되었거나 공연히 실시된 물건
2. 특허출원 전에 국내 또는 국외에서 반포된 간행물에 게재되었거나 전기통신회선을 통하여 공중이 이용할 수 있는 물건

제130조(과실의 추정) 타인의 특허권 또는 전용실시권을 침해한 자는 그 침해행위에 대하여 과실이 있는 것으로 추정한다.

제131조(특허권자 등의 신용회복) 법원은 고의나 과실로 특허권 또는 전용실시권을 침해함으로써 특허권자 또는 전용실시권자의 업무상 신용을 떨어뜨린 자에 대해서는 특허권자 또는 전용실시권자의 청구에 의하여 손해배상을 갈음하여 또는 손해배상과 함께 특허권자 또는 전용실시권자의 업무상 신용회복을 위하여 필요한 조치를 명할 수 있다.

제132조(자료의 제출) ① 법원은 특허권 또는 전용실시권 침해소송에서 당사자의 신청에 의하여 상대방 당사자에게 해당 침해의 증명 또는 침해로 인한 손해액의 산정에 필요한 자료의 제출을 명할 수 있다. 다만, 그 자료의 소지자가 그 자료의 제출을 거절할 정당한 이유가 있으면 그러하지 아니하다.

② 법원은 자료의 소지자가 제1항에 따른 제출을 거부할 정당한 이유가 있다고 주장하는 경우에는 그 주장의 당부를 판단하기 위하여 자료의 제시를 명할 수 있다. 이 경우 법원은 그 자료를 다른 사람이 보게 하여서는 아니 된다.

③ 제1항에 따라 제출되어야 할 자료가 영업비밀(「부정경쟁방지 및 영업비밀보호에 관한 법률」 제2조제2호에 따른 영업비밀을 말한다. 이하 같다)에 해당하나 침해의 증명 또는 손해액의 산정에 반드시 필요한 때에는 제1항 단서에 따른 정당한 이유로 보지 아니한다. 이 경우 법원은 제출명령의 목적 내에서 열람할 수 있는 범위 또는 열람할 수 있는 사람을 지정하여야 한다.

④ 당사자가 정당한 이유 없이 자료제출명령에 따르지 아니한 때에는 법원은 자료의 기재에 대한 상대방의 주장을 진실한 것으로 인정할 수 있다.

⑤ 제4항에 해당하는 경우 자료의 제출을 신청한 당사자가 자료의 기재에 관하여 구체적으로 주장하기에 현저히 곤란한 사정이 있고 자료로 증명할 사실을 다른 증거로 증명하는 것을 기대하기도 어려운 때에는 법원은 그 당사자가 자료의 기재에 의하여 증명하고자 하는 사실에 관한 주장을 진실한 것으로 인정할 수 있다.

제6장의2 특허취소신청

제132조의2(특허취소신청) ① 누구든지 특허권의 설정등록일부터 등록공고일 후 6개월이 되는 날까지 그 특허가 다음 각 호의 어느 하나에 해당하는 경우에는 특허심판원장에게 특허취소신청을 할 수 있다. 이 경우 청구범위의 청구항이 둘 이상인 경우에는 청구항마다 특허취소신청을 할 수 있다.

1. 제29조(같은 조 제1항제1호에 해당하는 경우와 같은 호에 해당하는 발명에 의하여 쉽게 발명할 수 있는 경우는 제외한다)에 위반된 경우
2. 제36조제1항부터 제3항까지의 규정에 위반된 경우

② 제1항에도 불구하고 특허공보에 게재된 제87조제3항제7호에 따른 선행기술에 기초한 이유로는 특허취소신청을 할 수 없다.

제132조의3(특허취소신청절차에서의 특허의 정정) ① 특허취소신청절차가 진행 중인 특허에 대한 특허권자는 제136조제1항 각 호의 어느 하나에 해당하는 경우에만 제132조의13제2항에 따라 지정된 기간에 특허발명의 명세서 또는 도면에 대하여 정정청구를 할 수 있다.

② 제1항에 따른 정정청구를 하였을 때에는 해당 특허취소신청절차에서 그 정정청구 전에 한 정정청구는 취하된 것으로 본다.

③ 제1항에 따른 정정청구에 관하여는 제136조제3항부터 제6항까지, 제8항, 제10항부터 제13항까지, 제139조제3항 및 제140조제1항 · 제2항 · 제5항을 준용한다. 이 경우 제136조제11항 중 "제162조제3항에 따른 심리의 종결이 통지되기 전(같은 조 제4항에 따라 심리가 재개된 경우에는 그 후 다시 같은 조 제3항에 따른 심리의 종결이 통지되기 전)에"는 "제132조의13제2항 또는 제136조제6항에 따라 지정된 기간에"로 본다.

④ 제1항에 따른 정정청구는 다음 각 호의 어느 하나에 해당하는 기간에만 취하할 수 있다.

1. 제1항에 따라 정정을 청구할 수 있도록 지정된 기간과 그 기간의 만료일부터 1개월 이내의 기간
2. 제3항에서 준용하는 제136조제6항에 따라 지정된 기간

⑤ 제3항을 적용할 때 제132조의2에 따라 특허취소신청이 된 청구항을 정정하는 경우에는 제136조제5항을 준용하지 아니한다.

제132조의4(특허취소신청의 방식 등) ① 특허취소신청을 하려는 자는 다음 각 호의 사항을 적은 특허취소신청서를 특허심판원장에게 제출하여야 한다.

1. 신청인의 성명 및 주소(법인인 경우에는 그 명칭 및 영업소의 소재지)
2. 대리인이 있는 경우에는 그 대리인의 성명 및 주소나 영업소의 소재지[대리인이 특허법인 · 특허법인(유한)인 경우에는 그 명칭, 사무소의 소재지 및 지정된 변리사의 성명]
3. 특허취소신청의 대상이 되는 특허의 표시
4. 특허취소신청의 이유 및 증거의 표시

② 제1항에 따라 제출된 특허취소신청서의 보정은 그 요지를 변경할 수 없다. 다만, 제132조의2제1항에 따른 기간(그 기간 중 제132조의13제2항에 따른 통지가 있는 경우에는 통지한 때까지로 한정한다)에 제1항제4호의 사항을 보정하는 경우에는 그러하지 아니하다.

③ 심판장은 특허취소신청이 있으면 그 신청서의 부본을 특허권자에게 송달하여야 한다.

④ 심판장은 특허취소신청이 있으면 그 사실을 해당 특허권의 전용실시권자나 그 밖에 그 특허에 관하여 등록을 한 권리를 가지는 자에게 알려야 한다.

제132조의5(특허취소신청서 등의 보정 · 각하) ① 심판장은 다음 각 호의 어느 하나에 해당하는 경우에는 기간을 정하여 그 보정을 명하여야 한다.

1. 특허취소신청서가 제132조의4제1항(같은 항 제4호는 제외한다)을 위반한 경우
2. 특허취소신청에 관한 절차가 다음 각 목의 어느 하나에 해당하는 경우
   가. 제3조제1항 또는 제6조를 위반한 경우
   나. 이 법 또는 이 법에 따른 명령으로 정하는 방식을 위반한 경우
   다. 제82조에 따라 내야 할 수수료를 내지 아니한 경우

② 심판장은 제1항에 따른 보정명령을 받은 자가 지정된 기간에 보정을 하지 아니하거나 보정한 사항이 제132조의4제2항을 위반한 경우에는 특허취소신청서 또는 해당 절차와 관련된 청구 또는 신청 등을 결정으로 각하하여야 한다.

③ 제2항에 따른 각하결정은 서면으로 하여야 하며, 그 이유를 붙여야 한다.

제132조의6(보정할 수 없는 특허취소신청의 각하결정) ① 제132조의7제1항에 따른 합의체는 부적법한 특허취소신청으로서 그 흠을 보정할 수 없을 때에는 제132조의4제3항에도 불구하고 특허권자에게 특허취소신청서의 부본을 송달하지 아니하고, 결정으로 그 특허취소신청을 각하할 수 있다.

② 제1항에 따른 각하결정에 대해서는 불복할 수 없다.

제132조의7(특허취소신청의 합의체 등) ① 특허취소신청은 3명 또는 5명의 심판관으로 구성되는 합의체가 심리하여 결정한다.

② 제1항의 합의체 및 이를 구성하는 심판관에 관하여는 제143조부터 제145조까지, 제146조제2항 · 제3항, 제148조부터 제153조까지 및 제153조의2를 준용한다. 이 경우 제148조제6호 중 "심결"은 "특허취소결정"으로 본다.

제132조의8(심리의 방식 등) ① 특허취소신청에 관한 심리는 서면으로 한다.

② 공유인 특허권의 특허권자 중 1인에게 특허취소신청절차의 중단 또는 중지의 원인이 있으면 모두에게 그 효력이 발생한다.

제132조의9(참가) ① 특허권에 관하여 권리를 가진 자 또는 이해관계를 가진 자는 특허취소신청에 대한 결정이 있을 때까지 특허권자를 보조하기 위하여 그 심리에 참가할 수 있다.

② 제1항의 참가에 관하여는 제155조제4항 · 제5항 및 제156조를 준용한다.

제132조의10(특허취소신청의 심리에서의 직권심리) ① 심판관은 특허취소신청에 관하여 특허취소신청인, 특허권자 또는 참가인이 제출하지 아니한 이유에 대해서도 심리할 수 있다.

② 심판관은 특허취소신청에 관하여 특허취소신청인이 신청하지 아니한 청구항에 대해서는 심리할 수 없다.

제132조의11(특허취소신청의 병합 또는 분리) ① 심판관 합의체는 하나의 특허권에 관한 둘 이상의 특허취소신청에 대해서는 특별한 사정이 있는 경우를 제외하고는 그 심리를 병합하여 결정하여야 한다.

② 심판관 합의체는 특허취소신청의 심리에 필요하다고 인정하는 경우에는 제1항에 따라 병합된 심리를 분리할 수 있다.

제132조의12(특허취소신청의 취하) ① 특허취소신청은 제132조의14제2항에 따라 결정등본이 송달되기 전까지만 취하할 수 있다. 다만, 제132조의13제2항에 따라 특허권자 및 참가인에게 특허의 취소이유가 통지된 후에는 취하할 수 없다.

② 둘 이상의 청구항에 관하여 특허취소신청이 있는 경우에는 청구항마다 취하할 수 있다.

③ 제1항 또는 제2항에 따른 취하가 있으면 그 특허취소신청 또는 그 청구항에 대한 특허취소신청은 처음부터 없었던 것으로 본다.

제132조의13(특허취소신청에 대한 결정) ① 심판관 합의체는 특허취소신청이 이유 있다고 인정되는 때에는 그 특허를 취소한다는 취지의 결정(이하 "특허취소결정"이라 한다)을 하여야 한다.

② 심판장은 특허취소결정을 하려는 때에는 특허권자 및 참가인에게 특허의 취소이유를 통지하고 기간을 정하여 의견서를 제출할 기회를 주어야 한다.

③ 특허취소결정이 확정된 때에는 그 특허권은 처음부터 없었던 것으로 본다.

④ 심판관 합의체는 특허취소신청이 제132조의2제1항 각 호의 어느 하나에 해당하지 아니하거나 같은 조 제2항을 위반한 것으로 인정되는 경우에는 결정으로 그 특허취소신청을 기각하여야 한다.

⑤ 제4항에 따른 기각결정에 대해서는 불복할 수 없다.

제132조의14(특허취소신청의 결정 방식) ① 특허취소신청에 대한 결정은 다음 각 호의 사항을 적은 서면으로 하여야 하며, 결정을 한 심판관은 그 서면에 기명날인하여야 한다.

1. 특허취소신청사건의 번호
2. 특허취소신청인, 특허권자 및 참가인의 성명 및 주소(법인인 경우에는 그 명칭 및 영업소의 소재지)
3. 대리인이 있는 경우에는 그 대리인의 성명 및 주소나 영업소의 소재지[대리인이 특허법인 · 특허법인(유한)인 경우에는 그 명칭, 사무소의 소재지 및 지정된 변리사의 성명]
4. 결정에 관련된 특허의 표시
5. 결정의 결론 및 이유
6. 결정연월일

② 심판장은 특허취소신청에 대한 결정이 있는 때에는 그 결정의 등본을 특허취소신청인, 특허권자, 참가인 및 그 특허취소신청에 대한 심리에 참가를 신청하였으나 그 신청이 거부된 자에게 송달하여야 한다.

제132조의15(심판규정의 특허취소신청에의 준용) 특허취소신청의 심리 · 결정에 관하여는 제147조제3항, 제157조, 제158조, 제164조, 제165조제3항부터 제6항까지 및 제166조를 준용한다.

제7장 심판 〈개정 2014. 6. 11.〉

제132조의16(특허심판원) ① 특허 · 실용신안에 관한 취소신청, 특허 · 실용신안 · 디자인 · 상표에 관한 심판과 재심 및 이에 관한 조사 · 연구 사무를 관장하게 하기 위하여 특허청장 소속으로 특허심판원을 둔다.

② 특허심판원에 원장과 심판관을 둔다.

③ 특허심판원에 제1항에 따른 조사 · 연구와 그 밖의 사무를 담당하는 인력을 둘 수 있다.

④ 특허심판원의 조직과 정원 및 운영에 필요한 사항은 대통령령으로 정한다.

제132조의17(특허거절결정 등에 대한 심판) 특허거절결정 또는 특허권의 존속기간의 연장등록거절결정을 받은 자가 결정에 불복할 때에는 그 결정등본을 송달받은 날부터 3개월 이내에 심판을 청구할 수 있다. 〈개정 2021. 10. 19.〉

제133조(특허의 무효심판) ① 이해관계인(제2호 본문의 경우에는 특허를 받을 수 있는 권리를 가진 자만 해당한다) 또는 심사관은 특허가 다음 각 호의 어느 하나에 해당하는 경우에는 무효심판을 청구할 수 있다. 이 경우 청구범위의 청구항이 둘 이상인 경우에는 청구항마다 청구할 수 있다.

1. 제25조, 제29조, 제32조, 제36조제1항부터 제3항까지, 제42조제3항제1호 또는 같은 조 제4항을 위반한 경우
2. 제33조제1항 본문에 따른 특허를 받을 수 있는 권리를 가지지 아니하거나 제44조를 위반한 경우. 다만, 제99조의2제2항에 따라 이전등록된 경우에는 제외한다.

3. 제33조제1항 단서에 따라 특허를 받을 수 없는 경우
4. 특허된 후 그 특허권자가 제25조에 따라 특허권을 누릴 수 없는 자로 되거나 그 특허가 조약을 위반한 경우
5. 조약을 위반하여 특허를 받을 수 없는 경우
6. 제47조제2항 전단에 따른 범위를 벗어난 보정인 경우
7. 제52조제1항에 따른 범위를 벗어난 분할출원 또는 제52조의2제1항 각 호 외의 부분 전단에 따른 범위를 벗어난 분리출원인 경우
8. 제53조제1항에 따른 범위를 벗어난 변경출원인 경우

② 제1항에 따른 심판은 특허권이 소멸된 후에도 청구할 수 있다.

③ 특허를 무효로 한다는 심결이 확정된 경우에는 그 특허권은 처음부터 없었던 것으로 본다. 다만, 제1항제4호에 따라 특허를 무효로 한다는 심결이 확정된 경우에는 특허권은 그 특허가 같은 호에 해당하게 된 때부터 없었던 것으로 본다.

④ 심판장은 제1항에 따른 심판이 청구된 경우에는 그 취지를 해당 특허권의 전용실시권자나 그 밖에 특허에 관하여 등록을 한 권리를 가지는 자에게 알려야 한다.

제133조의2(특허무효심판절차에서의 특허의 정정) ① 제133조제1항에 따른 심판의 피청구인은 제136조제1항 각 호의 어느 하나에 해당하는 경우에만 제147조제1항 또는 제159조제1항 후단에 따라 지정된 기간에 특허발명의 명세서 또는 도면에 대하여 정정청구를 할 수 있다. 이 경우 심판장이 제147조제1항에 따라 지정된 기간 후에도 청구인이 증거를 제출하거나 새로운 무효사유를 주장함으로 인하여 정정청구를 허용할 필요가 있다고 인정하는 경우에는 기간을 정하여 정정청구를 하게 할 수 있다.

② 제1항에 따른 정정청구를 하였을 때에는 해당 무효심판절차에서 그 정정청구 전에 한 정정청구는 취하된 것으로 본다.

③ 심판장은 제1항에 따른 정정청구가 있을 때에는 그 청구서의 부본을 제133조제1항에 따른 심판의 청구인에게 송달하여야 한다.

④ 제1항에 따른 정정청구에 관하여는 제136조제3항부터 제6항까지, 제8항 및 제10항부터 제13항까지, 제139조제3항 및 제140조제1항 · 제2항 · 제5항을 준용한다. 이 경우 제136조제11항 중 "제162조제3항에 따른 심리의 종결이 통지되기 전(같은 조 제4항에 따라 심리가 재개된 경우에는 그 후 다시 같은 조 제3항에 따른 심리의 종결이 통지되기 전)에"는 "제133조의2제1항 또는 제136조제6항에 따라 지정된 기간에"로 본다.

⑤ 제1항에 따른 정정청구는 다음 각 호의 어느 하나에 해당하는 기간에만 취하할 수 있다.
1. 제1항에 따라 정정을 청구할 수 있도록 지정된 기간과 그 기간의 만료일부터 1개월 이내의 기간
2. 제4항에서 준용하는 제136조제6항에 따라 지정된 기간

⑥ 제4항을 적용할 때 제133조제1항에 따른 특허무효심판이 청구된 청구항을 정정하는 경우에는 제136조제5항을 준용하지 아니한다.

제134조(특허권 존속기간의 연장등록의 무효심판) ① 이해관계인 또는 심사관은 제92조에 따른 특허권의 존속기간의 연장등록이 다음 각 호의 어느 하나에 해당하는 경우에는 무효심판을 청구할 수 있다.
1. 특허발명을 실시하기 위하여 제89조에 따른 허가등을 받을 필요가 없는 출원에 대하여 연장등록이 된 경우
2. 특허권자 또는 그 특허권의 전용실시권 또는 등록된 통상실시권을 가진 자가 제89조에

따른 허가등을 받지 아니한 출원에 대하여 연장등록이 된 경우

3. 연장등록에 따라 연장된 기간이 그 특허발명을 실시할 수 없었던 기간을 초과하는 경우

4. 해당 특허권자가 아닌 자의 출원에 대하여 연장등록이 된 경우

5. 제90조제3항을 위반한 출원에 대하여 연장등록이 된 경우

② 이해관계인 또는 심사관은 제92조의5에 따른 특허권의 존속기간의 연장등록이 다음 각 호의 어느 하나에 해당하면 무효심판을 청구할 수 있다.

1. 연장등록에 따라 연장된 기간이 제92조의2에 따라 인정되는 연장의 기간을 초과한 경우

2. 해당 특허권자가 아닌 자의 출원에 대하여 연장등록이 된 경우

3. 제92조의3제3항을 위반한 출원에 대하여 연장등록이 된 경우

③ 제1항 및 제2항에 따른 심판의 청구에 관하여는 제133조제2항 및 제4항을 준용한다.

④ 연장등록을 무효로 한다는 심결이 확정된 경우에는 그 연장등록에 따른 존속기간의 연장은 처음부터 없었던 것으로 본다. 다만, 연장등록이 다음 각 호의 어느 하나에 해당하는 경우에는 해당 기간에 대해서만 연장이 없었던 것으로 본다.

1. 연장등록이 제1항제3호에 해당하여 무효로 된 경우: 그 특허발명을 실시할 수 없었던 기간을 초과하여 연장된 기간

2. 연장등록이 제2항제1호에 해당하여 무효로 된 경우: 제92조의2에 따라 인정되는 연장의 기간을 초과하여 연장된 기간

제135조(권리범위 확인심판) ① 특허권자 또는 전용실시권자는 자신의 특허발명의 보호범위를 확인하기 위하여 특허권의 권리범위 확인심판을 청구할 수 있다.

② 이해관계인은 타인의 특허발명의 보호범위를 확인하기 위하여 특허권의 권리범위 확인심판을 청구할 수 있다.

③ 제1항 또는 제2항에 따른 특허권의 권리범위 확인심판을 청구하는 경우에 청구범위의 청구항이 둘 이상인 경우에는 청구항마다 청구할 수 있다.

제136조(정정심판) ① 특허권자는 다음 각 호의 어느 하나에 해당하는 경우에는 특허발명의 명세서 또는 도면에 대하여 정정심판을 청구할 수 있다.

1. 청구범위를 감축하는 경우

2. 잘못 기재된 사항을 정정하는 경우

3. 분명하지 아니하게 기재된 사항을 명확하게 하는 경우

② 제1항에도 불구하고 다음 각 호의 어느 하나에 해당하는 기간에는 정정심판을 청구할 수 없다.

1. 특허취소신청이 특허심판원에 계속 중인 때부터 그 결정이 확정될 때까지의 기간. 다만, 특허무효심판의 심결 또는 정정의 무효심판의 심결에 대한 소가 특허법원에 계속 중인 경우에는 특허법원에서 변론이 종결(변론 없이 한 판결의 경우에는 판결의 선고를 말한다)된 날까지 정정심판을 청구할 수 있다.

2. 특허무효심판 또는 정정의 무효심판이 특허심판원에 계속 중인 기간

③ 제1항에 따른 명세서 또는 도면의 정정은 특허발명의 명세서 또는 도면에 기재된 사항의 범위에서 할 수 있다. 다만, 제1항제2호에 따라 잘못된 기재를 정정하는 경우에는 출원서에 최초로 첨부된 명세서 또는 도면에 기재된 사항의 범위에서 할 수 있다.

④ 제1항에 따른 명세서 또는 도면의 정정은 청구범위를 실질적으로 확장하거나 변경할 수 없다.

⑤ 제1항에 따른 정정 중 같은 항 제1호 또는 제2호에 해당하는 정정은 정정 후의 청구범위

에 적혀 있는 사항이 특허출원을 하였을 때에 특허를 받을 수 있는 것이어야 한다.
⑥ 심판관은 제1항에 따른 심판청구가 다음 각 호의 어느 하나에 해당한다고 인정하는 경우에는 청구인에게 그 이유를 통지하고, 기간을 정하여 의견서를 제출할 수 있는 기회를 주어야 한다.
1. 제1항 각 호의 어느 하나에 해당하지 아니한 경우
2. 제3항에 따른 범위를 벗어난 경우
3. 제4항 또는 제5항을 위반한 경우
⑦ 제1항에 따른 정정심판은 특허권이 소멸된 후에도 청구할 수 있다. 다만, 특허취소결정이 확정되거나 특허를 무효(제133조제1항제4호에 의한 무효는 제외한다)로 한다는 심결이 확정된 후에는 그러하지 아니하다.
⑧ 특허권자는 전용실시권자, 질권자와 제100조제4항 · 제102조제1항 및 「발명진흥법」 제10조제1항에 따른 통상실시권을 갖는 자의 동의를 받아야만 제1항에 따른 정정심판을 청구할 수 있다. 다만, 특허권자가 정정심판을 청구하기 위하여 동의를 받아야 하는 자가 무효심판을 청구한 경우에는 그러하지 아니하다.
⑨ 제1항에 따른 정정심판에는 제147조제1항 · 제2항, 제155조 및 제156조를 적용하지 아니한다.
⑩ 특허발명의 명세서 또는 도면에 대하여 정정을 한다는 심결이 확정되었을 때에는 그 정정 후의 명세서 또는 도면에 따라 특허출원, 출원공개, 특허결정 또는 심결 및 특허권의 설정등록이 된 것으로 본다.
⑪ 청구인은 제162조제3항에 따른 심리의 종결이 통지되기 전(같은 조 제4항에 따라 심리가 재개된 경우에는 그 후 다시 같은 조 제3항에 따른 심리의 종결이 통지되기 전)에 제140조제5항에 따른 심판청구서에 첨부된 정정한 명세서 또는 도면에 대하여 보정할 수 있다.
⑫ 특허발명의 명세서 또는 도면에 대한 정정을 한다는 심결이 있는 경우 특허심판원장은 그 내용을 특허청장에게 알려야 한다.
⑬ 특허청장은 제12항에 따른 통보가 있으면 이를 특허공보에 게재하여야 한다.

제137조(정정의 무효심판) ① 이해관계인 또는 심사관은 제132조의3제1항, 제133조의2제1항, 제136조제1항 또는 이 조 제3항에 따른 특허발명의 명세서 또는 도면에 대한 정정이 다음 각 호의 어느 하나의 규정을 위반한 경우에는 정정의 무효심판을 청구할 수 있다.
1. 제136조제1항 각 호의 어느 하나의 규정
2. 제136조제3항부터 제5항까지의 규정(제132조의3제3항 또는 제133조의2제4항에 따라 준용되는 경우를 포함한다)

② 제1항에 따른 심판청구에 관하여는 제133조제2항 및 제4항을 준용한다.
③ 제1항에 따른 무효심판의 피청구인은 제136조제1항 각 호의 어느 하나에 해당하는 경우에만 제147조제1항 또는 제159조제1항 후단에 따라 지정된 기간에 특허발명의 명세서 또는 도면의 정정을 청구할 수 있다. 이 경우 심판장이 제147조제1항에 따라 지정된 기간 후에도 청구인이 증거를 제출하거나 새로운 무효사유를 주장함으로 인하여 정정의 청구를 허용할 필요가 있다고 인정하는 경우에는 기간을 정하여 정정청구를 하게 할 수 있다.
④ 제3항에 따른 정정청구에 관하여는 제133조의2제2항부터 제5항까지의 규정을 준용한다. 이 경우 제133조의2제3항 중 "제133조제1항"은 "제137조제1항"으로 보고, 같은 조 제4항 후단 중 "제133조의2제1항"을 "제137조제3항"으로 보며, 같은 조 제5항 각 호 외의 부분 및 같은 항 제1호 중 "제1항"을 각각 "제3항"으로 본다.

⑤ 제1항에 따라 정정을 무효로 한다는 심결이 확정되었을 때에는 그 정정은 처음부터 없었던 것으로 본다.

제138조(통상실시권 허락의 심판) ① 특허권자, 전용실시권자 또는 통상실시권자는 해당 특허발명이 제98조에 해당하여 실시의 허락을 받으려는 경우에 그 타인이 정당한 이유 없이 허락하지 아니하거나 그 타인의 허락을 받을 수 없을 때에는 자기의 특허발명의 실시에 필요한 범위에서 통상실시권 허락의 심판을 청구할 수 있다.

② 제1항에 따른 청구가 있는 경우에 그 특허발명이 그 특허출원일 전에 출원된 타인의 특허발명 또는 등록실용신안과 비교하여 상당한 경제적 가치가 있는 중요한 기술적 진보를 가져오는 것이 아니면 통상실시권을 허락하여서는 아니 된다.

③ 제1항에 따른 심판에 따라 통상실시권을 허락한 자가 그 통상실시권을 허락받은 자의 특허발명을 실시할 필요가 있는 경우 그 통상실시권을 허락받은 자가 실시를 허락하지 아니하거나 실시의 허락을 받을 수 없을 때에는 통상실시권을 허락받아 실시하려는 특허발명의 범위에서 통상실시권 허락의 심판을 청구할 수 있다.

④ 제1항 및 제3항에 따라 통상실시권을 허락받은 자는 특허권자, 실용신안권자, 디자인권자 또는 그 전용실시권자에게 대가를 지급하여야 한다. 다만, 자기가 책임질 수 없는 사유로 지급할 수 없는 경우에는 그 대가를 공탁하여야 한다.

⑤ 제4항에 따른 통상실시권자는 그 대가를 지급하지 아니하거나 공탁을 하지 아니하면 그 특허발명, 등록실용신안 또는 등록디자인이나 이와 유사한 디자인을 실시할 수 없다.

제139조(공동심판의 청구 등) ① 동일한 특허권에 관하여 제133조제1항, 제134조제1항 · 제2항 또는 제137조제1항의 무효심판이나 제135조제1항 · 제2항의 권리범위 확인심판을 청구하는 자가 2인 이상이면 모두가 공동으로 심판을 청구할 수 있다.

② 공유인 특허권의 특허권자에 대하여 심판을 청구할 때에는 공유자 모두를 피청구인으로 하여야 한다.

③ 특허권 또는 특허를 받을 수 있는 권리의 공유자가 그 공유인 권리에 관하여 심판을 청구할 때에는 공유자 모두가 공동으로 청구하여야 한다.

④ 제1항 또는 제3항에 따른 청구인이나 제2항에 따른 피청구인 중 1인에게 심판절차의 중단 또는 중지의 원인이 있으면 모두에게 그 효력이 발생한다.

제139조의2(국선대리인) ① 특허심판원장은 산업통상자원부령으로 정하는 요건을 갖춘 심판당사자의 신청에 따라 대리인(이하 "국선대리인"이라 한다)을 선임하여 줄 수 있다. 다만, 심판청구가 이유 없음이 명백하거나 권리의 남용이라고 인정되는 경우에는 그러하지 아니하다.

② 국선대리인이 선임된 당사자에 대하여 심판절차와 관련된 수수료를 감면할 수 있다.

③ 국선대리인의 신청절차 및 수수료 감면 등 국선대리인 운영에 필요한 사항은 산업통상자원부령으로 정한다.

제140조(심판청구방식) ① 심판을 청구하려는 자는 다음 각 호의 사항을 적은 심판청구서를 특허심판원장에게 제출하여야 한다.

1. 당사자의 성명 및 주소(법인인 경우에는 그 명칭 및 영업소의 소재지)
2. 대리인이 있는 경우에는 그 대리인의 성명 및 주소나 영업소의 소재지[대리인이 특허법인 · 특허법인(유한)인 경우에는 그 명칭, 사무소의 소재지 및 지정된 변리사의 성명]
3. 심판사건의 표시
4. 청구의 취지 및 그 이유

② 제1항에 따라 제출된 심판청구서의 보정은 그 요지를 변경할 수 없다. 다만, 다음 각 호의 어느 하나에 해당하는 경우에는 그러하지 아니하다.

1. 제1항제1호에 따른 당사자 중 특허권자의 기재를 바로잡기 위하여 보정(특허권자를 추가하는 것을 포함하되, 청구인이 특허권자인 경우에는 추가되는 특허권자의 동의가 있는 경우로 한정한다)하는 경우
2. 제1항제4호에 따른 청구의 이유를 보정하는 경우
3. 제135조제1항에 따른 권리범위 확인심판에서 심판청구서의 확인대상 발명(청구인이 주장하는 피청구인의 발명을 말한다)의 설명서 또는 도면에 대하여 피청구인이 자신이 실제로 실시하고 있는 발명과 비교하여 다르다고 주장하는 경우에 청구인이 피청구인의 실시 발명과 동일하게 하기 위하여 심판청구서의 확인대상 발명의 설명서 또는 도면을 보정하는 경우

③ 제135조제1항 · 제2항에 따른 권리범위 확인심판을 청구할 때에는 특허발명과 대비할 수 있는 설명서 및 필요한 도면을 첨부하여야 한다.

④ 제138조제1항에 따른 통상실시권 허락의 심판의 심판청구서에는 제1항 각 호의 사항 외에 다음 사항을 추가로 적어야 한다.

1. 실시하려는 자기의 특허의 번호 및 명칭
2. 실시되어야 할 타인의 특허발명 · 등록실용신안 또는 등록디자인의 번호 · 명칭 및 특허나 등록 연월일
3. 특허발명 · 등록실용신안 또는 등록디자인의 통상실시권의 범위 · 기간 및 대가

⑤ 제136조제1항에 따른 정정심판을 청구할 때에는 심판청구서에 정정한 명세서 또는 도면을 첨부하여야 한다.

제140조의2(특허거절결정에 대한 심판청구방식) ① 제132조의17에 따라 특허거절결정에 대한 심판을 청구하려는 자는 제140조제1항에도 불구하고 다음 각 호의 사항을 적은 심판청구서를 특허심판원장에게 제출하여야 한다.

1. 청구인의 성명 및 주소(법인인 경우에는 그 명칭 및 영업소의 소재지)
2. 대리인이 있는 경우에는 그 대리인의 성명 및 주소나 영업소의 소재지[대리인이 특허법인 · 특허법인(유한)인 경우에는 그 명칭, 사무소의 소재지 및 지정된 변리사의 성명]
3. 출원일 및 출원번호
4. 발명의 명칭
5. 특허거절결정일
6. 심판사건의 표시
7. 청구의 취지 및 그 이유

② 제1항에 따라 제출된 심판청구서를 보정하는 경우에는 그 요지를 변경할 수 없다. 다만, 다음 각 호의 어느 하나에 해당하는 경우에는 그러하지 아니하다.

1. 제1항제1호에 따른 청구인의 기재를 바로잡기 위하여 보정(청구인을 추가하는 것을 포함하되, 그 청구인의 동의가 있는 경우로 한정한다)하는 경우
2. 제1항제7호에 따른 청구의 이유를 보정하는 경우

제141조(심판청구서 등의 각하) ① 심판장은 다음 각 호의 어느 하나에 해당하는 경우에는 기간을 정하여 그 보정을 명하여야 한다.

1. 심판청구서가 제140조제1항 및 제3항부터 제5항까지 또는 제140조의2제1항을 위반한 경우

2. 심판에 관한 절차가 다음 각 목의 어느 하나에 해당하는 경우
   가. 제3조제1항 또는 제6조를 위반한 경우
   나. 제82조에 따라 내야 할 수수료를 내지 아니한 경우
   다. 이 법 또는 이 법에 따른 명령으로 정하는 방식을 위반한 경우

② 심판장은 제1항에 따른 보정명령을 받은 자가 지정된 기간에 보정을 하지 아니하거나 보정한 사항이 제140조제2항 또는 제140조의2제2항을 위반한 경우에는 심판청구서 또는 해당 절차와 관련된 청구나 신청 등을 결정으로 각하하여야 한다.

③ 제2항에 따른 결정은 서면으로 하여야 하며, 그 이유를 붙여야 한다.

제141조(심판청구서 등의 각하) ① 심판장은 다음 각 호의 어느 하나에 해당하는 경우에는 기간을 정하여 그 보정을 명하여야 한다. 다만, 보정할 사항이 경미하고 명확한 경우에는 직권으로 보정할 수 있다.

1. 심판청구서가 제140조제1항 및 제3항부터 제5항까지 또는 제140조의2제1항을 위반한 경우
2. 심판에 관한 절차가 다음 각 목의 어느 하나에 해당하는 경우
   가. 제3조제1항 또는 제6조를 위반한 경우
   나. 제82조에 따라 내야 할 수수료를 내지 아니한 경우
   다. 이 법 또는 이 법에 따른 명령으로 정하는 방식을 위반한 경우

② 심판장은 제1항 본문에 따른 보정명령을 받은 자가 지정된 기간에 보정을 하지 아니하거나 보정한 사항이 제140조제2항 또는 제140조의2제2항을 위반한 경우에는 심판청구서 또는 해당 절차와 관련된 청구나 신청 등을 결정으로 각하하여야 한다.

③ 제2항에 따른 결정은 서면으로 하여야 하며, 그 이유를 붙여야 한다.

④ 심판장은 제1항 단서에 따라 직권보정을 하려면 그 직권보정 사항을 청구인에게 통지하여야 한다.

⑤ 청구인은 제1항 단서에 따른 직권보정 사항을 받아들일 수 없으면 직권보정 사항의 통지를 받은 날부터 7일 이내에 그 직권보정 사항에 대한 의견서를 심판장에게 제출하여야 한다.

⑥ 청구인이 제5항에 따라 의견서를 제출한 경우에는 해당 직권보정 사항은 처음부터 없었던 것으로 본다.

⑦ 제1항 단서에 따른 직권보정이 명백히 잘못된 경우 그 직권보정은 처음부터 없었던 것으로 본다.

[시행일: 2024. 3. 15.] 제141조

제142조(보정할 수 없는 심판청구의 심결각하) 부적법한 심판청구로서 그 흠을 보정할 수 없을 때에는 피청구인에게 답변서 제출의 기회를 주지 아니하고, 심결로써 그 청구를 각하할 수 있다.

제143조(심판관) ① 특허심판원장은 심판이 청구되면 심판관에게 심판하게 한다.

② 심판관의 자격은 대통령령으로 정한다.

③ 심판관은 직무상 독립하여 심판한다.

제144조(심판관의 지정) ① 특허심판원장은 각 심판사건에 대하여 제146조에 따른 합의체를 구성할 심판관을 지정하여야 한다.

② 특허심판원장은 제1항의 심판관 중 심판에 관여하는 데 지장이 있는 사람이 있으면 다른 심판관에게 심판하게 할 수 있다.

제145조(심판장) ① 특허심판원장은 제144조제1항에 따라 지정된 심판관 중에서 1명을 심판장으로 지정하여야 한다.

② 심판장은 그 심판사건에 관한 사무를 총괄한다.

제146조(심판의 합의체) ① 심판은 3명 또는 5명의 심판관으로 구성되는 합의체가 한다.

② 제1항의 합의체의 합의는 과반수로 결정한다.

③ 심판의 합의는 공개하지 아니한다.

제147조(답변서 제출 등) ① 심판장은 심판이 청구되면 심판청구서 부본을 피청구인에게 송달하고, 기간을 정하여 답변서를 제출할 수 있는 기회를 주어야 한다.

② 심판장은 제1항의 답변서를 받았을 때에는 그 부본을 청구인에게 송달하여야 한다.

③ 심판장은 심판에 관하여 당사자를 심문할 수 있다.

제148조(심판관의 제척) 심판관은 다음 각 호의 어느 하나에 해당하는 경우에는 그 심판에서 제척된다.

1. 심판관 또는 그 배우자이거나 배우자이었던 사람이 사건의 당사자, 참가인 또는 특허취소신청인인 경우
2. 심판관이 사건의 당사자, 참가인 또는 특허취소신청인의 친족이거나 친족이었던 경우
3. 심판관이 사건의 당사자, 참가인 또는 특허취소신청인의 법정대리인이거나 법정대리인이었던 경우
4. 심판관이 사건에 대한 증인, 감정인이거나 감정인이었던 경우
5. 심판관이 사건의 당사자, 참가인 또는 특허취소신청인의 대리인이거나 대리인이었던 경우
6. 심판관이 사건에 대하여 심사관 또는 심판관으로서 특허여부결정 또는 심결에 관여한 경우
7. 심판관이 사건에 관하여 직접 이해관계를 가진 경우

제149조(제척신청) 제148조에 따른 제척의 원인이 있으면 당사자 또는 참가인은 제척신청을 할 수 있다.

제150조(심판관의 기피) ① 심판관에게 공정한 심판을 기대하기 어려운 사정이 있으면 당사자 또는 참가인은 기피신청을 할 수 있다.

② 당사자 또는 참가인은 사건에 대하여 심판관에게 서면 또는 구두로 진술을 한 후에는 기피신청을 할 수 없다. 다만, 기피의 원인이 있는 것을 알지 못한 경우 또는 기피의 원인이 그 후에 발생한 경우에는 그러하지 아니하다.

제151조(제척 또는 기피의 소명) ① 제149조 또는 제150조에 따라 제척 또는 기피 신청을 하려는 자는 그 원인을 적은 서면을 특허심판원장에게 제출하여야 한다. 다만, 구술심리를 할 때에는 구술로 할 수 있다.

② 제척 또는 기피의 원인은 신청한 날부터 3일 이내에 소명하여야 한다.

제152조(제척 또는 기피 신청에 관한 결정) ① 제척 또는 기피 신청이 있으면 심판으로 결정하여야 한다.

② 제척 또는 기피 신청의 대상이 된 심판관은 그 제척 또는 기피에 대한 심판에 관여할 수 없다. 다만, 의견을 진술할 수 있다.

③ 제1항에 따른 결정은 서면으로 하여야 하며, 그 이유를 붙여야 한다.

④ 제1항에 따른 결정에 대해서는 불복할 수 없다.

제153조(심판절차의 중지) 제척 또는 기피 신청이 있으면 그 신청에 대한 결정이 있을 때까지 심판절차를 중지하여야 한다. 다만, 긴급한 경우에는 그러하지 아니하다.

제153조의2(심판관의 회피) 심판관이 제148조 또는 제150조에 해당하는 경우에는 특허심판원장의 허가를 받아 그 사건에 대한 심판을 회피할 수 있다.

제154조(심리 등) ① 심판은 구술심리 또는 서면심리로 한다. 다만, 당사자가 구술심리를 신청하였을 때에는 서면심리만으로 결정할 수 있다고 인정되는 경우 외에는 구술심리를 하여야 한다.

② 삭제

③ 구술심리는 공개하여야 한다. 다만, 공공의 질서 또는 선량한 풍속에 어긋날 우려가 있으면 그러하지 아니하다.

④ 심판장은 제1항에 따라 구술심리로 심판을 할 경우에는 그 기일 및 장소를 정하고, 그 취지를 적은 서면을 당사자 및 참가인에게 송달하여야 한다. 다만, 해당 사건의 이전 심리에 출석한 당사자 및 참가인에게 알렸을 때에는 그러하지 아니하다.

⑤ 심판장은 제1항에 따라 구술심리로 심판을 할 경우에는 특허심판원장이 지정한 직원에게 기일마다 심리의 요지와 그 밖에 필요한 사항을 적은 조서를 작성하게 하여야 한다.

⑥ 제5항의 조서에는 심판의 심판장 및 조서를 작성한 직원이 기명날인하여야 한다.

⑦ 제5항의 조서에 관하여는 「민사소송법」 제153조 · 제154조 및 제156조부터 제160조까지의 규정을 준용한다.

⑧ 심판에 관하여는 「민사소송법」 제143조 · 제259조 · 제299조 및 제367조를 준용한다.

⑨ 심판장은 구술심리 중 심판정 내의 질서를 유지한다. 〈신설 2014. 6. 11.〉

제154조의2(전문심리위원) ① 심판장은 직권에 따른 결정으로 전문심리위원을 지정하여 심판절차에 참여하게 할 수 있다.

② 심판장은 제1항에 따라 전문심리위원을 심판절차에 참여시키는 경우 당사자의 의견을 들어 각 사건마다 1명 이상의 전문심리위원을 지정하여야 한다.

③ 전문심리위원에게는 산업통상자원부령으로 정하는 바에 따라 수당을 지급하고, 필요한 경우에는 그 밖의 여비, 일당 및 숙박료를 지급할 수 있다.

④ 전문심리위원의 지정에 관하여 그 밖에 필요한 사항은 산업통상자원부령으로 정한다.

⑤ 제1항에 따른 전문심리위원에 관하여는 「민사소송법」 제164조의2제2항부터 제4항까지 및 제164조의3을 준용한다. 이 경우 "법원"은 "심판장"으로 본다.

⑥ 제1항에 따른 전문심리위원의 제척 및 기피에 관하여는 제148조부터 제152조까지의 규정을 준용한다. 이 경우 "심판관"은 "전문심리위원"으로 본다.

제154조의3(참고인 의견서의 제출) ① 심판장은 산업에 미치는 영향 등을 고려하여 사건 심리에 필요하다고 인정되는 경우 공공단체, 그 밖의 참고인에게 심판사건에 관한 의견서를 제출하게 할 수 있다.

② 국가기관과 지방자치단체는 공익과 관련된 사항에 관하여 특허심판원에 심판사건에 관한 의견서를 제출할 수 있다.

③ 심판장은 제1항 또는 제2항에 따라 참고인이 제출한 의견서에 대하여 당사자에게 구술 또는 서면에 의한 의견진술의 기회를 주어야 한다.

④ 제1항 또는 제2항에 따른 참고인의 선정 및 비용, 준수사항 등 참고인 의견서 제출에 필요한 사항은 산업통상자원부령으로 정한다.

제155조(참가) ① 제139조제1항에 따라 심판을 청구할 수 있는 자는 심리가 종결될 때까지 그 심판에 참가할 수 있다.

② 제1항에 따른 참가인은 피참가인이 그 심판의 청구를 취하한 후에도 심판절차를 속행할

수 있다.

③ 심판의 결과에 대하여 이해관계를 가진 자는 심리가 종결될 때까지 당사자의 어느 한쪽을 보조하기 위하여 그 심판에 참가할 수 있다.

④ 제3항에 따른 참가인은 모든 심판절차를 밟을 수 있다.

⑤ 제1항 또는 제3항에 따른 참가인에게 심판절차의 중단 또는 중지의 원인이 있으면 그 중단 또는 중지는 피참가인에 대해서도 그 효력이 발생한다.

제156조(참가의 신청 및 결정) ① 심판에 참가하려는 자는 참가신청서를 심판장에게 제출하여야 한다.

② 심판장은 참가신청이 있는 경우에는 참가신청서 부본을 당사자 및 다른 참가인에게 송달하고, 기간을 정하여 의견서를 제출할 수 있는 기회를 주어야 한다.

③ 참가신청이 있는 경우에는 심판으로 그 참가 여부를 결정하여야 한다.

④ 제3항에 따른 결정은 서면으로 하여야 하며, 그 이유를 붙여야 한다.

⑤ 제3항에 따른 결정에 대해서는 불복할 수 없다.

제157조(증거조사 및 증거보전) ① 심판에서는 당사자, 참가인 또는 이해관계인의 신청에 의하여 또는 직권으로 증거조사나 증거보전을 할 수 있다.

② 제1항에 따른 증거조사 및 증거보전에 관하여는 「민사소송법」 중 증거조사 및 증거보전에 관한 규정을 준용한다. 다만, 심판관은 다음 각 호의 행위는 하지 못한다.

1. 과태료의 결정
2. 구인(拘引)을 명하는 행위
3. 보증금을 공탁하게 하는 행위

③ 증거보전신청은 심판청구 전에는 특허심판원장에게 하고, 심판계속 중에는 그 사건의 심판장에게 하여야 한다.

④ 특허심판원장은 심판청구 전에 제1항에 따른 증거보전신청이 있으면 그 신청에 관여할 심판관을 지정한다.

⑤ 심판장은 제1항에 따라 직권으로 증거조사나 증거보전을 하였을 때에는 그 결과를 당사자, 참가인 또는 이해관계인에게 통지하고, 기간을 정하여 의견서를 제출할 수 있는 기회를 주어야 한다.

제158조(심판의 진행) 심판장은 당사자 또는 참가인이 법정기간 또는 지정기간에 절차를 밟지 아니하거나 제154조제4항에 따른 기일에 출석하지 아니하여도 심판을 진행할 수 있다.

제158조의2(적시제출주의) 심판절차에서의 주장이나 증거의 제출에 관하여는 「민사소송법」 제146조, 제147조 및 제149조를 준용한다.

제159조(직권심리) ① 심판에서는 당사자 또는 참가인이 신청하지 아니한 이유에 대해서도 심리할 수 있다. 이 경우 당사자 및 참가인에게 기간을 정하여 그 이유에 대하여 의견을 진술할 수 있는 기회를 주어야 한다.

② 심판에서는 청구인이 신청하지 아니한 청구의 취지에 대해서는 심리할 수 없다.

제160조(심리 · 심결의 병합 또는 분리) 심판관은 당사자 양쪽 또는 어느 한쪽이 동일한 둘 이상의 심판에 대하여 심리 또는 심결을 병합하거나 분리할 수 있다.

제161조(심판청구의 취하) ① 심판청구는 심결이 확정될 때까지 취하할 수 있다. 다만, 답변서가 제출된 후에는 상대방의 동의를 받아야 한다.

② 둘 이상의 청구항에 관하여 제133조제1항의 무효심판 또는 제135조의 권리범위 확인심판을 청구하였을 때에는 청구항마다 취하할 수 있다.

③ 제1항 또는 제2항에 따른 취하가 있으면 그 심판청구 또는 그 청구항에 대한 심판청구는 처음부터 없었던 것으로 본다.

제162조(심결) ① 심판은 특별한 규정이 있는 경우를 제외하고는 심결로써 종결한다.

② 제1항의 심결은 다음 각 호의 사항을 적은 서면으로 하여야 하며, 심결을 한 심판관은 그 서면에 기명날인하여야 한다.

1. 심판의 번호
2. 당사자 및 참가인의 성명 및 주소(법인인 경우에는 그 명칭 및 영업소의 소재지)
3. 대리인이 있는 경우에는 그 대리인의 성명 및 주소나 영업소의 소재지[대리인이 특허법인 · 특허법인(유한)인 경우에는 그 명칭, 사무소의 소재지 및 지정된 변리사의 성명]
4. 심판사건의 표시
5. 심결의 주문(제138조에 따른 심판의 경우에는 통상실시권의 범위 · 기간 및 대가를 포함한다)
6. 심결의 이유(청구의 취지 및 그 이유의 요지를 포함한다)
7. 심결연월일

③ 심판장은 사건이 심결을 할 정도로 성숙하였을 때에는 심리의 종결을 당사자 및 참가인에게 통지하여야 한다.

④ 심판장은 필요하다고 인정하면 제3항에 따라 심리종결을 통지한 후에도 당사자 또는 참가인의 신청에 의하여 또는 직권으로 심리를 재개할 수 있다.

⑤ 심결은 제3항에 따른 심리종결통지를 한 날부터 20일 이내에 한다.

⑥ 심판장은 심결 또는 결정이 있으면 그 등본을 당사자, 참가인 및 심판에 참가신청을 하였으나 그 신청이 거부된 자에게 송달하여야 한다.

제163조(일사부재리) 이 법에 따른 심판의 심결이 확정되었을 때에는 그 사건에 대해서는 누구든지 동일 사실 및 동일 증거에 의하여 다시 심판을 청구할 수 없다. 다만, 확정된 심결이 각하심결인 경우에는 그러하지 아니하다.

제164조(소송과의 관계) ① 심판장은 심판에서 필요하면 직권 또는 당사자의 신청에 따라 그 심판사건과 관련되는 특허취소신청에 대한 결정 또는 다른 심판의 심결이 확정되거나 소송절차가 완결될 때까지 그 절차를 중지할 수 있다.

② 법원은 소송절차에서 필요하면 직권 또는 당사자의 신청에 따라 특허취소신청에 대한 결정이나 특허에 관한 심결이 확정될 때까지 그 소송절차를 중지할 수 있다.

③ 법원은 특허권 또는 전용실시권의 침해에 관한 소가 제기된 경우에는 그 취지를 특허심판원장에게 통보하여야 한다. 그 소송절차가 끝났을 때에도 또한 같다.

④ 특허심판원장은 제3항에 따른 특허권 또는 전용실시권의 침해에 관한 소에 대응하여 그 특허권에 관한 무효심판 등이 청구된 경우에는 그 취지를 제3항에 해당하는 법원에 통보하여야 한다. 그 심판청구서의 각하결정, 심결 또는 청구의 취하가 있는 경우에도 또한 같다.

제164조의2(조정위원회 회부) ① 심판장은 심판사건을 합리적으로 해결하기 위하여 필요하다고 인정되면 당사자의 동의를 받아 해당 심판사건의 절차를 중지하고 결정으로 해당 사건을 조정위원회에 회부할 수 있다.

② 심판장은 제1항에 따라 조정위원회에 회부한 때에는 해당 심판사건의 기록을 조정위원회에 송부하여야 한다.

③ 심판장은 조정위원회의 조정절차가 조정 불성립으로 종료되면 제1항에 따른 중지 결정을 취소하고 심판을 재개하며, 조정이 성립된 경우에는 해당 심판청구는 취하된 것으로

본다.

제165조(심판비용) ① 제133조제1항, 제134조제1항 · 제2항, 제135조 및 제137조제1항의 심판비용의 부담은 심판이 심결에 의하여 종결될 때에는 그 심결로써 정하고, 심판이 심결에 의하지 아니하고 종결될 때에는 결정으로써 정하여야 한다.

② 제1항의 심판비용에 관하여는 「민사소송법」 제98조부터 제103조까지, 제107조제1항 · 제2항, 제108조, 제111조, 제112조 및 제116조를 준용한다.

③ 제132조의17, 제136조 또는 제138조에 따른 심판비용은 청구인이 부담한다.

④ 제3항에 따라 청구인이 부담하는 비용에 관하여는 「민사소송법」 제102조를 준용한다.

⑤ 심판비용액은 심결 또는 결정이 확정된 후 당사자의 청구에 따라 특허심판원장이 결정한다.

⑥ 심판비용의 범위 · 금액 · 납부 및 심판에서 절차상의 행위를 하기 위하여 필요한 비용의 지급에 관하여는 그 성질에 반하지 아니하는 범위에서 「민사소송비용법」 중 해당 규정의 예에 따른다.

⑦ 심판의 대리를 한 변리사에게 당사자가 지급하였거나 지급할 보수는 특허청장이 정하는 금액의 범위에서 심판비용으로 본다. 이 경우 여러 명의 변리사가 심판의 대리를 한 경우라도 1명의 변리사가 심판대리를 한 것으로 본다.

제166조(심판비용액 또는 대가에 대한 집행권원) 이 법에 따라 특허심판원장이 정한 심판비용액 또는 심판관이 정한 대가에 관하여 확정된 결정은 집행력 있는 집행권원과 같은 효력을 가진다. 이 경우 집행력 있는 정본은 특허심판원 소속 공무원이 부여한다.

제167조 삭제

제168조 삭제

제169조 삭제

제170조(심사규정의 특허거절결정에 대한 심판에의 준용) ① 특허거절결정에 대한 심판에 관하여는 제47조제1항제1호 · 제2호, 같은 조 제4항, 제51조, 제63조, 제63조의2 및 제66조를 준용한다. 이 경우 제51조제1항 본문 중 "제47조제1항제2호 및 제3호에 따른 보정"은 "제47조제1항제2호에 따른 보정(제132조의17의 특허거절결정에 대한 심판청구 전에 한 것은 제외한다)"으로, 제63조의2 본문 중 "특허청장"은 "특허심판원장"으로 본다.

② 제1항에 따라 준용되는 제63조는 특허거절결정의 이유와 다른 거절이유를 발견한 경우에만 적용한다.

제171조(특허거절결정에 대한 심판의 특칙) 특허거절결정 또는 특허권의 존속기간의 연장등록거절결정에 대한 심판에는 제147조제1항 · 제2항, 제155조 및 제156조를 적용하지 아니한다.

제172조(심사의 효력) 심사에서 밟은 특허에 관한 절차는 특허거절결정 또는 특허권의 존속기간의 연장등록거절결정에 대한 심판에서도 그 효력이 있다.

제173조 삭제

제174조 삭제

제175조 삭제

제176조(특허거절결정 등의 취소) ① 심판관은 제132조의17에 따른 심판이 청구된 경우에 그 청구가 이유 있다고 인정할 때에는 심결로써 특허거절결정 또는 특허권의 존속기간의 연장등록거절결정을 취소하여야 한다.

② 심판에서 제1항에 따라 특허거절결정 또는 특허권의 존속기간의 연장등록거절결정을

취소할 경우에는 심사에 부칠 것이라는 심결을 할 수 있다.

③ 제1항 및 제2항에 따른 심결에서 취소의 기본이 된 이유는 그 사건에 대하여 심사관을 기속한다.

제177조 삭제

제8장 재 심

제178조(재심의 청구) ① 당사자는 확정된 특허취소결정 또는 확정된 심결에 대하여 재심을 청구할 수 있다.

② 제1항의 재심청구에 관하여는 「민사소송법」 제451조 및 제453조를 준용한다.

제179조(제3자에 의한 재심청구) ① 심판의 당사자가 공모하여 제3자의 권리나 이익을 사해(詐害)할 목적으로 심결을 하게 하였을 때에는 제3자는 그 확정된 심결에 대하여 재심을 청구할 수 있다.

② 제1항의 재심청구의 경우에는 심판의 당사자를 공동피청구인으로 한다.

제180조(재심청구의 기간) ① 당사자는 특허취소결정 또는 심결 확정 후 재심사유를 안 날부터 30일 이내에 재심을 청구하여야 한다.

② 대리권의 흠을 이유로 재심을 청구하는 경우에 제1항의 기간은 청구인 또는 법정대리인이 특허취소결정등본 또는 심결등본의 송달에 의하여 특허취소결정 또는 심결이 있는 것을 안 날의 다음 날부터 기산한다.

③ 특허취소결정 또는 심결 확정 후 3년이 지나면 재심을 청구할 수 없다.

④ 재심사유가 특허취소결정 또는 심결 확정 후에 생겼을 때에는 제3항의 기간은 그 사유가 발생한 날의 다음 날부터 기산한다.

⑤ 제1항 및 제3항은 해당 심결 이전의 확정심결에 저촉된다는 이유로 재심을 청구하는 경우에는 적용하지 아니한다.

제181조(재심에 의하여 회복된 특허권의 효력 제한) ① 다음 각 호의 어느 하나에 해당하는 경우에 특허권의 효력은 해당 특허취소결정 또는 심결이 확정된 후 재심청구 등록 전에 선의로 수입하거나 국내에서 생산 또는 취득한 물건에는 미치지 아니한다.

1. 무효가 된 특허권(존속기간이 연장등록된 특허권을 포함한다)이 재심에 의하여 회복된 경우
2. 특허권의 권리범위에 속하지 아니한다는 심결이 확정된 후 재심에 의하여 그 심결과 상반되는 심결이 확정된 경우
3. 거절한다는 취지의 심결이 있었던 특허출원 또는 특허권의 존속기간의 연장등록출원이 재심에 의하여 특허권의 설정등록 또는 특허권의 존속기간의 연장등록이 된 경우
4. 취소된 특허권이 재심에 의하여 회복된 경우

② 제1항 각 호의 어느 하나에 해당하는 경우의 특허권의 효력은 다음 각 호의 어느 하나의 행위에 미치지 아니한다.

1. 해당 특허취소결정 또는 심결이 확정된 후 재심청구 등록 전에 한 해당 발명의 선의의 실시
2. 특허가 물건의 발명인 경우에는 그 물건의 생산에만 사용하는 물건을 해당 특허취소결정 또는 심결이 확정된 후 재심청구 등록 전에 선의로 생산·양도·대여 또는 수입하거

나. 양도 또는 대여의 청약을 하는 행위
3. 특허가 방법의 발명인 경우에는 그 방법의 실시에만 사용하는 물건을 해당 특허취소결정 또는 심결이 확정된 후 재심청구 등록 전에 선의로 생산·양도·대여 또는 수입하거나 양도 또는 대여를 청약하는 행위

제182조(재심에 의하여 회복한 특허권에 대한 선사용자의 통상실시권) 제181조제1항 각 호의 어느 하나에 해당하는 경우에 해당 특허취소결정 또는 심결이 확정된 후 재심청구 등록 전에 국내에서 선의로 그 발명의 실시사업을 하고 있는 자 또는 그 사업을 준비하고 있는 자는 실시하고 있거나 준비하고 있는 발명 및 사업목적의 범위에서 그 특허권에 관하여 통상실시권을 가진다.

제183조(재심에 의하여 통상실시권을 상실한 원권리자의 통상실시권) ① 제138조제1항 또는 제3항에 따라 통상실시권을 허락한다는 심결이 확정된 후 재심에서 그 심결과 상반되는 심결이 확정된 경우에는 재심청구 등록 전에 선의로 국내에서 그 발명의 실시사업을 하고 있는 자 또는 그 사업을 준비하고 있는 자는 원(原)통상실시권의 사업목적 및 발명의 범위에서 그 특허권 또는 재심의 심결이 확정된 당시에 존재하는 전용실시권에 대하여 통상실시권을 가진다.
② 제1항에 따라 통상실시권을 가진 자는 특허권자 또는 전용실시권자에게 상당한 대가를 지급하여야 한다.

제184조(재심에서의 심판규정 등의 준용) 특허취소결정 또는 심판에 대한 재심의 절차에 관하여는 그 성질에 반하지 아니하는 범위에서 특허취소신청 또는 심판의 절차에 관한 규정을 준용한다.

제185조(「민사소송법」의 준용) 재심청구에 관하여는 「민사소송법」 제459조제1항을 준용한다.

제9장 소 송

제186조(심결 등에 대한 소) ① 특허취소결정 또는 심결에 대한 소 및 특허취소신청서·심판청구서·재심청구서의 각하결정에 대한 소는 특허법원의 전속관할로 한다.
② 제1항에 따른 소는 다음 각 호의 자만 제기할 수 있다.
1. 당사자
2. 참가인
3. 해당 특허취소신청의 심리, 심판 또는 재심에 참가신청을 하였으나 신청이 거부된 자
③ 제1항에 따른 소는 심결 또는 결정의 등본을 송달받은 날부터 30일 이내에 제기하여야 한다.
④ 제3항의 기간은 불변기간으로 한다.
⑤ 심판장은 주소 또는 거소가 멀리 떨어진 곳에 있거나 교통이 불편한 지역에 있는 자를 위하여 직권으로 제4항의 불변기간에 대하여 부가기간을 정할 수 있다.
⑥ 특허취소를 신청할 수 있는 사항 또는 심판을 청구할 수 있는 사항에 관한 소는 특허취소결정이나 심결에 대한 것이 아니면 제기할 수 없다.
⑦ 제162조제2항제5호에 따른 대가의 심결 및 제165조제1항에 따른 심판비용의 심결 또는 결정에 대해서는 독립하여 제1항에 따른 소를 제기할 수 없다.
⑧ 제1항에 따른 특허법원의 판결에 대해서는 대법원에 상고할 수 있다.

제187조(피고적격) 제186조제1항에 따라 소를 제기하는 경우에는 특허청장을 피고로 하여야 한다. 다만, 제133조제1항, 제134조제1항 · 제2항, 제135조제1항 · 제2항, 제137조제1항 또는 제138조제1항 · 제3항에 따른 심판 또는 그 재심의 심결에 대한 소를 제기하는 경우에는 그 청구인 또는 피청구인을 피고로 하여야 한다.

제188조(소 제기 통지 및 재판서 정본 송부) ① 법원은 제186조제1항에 따른 소 또는 같은 조 제8항에 따른 상고가 제기되었을 때에는 지체 없이 그 취지를 특허심판원장에게 통지하여야 한다.

② 법원은 제187조 단서에 따른 소에 관하여 소송절차가 완결되었을 때에는 지체 없이 그 사건에 대한 각 심급(審級)의 재판서 정본을 특허심판원장에게 보내야 한다.

제188조의2(기술심리관의 제척 · 기피 · 회피) ① 「법원조직법」 제54조의2에 따른 기술심리관의 제척 · 기피에 관하여는 제148조, 「민사소송법」 제42조부터 제45조까지, 제47조 및 제48조를 준용한다.

② 제1항에 따른 기술심리관에 대한 제척 · 기피의 재판은 그 소속 법원이 결정으로 하여야 한다.

③ 기술심리관은 제척 또는 기피의 사유가 있다고 인정하면 특허법원장의 허가를 받아 회피할 수 있다.

제189조(심결 또는 결정의 취소) ① 법원은 제186조제1항에 따라 소가 제기된 경우에 그 청구가 이유 있다고 인정할 때에는 판결로써 해당 심결 또는 결정을 취소하여야 한다.

② 심판관은 제1항에 따라 심결 또는 결정의 취소판결이 확정되었을 때에는 다시 심리를 하여 심결 또는 결정을 하여야 한다.

③ 제1항에 따른 판결에서 취소의 기본이 된 이유는 그 사건에 대하여 특허심판원을 기속한다.

제190조(보상금 또는 대가에 관한 불복의 소) ① 제41조제3항 · 제4항, 제106조제3항, 제106조의2제3항, 제110조제2항제2호 및 제138조제4항에 따른 보상금 및 대가에 대하여 심결 · 결정 또는 재정을 받은 자가 그 보상금 또는 대가에 불복할 때에는 법원에 소송을 제기할 수 있다.

② 제1항에 따른 소송은 심결 · 결정 또는 재정의 등본을 송달받은 날부터 30일 이내에 제기하여야 한다.

③ 제2항에 따른 기간은 불변기간으로 한다.

제191조(보상금 또는 대가에 관한 소송에서의 피고) 제190조에 따른 소송에서는 다음 각 호의 어느 하나에 해당하는 자를 피고로 하여야 한다.

1. 제41조제3항 및 제4항에 따른 보상금에 대해서는 보상금을 지급하여야 하는 중앙행정기관의 장 또는 출원인
2. 제106조제3항 및 제106조의2제3항에 따른 보상금에 대해서는 보상금을 지급하여야 하는 중앙행정기관의 장, 특허권자, 전용실시권자 또는 통상실시권자
3. 제110조제2항제2호 및 제138조제4항에 따른 대가에 대해서는 통상실시권자 · 전용실시권자 · 특허권자 · 실용신안권자 또는 디자인권자

제191조의2(변리사의 보수와 소송비용) 소송을 대리한 변리사의 보수에 관하여는 「민사소송법」 제109조를 준용한다. 이 경우 "변호사"는 "변리사"로 본다.

제10장 「특허협력조약」에 따른 국제출원

제1절 국제출원절차

제192조(국제출원을 할 수 있는 자) 특허청장에게 국제출원을 할 수 있는 자는 다음 각 호의 어느 하나에 해당하는 자로 한다.

1. 대한민국 국민
2. 국내에 주소 또는 영업소를 가진 외국인
3. 제1호 또는 제2호에 해당하는 자가 아닌 자로서 제1호 또는 제2호에 해당하는 자를 대표자로 하여 국제출원을 하는 자
4. 산업통상자원부령으로 정하는 요건에 해당하는 자

제193조(국제출원) ① 국제출원을 하려는 자는 산업통상자원부령으로 정하는 언어로 작성한 출원서와 발명의 설명 · 청구범위 · 필요한 도면 및 요약서를 특허청장에게 제출하여야 한다.

② 제1항의 출원서에는 다음 각 호의 사항을 적어야 한다.

1. 해당 출원이 「특허협력조약」에 따른 국제출원이라는 표시
2. 해당 출원된 발명의 보호가 필요한 「특허협력조약」 체약국(締約國)의 지정
3. 제2호에 따라 지정된 체약국(이하 "지정국"이라 한다) 중 「특허협력조약」 제2조(iv)의 지역특허를 받으려는 경우에는 그 취지
4. 출원인의 성명이나 명칭 · 주소나 영업소 및 국적
5. 대리인이 있으면 그 대리인의 성명 및 주소나 영업소
6. 발명의 명칭
7. 발명자의 성명 및 주소(지정국의 법령에서 발명자에 관한 사항을 적도록 규정되어 있는 경우만 해당한다)

③ 제1항의 발명의 설명은 그 발명이 속하는 기술분야에서 통상의 지식을 가진 사람이 쉽게 실시할 수 있도록 명확하고 상세하게 적어야 한다.

④ 제1항의 청구범위는 보호를 받으려는 사항을 명확하고 간결하게 적어야 하며, 발명의 설명에 의하여 충분히 뒷받침되어야 한다.

⑤ 제1항부터 제4항까지에서 규정한 사항 외에 국제출원에 관하여 필요한 사항은 산업통상자원부령으로 정한다.

제194조(국제출원일의 인정 등) ① 특허청장은 국제출원이 특허청에 도달한 날을 「특허협력조약」 제11조의 국제출원일(이하 "국제출원일"이라 한다)로 인정하여야 한다. 다만, 다음 각 호의 어느 하나에 해당하는 경우에는 그러하지 아니하다.

1. 출원인이 제192조 각 호의 어느 하나에 해당하지 아니하는 경우
2. 제193조제1항에 따른 언어로 작성되지 아니한 경우
3. 제193조제1항에 따른 발명의 설명 또는 청구범위가 제출되지 아니한 경우
4. 제193조제2항제1호 · 제2호에 따른 사항 및 출원인의 성명이나 명칭을 적지 아니한 경우

② 특허청장은 국제출원이 제1항 각 호의 어느 하나에 해당하는 경우에는 기간을 정하여 서면으로 절차를 보완할 것을 명하여야 한다.

③ 특허청장은 국제출원이 도면에 관하여 적고 있으나 그 출원에 도면이 포함되어 있지 아니하면 그 취지를 출원인에게 통지하여야 한다.

④ 특허청장은 제2항에 따른 절차의 보완명령을 받은 자가 지정된 기간에 보완을 한 경우에는 그 보완에 관계되는 서면의 도달일을, 제3항에 따른 통지를 받은 자가 산업통상자원부령으로 정하는 기간에 도면을 제출한 경우에는 그 도면의 도달일을 국제출원일로 인정하여야 한다. 다만, 제3항에 따른 통지를 받은 자가 산업통상자원부령으로 정하는 기간에 도면을 제출하지 아니한 경우에는 그 도면에 관한 기재는 없는 것으로 본다.

제195조(보정명령) 특허청장은 국제출원이 다음 각 호의 어느 하나에 해당하는 경우에는 기간을 정하여 보정을 명하여야 한다.

1. 발명의 명칭이 적혀 있지 아니한 경우
2. 요약서가 제출되지 아니한 경우
3. 제3조 또는 제197조제3항을 위반한 경우
4. 산업통상자원부령으로 정하는 방식을 위반한 경우

제196조(취하된 것으로 보는 국제출원 등) ① 다음 각 호의 어느 하나에 해당하는 국제출원은 취하된 것으로 본다.

1. 제195조에 따른 보정명령을 받은 자가 지정된 기간에 보정을 하지 아니한 경우
2. 국제출원에 관한 수수료를 산업통상자원부령으로 정하는 기간에 내지 아니하여 「특허협력조약」 제14조(3)(a)에 해당하게 된 경우
3. 제194조에 따라 국제출원일이 인정된 국제출원에 관하여 산업통상자원부령으로 정하는 기간에 그 국제출원이 제194조제1항 각 호의 어느 하나에 해당하는 것이 발견된 경우

② 국제출원에 관하여 내야 할 수수료의 일부를 산업통상자원부령으로 정하는 기간에 내지 아니하여 「특허협력조약」 제14조(3)(b)에 해당하게 된 경우에는 수수료를 내지 아니한 지정국의 지정은 취하된 것으로 본다.

③ 특허청장은 제1항 및 제2항에 따라 국제출원 또는 지정국의 일부가 취하된 것으로 보는 경우에는 그 사실을 출원인에게 알려야 한다.

제197조(대표자 등) ① 2인 이상이 공동으로 국제출원을 하는 경우에 제192조부터 제196조까지 및 제198조에 따른 절차는 출원인의 대표자가 밟을 수 있다.

② 2인 이상이 공동으로 국제출원을 하는 경우에 출원인이 대표자를 정하지 아니한 경우에는 산업통상자원부령으로 정하는 방법에 따라 대표자를 정할 수 있다.

③ 제1항의 절차를 대리인에 의하여 밟으려는 자는 제3조에 따른 법정대리인을 제외하고는 변리사를 대리인으로 하여야 한다.

제198조(수수료) ① 국제출원을 하려는 자는 수수료를 내야 한다.

② 제1항에 따른 수수료, 그 납부방법 및 납부기간 등에 관하여 필요한 사항은 산업통상자원부령으로 정한다.

제198조의2(국제조사 및 국제예비심사) ① 특허청은 「특허협력조약」 제2조(xix)의 국제사무국(이하 "국제사무국"이라 한다)과 체결하는 협정에 따라 국제출원에 대한 국제조사기관 및 국제예비심사기관으로서의 업무를 수행한다.

② 제1항에 따른 업무수행에 필요한 사항은 산업통상자원부령으로 정한다.

제2절 국제특허출원에 관한 특례

제199조(국제출원에 의한 특허출원) ①「특허협력조약」에 따라 국제출원일이 인정된 국제출원으로서 특허를 받기 위하여 대한민국을 지정국으로 지정한 국제출원은 그 국제출원일에 출원된 특허출원으로 본다.

② 제1항에 따라 특허출원으로 보는 국제출원(이하 "국제특허출원"이라 한다)에 관하여는 제42조의2, 제42조의3 및 제54조를 적용하지 아니한다.

제200조(공지 등이 되지 아니한 발명으로 보는 경우의 특례) 국제특허출원된 발명에 관하여 제30조제1항제1호를 적용받으려는 자는 그 취지를 적은 서면 및 이를 증명할 수 있는 서류를 같은 조 제2항에도 불구하고 산업통상자원부령으로 정하는 기간에 특허청장에게 제출할 수 있다.

제200조의2(국제특허출원의 출원서 등) ① 국제특허출원의 국제출원일까지 제출된 출원서는 제42조제1항에 따라 제출된 특허출원서로 본다.

② 국제특허출원의 국제출원일까지 제출된 발명의 설명, 청구범위 및 도면은 제42조제2항에 따른 특허출원서에 최초로 첨부된 명세서 및 도면으로 본다.

③ 국제특허출원에 대해서는 다음 각 호의 구분에 따른 요약서 또는 국어번역문을 제42조제2항에 따른 요약서로 본다.

1. 국제특허출원의 요약서를 국어로 적은 경우: 국제특허출원의 요약서
2. 국제특허출원의 요약서를 외국어로 적은 경우: 제201조제1항에 따라 제출된 국제특허출원의 요약서의 국어번역문(제201조제3항 본문에 따라 새로운 국어번역문을 제출한 경우에는 마지막에 제출한 국제특허출원의 요약서의 국어번역문을 말한다)

제201조(국제특허출원의 국어번역문) ① 국제특허출원을 외국어로 출원한 출원인은「특허협력조약」제2조(xi)의 우선일(이하 "우선일"이라 한다)부터 2년 7개월(이하 "국내서면제출기간"이라 한다) 이내에 다음 각 호의 국어번역문을 특허청장에게 제출하여야 한다. 다만, 국어번역문의 제출기간을 연장하여 달라는 취지를 제203조제1항에 따른 서면에 적어 국내서면제출기간 만료일 전 1개월부터 그 만료일까지 제출한 경우(그 서면을 제출하기 전에 국어번역문을 제출한 경우는 제외한다)에는 국내서면제출기간 만료일부터 1개월이 되는 날까지 국어번역문을 제출할 수 있다.

1. 국제출원일까지 제출한 발명의 설명, 청구범위 및 도면(도면 중 설명부분에 한정한다)의 국어번역문
2. 국제특허출원의 요약서의 국어번역문

② 제1항에도 불구하고 국제특허출원을 외국어로 출원한 출원인이「특허협력조약」제19조(1)에 따라 청구범위에 관한 보정을 한 경우에는 국제출원일까지 제출한 청구범위에 대한 국어번역문을 보정 후의 청구범위에 대한 국어번역문으로 대체하여 제출할 수 있다.

③ 제1항에 따라 국어번역문을 제출한 출원인은 국내서면제출기간(제1항 단서에 따라 취지를 적은 서면이 제출된 경우에는 연장된 국어번역문 제출 기간을 말한다. 이하 이 조에서 같다)에 그 국어번역문을 갈음하여 새로운 국어번역문을 제출할 수 있다. 다만, 출원인이 출원심사의 청구를 한 후에는 그러하지 아니하다.

④ 제1항에 따른 출원인이 국내서면제출기간에 제1항에 따른 발명의 설명 및 청구범위의 국어번역문을 제출하지 아니하면 그 국제특허출원을 취하한 것으로 본다.

⑤ 특허출원인이 국내서면제출기간의 만료일(국내서면제출기간에 출원인이 출원심사의 청구를 한 경우에는 그 청구일을 말하며, 이하 "기준일"이라 한다)까지 제1항에 따라 발명의 설명, 청구범위 및 도면(도면 중 설명부분에 한정한다)의 국어번역문(제3항 본문에 따라 새로운 국어번역문을 제출한 경우에는 마지막에 제출한 국어번역문을 말한다. 이하 이 조에서 "최종 국어번역문"이라 한다)을 제출한 경우에는 국제출원일까지 제출한 발명의 설명, 청구범위 및 도면(도면 중 설명부분에 한정한다)을 최종 국어번역문에 따라 국제출원일에 제47조제1항에 따른 보정을 한 것으로 본다.

⑥ 특허출원인은 제47조제1항 및 제208조제1항에 따라 보정을 할 수 있는 기간에 최종 국어번역문의 잘못된 번역을 산업통상자원부령으로 정하는 방법에 따라 정정할 수 있다. 이 경우 정정된 국어번역문에 관하여는 제5항을 적용하지 아니한다.

⑦ 제6항 전단에 따라 제47조제1항제1호 또는 제2호에 따른 기간에 정정을 하는 경우에는 마지막 정정 전에 한 모든 정정은 처음부터 없었던 것으로 본다.

⑧ 제2항에 따라 보정 후의 청구범위에 대한 국어번역문을 제출하는 경우에는 제204조제1항 및 제2항을 적용하지 아니한다.

제202조(특허출원 등에 의한 우선권 주장의 특례) ① 국제특허출원에 관하여는 제55조제2항 및 제56조제2항을 적용하지 아니한다.

② 제55조제4항을 적용할 때 우선권 주장을 수반하는 특허출원이 국제특허출원인 경우에는 같은 항 중 "특허출원의 출원서에 최초로 첨부된 명세서 또는 도면"은 "국제출원일까지 제출된 발명의 설명, 청구범위 또는 도면"으로, "출원공개되거나"는 "출원공개 또는 「특허협력조약」 제21조에 따라 국제공개되거나"로 본다. 다만, 그 국제특허출원이 제201조제4항에 따라 취하한 것으로 보는 경우에는 제55조제4항을 적용하지 아니한다.

③ 제55조제1항, 같은 조 제3항부터 제5항까지 및 제56조제1항을 적용할 때 선출원이 국제특허출원 또는 「실용신안법」 제34조제2항에 따른 국제실용신안등록출원인 경우에는 다음 각 호에 따른다.

1. 제55조제1항 각 호 외의 부분 본문, 같은 조 제3항 및 제5항 각 호 외의 부분 중 "출원서에 최초로 첨부된 명세서 또는 도면"은 다음 각 목의 구분에 따른 것으로 본다.
   가. 선출원이 국제특허출원인 경우: "국제출원일까지 제출된 국제출원의 발명의 설명, 청구범위 또는 도면"
   나. 선출원이 「실용신안법」 제34조제2항에 따른 국제실용신안등록출원인 경우: "국제출원일까지 제출된 국제출원의 고안의 설명, 청구범위 또는 도면"
2. 제55조제4항 중 "선출원의 출원서에 최초로 첨부된 명세서 또는 도면"은 다음 각 목의 구분에 따른 것으로 보고, "선출원에 관하여 출원공개"는 "선출원에 관하여 출원공개 또는 「특허협력조약」 제21조에 따른 국제공개"로 본다.
   가. 선출원이 국제특허출원인 경우: "선출원의 국제출원일까지 제출된 국제출원의 발명의 설명, 청구범위 또는 도면"
   나. 선출원이 「실용신안법」 제34조제2항에 따른 국제실용신안등록출원인 경우: "선출원의 국제출원일까지 제출된 국제출원의 고안의 설명, 청구범위 또는 도면"
3. 제56조제1항 각 호 외의 부분 본문 중 "그 출원일부터 1년 3개월이 지난 때"는 "국제출원일부터 1년 3개월이 지난 때 또는 제201조제5항이나 「실용신안법」 제35조제5항에 따른 기준일 중 늦은 때"로 본다.

④ 제55조제1항, 같은 조 제3항부터 제5항까지 및 제56조제1항을 적용할 때 제55조제1항

에 따른 선출원이 제214조제4항 또는 「실용신안법」 제40조제4항에 따라 특허출원 또는 실용신안등록출원으로 되는 국제출원인 경우에는 다음 각 호에 따른다.

1. 제55조제1항 각 호 외의 부분 본문, 같은 조 제3항 및 제5항 각 호 외의 부분 중 "출원서에 최초로 첨부된 명세서 또는 도면"은 다음 각 목의 구분에 따른 것으로 본다.
   가. 선출원이 제214조제4항에 따라 특허출원으로 되는 국제출원인 경우: "제214조제4항에 따라 국제출원일로 인정할 수 있었던 날의 국제출원의 발명의 설명, 청구범위 또는 도면"
   나. 선출원이 「실용신안법」 제40조제4항에 따라 실용신안등록출원으로 되는 국제출원인 경우: "「실용신안법」 제40조제4항에 따라 국제출원일로 인정할 수 있었던 날의 국제출원의 고안의 설명, 청구범위 또는 도면"
2. 제55조제4항 중 "선출원의 출원서에 최초로 첨부된 명세서 또는 도면"은 다음 각 목의 구분에 따른 것으로 본다.
   가. 선출원이 제214조제4항에 따라 특허출원으로 되는 국제출원인 경우: "제214조제4항에 따라 국제출원일로 인정할 수 있었던 날의 선출원의 국제출원의 발명의 설명, 청구범위 또는 도면"
   나. 선출원이 「실용신안법」 제40조제4항에 따라 실용신안등록출원으로 되는 국제출원인 경우: "「실용신안법」 제40조제4항에 따라 국제출원일로 인정할 수 있었던 날의 선출원의 국제출원의 고안의 설명, 청구범위 또는 도면"
3. 제56조제1항 각 호 외의 부분 본문 중 "그 출원일부터 1년 3개월이 지난 때"는 "제214조제4항 또는 「실용신안법」 제40조제4항에 따라 국제출원일로 인정할 수 있었던 날부터 1년 3개월이 지난 때 또는 제214조제4항이나 「실용신안법」 제40조제4항에 따른 결정을 한 때 중 늦은 때"로 본다.

제203조(서면의 제출) ① 국제특허출원의 출원인은 국내서면제출기간에 다음 각 호의 사항을 적은 서면을 특허청장에게 제출하여야 한다. 이 경우 국제특허출원을 외국어로 출원한 출원인은 제201조제1항에 따른 국어번역문을 함께 제출하여야 한다.

1. 출원인의 성명 및 주소(법인인 경우에는 그 명칭 및 영업소의 소재지)
2. 출원인의 대리인이 있는 경우에는 그 대리인의 성명 및 주소나 영업소의 소재지[대리인이 특허법인·특허법인(유한)인 경우에는 그 명칭, 사무소의 소재지 및 지정된 변리사의 성명]
3. 발명의 명칭
4. 발명자의 성명 및 주소
5. 국제출원일 및 국제출원번호

② 제1항 후단에도 불구하고 제201조제1항 단서에 따라 국어번역문의 제출기간을 연장하여 달라는 취지를 적어 제1항 전단에 따른 서면을 제출하는 경우에는 국어번역문을 함께 제출하지 아니할 수 있다.

③ 특허청장은 다음 각 호의 어느 하나에 해당하는 경우에는 보정기간을 정하여 보정을 명하여야 한다.

1. 제1항 전단에 따른 서면을 국내서면제출기간에 제출하지 아니한 경우
2. 제1항 전단에 따라 제출된 서면이 이 법 또는 이 법에 따른 명령으로 정하는 방식에 위반되는 경우

④ 제3항에 따른 보정명령을 받은 자가 지정된 기간에 보정을 하지 아니하면 특허청장은

해당 국제특허출원을 무효로 할 수 있다.

제204조(국제조사보고서를 받은 후의 보정) ① 국제특허출원의 출원인은 「특허협력조약」 제19조(1)에 따라 국제조사보고서를 받은 후에 국제특허출원의 청구범위에 관하여 보정을 한 경우 기준일까지(기준일이 출원심사의 청구일인 경우 출원심사의 청구를 한 때까지를 말한다. 이하 이 조 및 제205조에서 같다) 다음 각 호의 구분에 따른 서류를 특허청장에게 제출하여야 한다.

1. 외국어로 출원한 국제특허출원인 경우: 그 보정서의 국어번역문
2. 국어로 출원한 국제특허출원인 경우: 그 보정서의 사본

② 제1항에 따라 보정서의 국어번역문 또는 사본이 제출되었을 때에는 그 보정서의 국어번역문 또는 사본에 따라 제47조제1항에 따른 청구범위가 보정된 것으로 본다. 다만, 「특허협력조약」 제20조에 따라 기준일까지 그 보정서(국어로 출원한 국제특허출원인 경우에 한정한다)가 특허청에 송달된 경우에는 그 보정서에 따라 보정된 것으로 본다.

③ 국제특허출원의 출원인은 「특허협력조약」 제19조(1)에 따른 설명서를 국제사무국에 제출한 경우 다음 각 호의 구분에 따른 서류를 기준일까지 특허청장에게 제출하여야 한다.

1. 외국어로 출원한 국제특허출원인 경우: 그 설명서의 국어번역문
2. 국어로 출원한 국제특허출원인 경우: 그 설명서의 사본

④ 국제특허출원의 출원인이 기준일까지 제1항 또는 제3항에 따른 절차를 밟지 아니하면 「특허협력조약」 제19조(1)에 따른 보정서 또는 설명서는 제출되지 아니한 것으로 본다. 다만, 국어로 출원한 국제특허출원인 경우에 「특허협력조약」 제20조에 따라 기준일까지 그 보정서 또는 그 설명서가 특허청에 송달된 경우에는 그러하지 아니하다.

제205조(국제예비심사보고서 작성 전의 보정) ① 국제특허출원의 출원인은 「특허협력조약」 제34조(2)(b)에 따라 국제특허출원의 발명의 설명, 청구범위 및 도면에 대하여 보정을 한 경우 기준일까지 다음 각 호의 구분에 따른 서류를 특허청장에게 제출하여야 한다.

1. 외국어로 작성된 보정서인 경우: 그 보정서의 국어번역문
2. 국어로 작성된 보정서인 경우: 그 보정서의 사본

② 제1항에 따라 보정서의 국어번역문 또는 사본이 제출되었을 때에는 그 보정서의 국어번역문 또는 사본에 따라 제47조제1항에 따른 명세서 및 도면이 보정된 것으로 본다. 다만, 「특허협력조약」 제36조(3)(a)에 따라 기준일까지 그 보정서(국어로 작성된 보정서의 경우만 해당한다)가 특허청에 송달된 경우에는 그 보정서에 따라 보정된 것으로 본다.

③ 국제특허출원의 출원인이 기준일까지 제1항에 따른 절차를 밟지 아니하면 「특허협력조약」 제34조(2)(b)에 따른 보정서는 제출되지 아니한 것으로 본다. 다만, 「특허협력조약」 제36조(3)(a)에 따라 기준일까지 그 보정서(국어로 작성된 보정서의 경우만 해당한다)가 특허청에 송달된 경우에는 그러하지 아니하다.

제206조(재외자의 특허관리인의 특례) ① 재외자인 국제특허출원의 출원인은 기준일까지는 제5조제1항에도 불구하고 특허관리인에 의하지 아니하고 특허에 관한 절차를 밟을 수 있다.

② 제201조제1항에 따라 국어번역문을 제출한 재외자는 산업통상자원부령으로 정하는 기간에 특허관리인을 선임하여 특허청장에게 신고하여야 한다.

③ 제2항에 따른 선임신고가 없으면 그 국제특허출원은 취하된 것으로 본다.

제207조(출원공개시기 및 효과의 특례) ① 국제특허출원의 출원공개에 관하여 제64조제1항을 적용하는 경우에는 "다음 각 호의 구분에 따른 날부터 1년 6개월이 지난 후"는 "국내서면제출기간(제201조제1항 각 호 외의 부분 단서에 따라 국어번역문의 제출기간을 연장해

달라는 취지를 적은 서면이 제출된 경우에는 연장된 국어번역문 제출 기간을 말한다. 이하 이 항에서 같다)이 지난 후(국내서면제출기간에 출원인이 출원심사의 청구를 한 국제특허출원으로서 「특허협력조약」 제21조에 따라 국제공개된 경우에는 우선일부터 1년 6개월이 되는 날 또는 출원심사의 청구일 중 늦은 날이 지난 후)"로 본다.

② 제1항에도 불구하고 국어로 출원한 국제특허출원에 관하여 제1항에 따른 출원공개 전에 이미 「특허협력조약」 제21조에 따라 국제공개가 된 경우에는 그 국제공개가 된 때에 출원공개가 된 것으로 본다.

③ 국제특허출원의 출원인은 국제특허출원에 관하여 출원공개(국어로 출원한 국제특허출원인 경우 「특허협력조약」 제21조에 따른 국제공개를 말한다. 이하 이 조에서 같다)가 있은 후 국제특허출원된 발명을 업으로 실시한 자에게 국제특허출원된 발명인 것을 서면으로 경고할 수 있다.

④ 국제특허출원의 출원인은 제3항에 따른 경고를 받거나 출원공개된 발명임을 알고도 그 국제특허출원된 발명을 업으로서 실시한 자에게 그 경고를 받거나 출원공개된 발명임을 안 때부터 특허권의 설정등록 시까지의 기간 동안 그 특허발명의 실시에 대하여 합리적으로 받을 수 있는 금액에 상당하는 보상금의 지급을 청구할 수 있다. 다만, 그 청구권은 해당 특허출원이 특허권의 설정등록된 후에만 행사할 수 있다.

제208조(보정의 특례 등) ① 국제특허출원에 관하여는 다음 각 호의 요건을 모두 갖추지 아니하면 제47조제1항에도 불구하고 보정(제204조제2항 및 제205조제2항에 따른 보정은 제외한다)을 할 수 없다.

1. 제82조제1항에 따른 수수료를 낼 것
2. 제201조제1항에 따른 국어번역문을 제출할 것. 다만, 국어로 출원된 국제특허출원인 경우는 그러하지 아니하다.
3. 기준일(기준일이 출원심사의 청구일인 경우 출원심사를 청구한 때를 말한다)이 지날 것

② 삭제

③ 외국어로 출원된 국제특허출원의 보정할 수 있는 범위에 관하여 제47조제2항 전단을 적용할 때에는 "특허출원서에 최초로 첨부한 명세서 또는 도면"은 "국제출원일까지 제출한 발명의 설명, 청구범위 또는 도면"으로 본다.

④ 외국어로 출원된 국제특허출원의 보정할 수 있는 범위에 관하여 제47조제2항 후단을 적용할 때에는 "외국어특허출원"은 "외국어로 출원된 국제특허출원"으로, "최종 국어번역문(제42조의3제6항 전단에 따른 정정이 있는 경우에는 정정된 국어번역문을 말한다) 또는 특허출원서에 최초로 첨부한 도면(도면 중 설명부분은 제외한다)"은 "제201조제5항에 따른 최종 국어번역문(제201조제6항 전단에 따른 정정이 있는 경우에는 정정된 국어번역문을 말한다) 또는 국제출원일까지 제출한 도면(도면 중 설명부분은 제외한다)"으로 본다.

⑤ 삭제

제209조(변경출원시기의 제한) 「실용신안법」 제34조제1항에 따라 국제출원일에 출원된 실용신안등록출원으로 보는 국제출원을 기초로 하여 특허출원으로 변경출원을 하는 경우에는 이 법 제53조제1항에도 불구하고 「실용신안법」 제17조제1항에 따른 수수료를 내고 같은 법 제35조제1항에 따른 국어번역문(국어로 출원된 국제실용신안등록출원의 경우는 제외한다)을 제출한 후(「실용신안법」 제40조제4항에 따라 국제출원일로 인정할 수 있었던 날에 출원된 것으로 보는 국제출원을 기초로 하는 경우에는 같은 항에 따른 결정이 있은 후)에만 변경출원을 할 수 있다.

제210조(출원심사청구시기의 제한) 국제특허출원에 관하여는 제59조제2항에도 불구하고 다음 각 호의 어느 하나에 해당하는 때에만 출원심사의 청구를 할 수 있다.

1. 국제특허출원의 출원인은 제201조제1항에 따라 국어번역문을 제출하고(국어로 출원된 국제특허출원의 경우는 제외한다) 제82조제1항에 따른 수수료를 낸 후
2. 국제특허출원의 출원인이 아닌 자는 국내서면제출기간(제201조제1항 각 호 외의 부분 단서에 따라 국어번역문의 제출기간을 연장하여 달라는 취지를 적은 서면이 제출된 경우에는 연장된 국어번역문 제출 기간을 말한다)이 지난 후

제211조(국제조사보고서 등에 기재된 문헌의 제출명령) 특허청장은 국제특허출원의 출원인에 대하여 기간을 정하여 「특허협력조약」 제18조의 국제조사보고서 또는 같은 조약 제35조의 국제예비심사보고서에 적혀 있는 문헌의 사본을 제출하게 할 수 있다.

제212조 삭제

제213조 삭제

제214조(결정에 의하여 특허출원으로 되는 국제출원) ① 국제출원의 출원인은 「특허협력조약」 제4조(1)(ii)의 지정국에 대한민국을 포함하는 국제출원(특허출원만 해당한다)이 다음 각 호의 어느 하나에 해당하는 경우 산업통상자원부령으로 정하는 기간에 산업통상자원부령으로 정하는 바에 따라 특허청장에게 같은 조약 제25조(2)(a)에 따른 결정을 하여줄 것을 신청할 수 있다.

1. 「특허협력조약」 제2조(xv)의 수리관청이 그 국제출원에 대하여 같은 조약 제25조(1)(a)에 따른 거부를 한 경우
2. 「특허협력조약」 제2조(xv)의 수리관청이 그 국제출원에 대하여 같은 조약 제25조(1)(a) 또는 (b)에 따른 선언을 한 경우
3. 국제사무국이 그 국제출원에 대하여 같은 조약 제25조(1)(a)에 따른 인정을 한 경우

② 제1항의 신청을 하려는 자는 그 신청 시 발명의 설명, 청구범위 또는 도면(도면 중 설명부분에 한정한다), 그 밖에 산업통상자원부령으로 정하는 국제출원에 관한 서류의 국어번역문을 특허청장에게 제출하여야 한다.

③ 특허청장은 제1항의 신청이 있으면 그 신청에 관한 거부 · 선언 또는 인정이 「특허협력조약」 및 같은 조약규칙에 따라 정당하게 된 것인지에 관하여 결정을 하여야 한다.

④ 특허청장은 제3항에 따라 그 거부 · 선언 또는 인정이 「특허협력조약」 및 같은 조약규칙에 따라 정당하게 된 것이 아니라고 결정을 한 경우에는 그 결정에 관한 국제출원은 그 국제출원에 대하여 거부 · 선언 또는 인정이 없었다면 국제출원일로 인정할 수 있었던 날에 출원된 특허출원으로 본다.

⑤ 특허청장은 제3항에 따른 정당성 여부의 결정을 하는 경우에는 그 결정의 등본을 국제출원의 출원인에게 송달하여야 한다.

⑥ 제4항에 따라 특허출원으로 보는 국제출원에 관하여는 제199조제2항, 제200조, 제200조의2, 제201조제5항부터 제8항까지, 제202조제1항 · 제2항, 제208조 및 제210조를 준용한다.

⑦ 제4항에 따라 특허출원으로 보는 국제출원에 관한 출원공개에 관하여는 제64조제1항 중 "다음 각 호의 구분에 따른 날"을 "제201조제1항의 우선일"로 본다.

제11장 보　칙 〈개정 2014. 6. 11.〉

제215조(둘 이상의 청구항이 있는 특허 또는 특허권에 관한 특칙) 둘 이상의 청구항이 있는 특허 또는 특허권에 관하여 제65조제6항, 제84조제1항제2호 · 제6호, 제85조제1항제1호(소멸의 경우만 해당한다), 제101조제1항제1호, 제104조제1항제1호 · 제3호 · 제5호, 제119조제1항, 제132조의13제3항, 제133조제2항 · 제3항, 제136조제7항, 제139조제1항, 제181조, 제182조 또는 「실용신안법」 제26조제1항제2호 · 제4호 · 제5호를 적용할 때에는 청구항마다 특허가 되거나 특허권이 있는 것으로 본다.

제215조의2(둘 이상의 청구항이 있는 특허출원의 등록에 관한 특칙) ① 둘 이상의 청구항이 있는 특허출원에 대한 특허결정을 받은 자가 특허료를 낼 때에는 청구항별로 이를 포기할 수 있다.

② 제1항에 따른 청구항의 포기에 관하여 필요한 사항은 산업통상자원부령으로 정한다.

제216조(서류의 열람 등) ① 특허출원, 특허취소신청, 심판 등에 관한 증명, 서류의 등본 또는 초본의 발급, 특허원부 및 서류의 열람 또는 복사가 필요한 자는 특허청장 또는 특허심판원장에게 서류의 열람 등의 허가를 신청할 수 있다.

② 특허청장 또는 특허심판원장은 제1항의 신청이 있더라도 다음 각 호의 어느 하나에 해당하는 서류를 비밀로 유지할 필요가 있다고 인정하는 경우에는 그 서류의 열람 또는 복사를 허가하지 아니할 수 있다.

1. 출원공개 또는 설정등록되지 아니한 특허출원(제55조제1항에 따른 우선권 주장을 수반하는 특허출원이 출원공개 또는 설정등록된 경우에는 그 선출원은 제외한다)에 관한 서류
2. 출원공개 또는 설정등록되지 아니한 특허출원의 제132조의17에 따른 특허거절결정에 대한 심판에 관한 서류
3. 공공의 질서 또는 선량한 풍속에 어긋나거나 공중의 위생을 해칠 우려가 있는 서류

제217조(특허출원 등에 관한 서류 등의 반출 및 감정 등의 금지) ① 특허출원 · 심사 · 특허취소신청 · 심판 · 재심에 관한 서류 또는 특허원부는 다음 각 호의 어느 하나에 해당하는 경우에만 외부로 반출할 수 있다.

1. 제58조제1항, 제3항 또는 제4항에 따른 선행기술의 조사 등을 위하여 특허출원 또는 심사에 관한 서류를 반출하는 경우

1의2. 제164조의2제2항에 따른 조정을 위하여 특허출원 · 심사 · 특허취소신청 · 심판 · 재심에 관한 서류 또는 특허원부를 반출하는 경우

2. 제217조의2제1항에 따른 특허문서 전자화업무의 위탁을 위하여 특허출원 · 심사 · 특허취소신청 · 심판 · 재심에 관한 서류 또는 특허원부를 반출하는 경우
3. 「전자정부법」 제32조제2항에 따른 온라인 원격근무를 위하여 특허출원 · 심사 · 특허취소신청 · 심판 · 재심에 관한 서류 또는 특허원부를 반출하는 경우
4. 외국 특허청 또는 국제기구와의 업무협약을 이행하기 위하여 특허출원 또는 심사에 관한 서류를 반출하는 경우

② 특허출원 · 심사 · 특허취소신청 · 심판 또는 재심으로 계속 중인 사건의 내용이나 특허여부결정 · 심결 또는 결정의 내용에 관하여는 감정 · 증언하거나 질의에 응답할 수 없다.

③ 제1항제4호에 따른 반출 요건 · 절차, 서류의 종류 등에 필요한 사항은 산업통상자원부령으로 정한다.

제217조의2(특허문서 전자화업무의 대행) ① 특허청장은 특허에 관한 절차를 효율적으로 처리하기 위하여 필요하다고 인정하면 특허출원 · 심사 · 특허취소신청 · 심판 · 재심에 관한 서류 또는 특허원부를 전산정보처리조직과 전산정보처리조직의 이용기술을 활용하여 전자화하는 업무 또는 이와 유사한 업무(이하 "특허문서 전자화업무"라 한다)를 산업통상자원부령으로 정하는 시설 및 인력을 갖춘 법인에게 위탁하여 수행하게 할 수 있다.

② 삭제

③ 제1항에 따라 특허문서 전자화업무를 위탁받은 자(이하 "특허문서 전자화기관"이라 한다)의 임직원이거나 임직원이었던 사람은 직무상 알게 된 특허출원 중의 발명에 관하여 비밀을 누설하거나 도용하여서는 아니 된다.

④ 특허청장은 제28조의3제1항에 따른 전자문서로 제출되지 아니한 특허출원서나 그 밖에 산업통상자원부령으로 정하는 서류를 제1항에 따라 전자화하고, 특허청 또는 특허심판원에서 사용하는 전산정보처리조직의 파일에 수록할 수 있다.

⑤ 제4항에 따라 파일에 수록된 내용은 해당 서류에 적혀 있는 내용과 같은 것으로 본다.

⑥ 특허문서 전자화업무의 수행방법, 그 밖에 특허문서 전자화업무 수행에 필요한 사항은 산업통상자원부령으로 정한다.

⑦ 특허청장은 특허문서 전자화기관이 제1항에 따른 산업통상자원부령으로 정하는 시설 및 인력기준을 충족하지 못하는 경우 또는 임직원이 직무상 알게 된 특허출원 중인 발명에 관하여 비밀을 누설하거나 도용한 경우에는 시정조치를 요구할 수 있으며, 특허문서 전자화기관이 시정조치 요구에 따르지 아니하는 경우에는 특허문서 전자화업무의 위탁을 취소할 수 있다. 이 경우 미리 의견을 진술할 기회를 주어야 한다.

제218조(서류의 송달) 이 법에 규정된 서류의 송달절차 등에 관하여 필요한 사항은 대통령령으로 정한다.

제219조(공시송달) ① 서류를 송달받을 자의 주소나 영업소가 분명하지 아니하여 송달할 수 없는 경우에는 공시송달(公示送達)을 하여야 한다.

② 공시송달은 서류를 송달받을 자에게 어느 때라도 발급한다는 뜻을 특허공보에 게재하는 것으로 한다.

③ 최초의 공시송달은 특허공보에 게재한 날부터 2주일이 지나면 그 효력이 발생한다. 다만, 같은 당사자에 대한 이후의 공시송달은 특허공보에 게재한 날의 다음 날부터 효력이 발생한다.

제220조(재외자에 대한 송달) ① 재외자로서 특허관리인이 있으면 그 재외자에게 송달할 서류는 특허관리인에게 송달하여야 한다.

② 재외자로서 특허관리인이 없으면 그 재외자에게 송달할 서류는 항공등기우편으로 발송할 수 있다.

③ 제2항에 따라 서류를 항공등기우편으로 발송한 경우에는 그 발송일에 송달된 것으로 본다.

제221조(특허공보) ① 특허청장은 대통령령으로 정하는 바에 따라 특허공보를 발행하여야 한다.

② 특허공보는 산업통상자원부령으로 정하는 바에 따라 전자적 매체로 발행할 수 있다.

③ 특허청장은 전자적 매체로 특허공보를 발행하는 경우에는 정보통신망을 활용하여 특허공보의 발행사실 · 주요목록 및 공시송달에 관한 사항을 알려야 한다.

제222조(서류의 제출 등) 특허청장 또는 심사관은 당사자에게 특허취소신청, 심판 또는 재심에 관한 절차 외의 절차를 처리하기 위하여 필요한 서류나 그 밖의 물건의 제출을 명할 수 있다.

제223조(특허표시 및 특허출원표시) ① 특허권자, 전용실시권자 또는 통상실시권자는 다음 각 호의 구분에 따른 방법으로 특허표시를 할 수 있다.

1. 물건의 특허발명의 경우: 그 물건에 "특허"라는 문자와 그 특허번호를 표시
2. 물건을 생산하는 방법의 특허발명의 경우: 그 방법에 따라 생산된 물건에 "방법특허"라는 문자와 그 특허번호를 표시
3. 삭제

② 특허출원인은 다음 각 호의 구분에 따른 방법으로 특허출원의 표시(이하 "특허출원표시"라 한다)를 할 수 있다.

1. 물건의 특허출원의 경우: 그 물건에 "특허출원(심사중)"이라는 문자와 그 출원번호를 표시
2. 물건을 생산하는 방법의 특허출원의 경우: 그 방법에 따라 생산된 물건에 "방법특허출원(심사중)"이라는 문자와 그 출원번호를 표시

③ 제1항 또는 제2항에 따른 특허표시 또는 특허출원표시를 할 수 없는 물건의 경우에는 그 물건의 용기 또는 포장에 특허표시 또는 특허출원표시를 할 수 있다.

④ 그 밖에 특허표시 또는 특허출원표시에 필요한 사항은 산업통상자원부령으로 정한다.

제224조(허위표시의 금지) 누구든지 다음 각 호의 어느 하나에 해당하는 행위를 하여서는 아니 된다.

1. 특허된 것이 아닌 물건, 특허출원 중이 아닌 물건, 특허된 것이 아닌 방법이나 특허출원 중이 아닌 방법에 의하여 생산한 물건 또는 그 물건의 용기나 포장에 특허표시 또는 특허출원표시를 하거나 이와 혼동하기 쉬운 표시를 하는 행위
2. 제1호의 표시를 한 것을 양도·대여 또는 전시하는 행위
3. 제1호의 물건을 생산·사용·양도 또는 대여하기 위하여 광고·간판 또는 표찰에 그 물건이 특허나 특허출원된 것 또는 특허된 방법이나 특허출원 중인 방법에 따라 생산한 것으로 표시하거나 이와 혼동하기 쉬운 표시를 하는 행위
4. 특허된 것이 아닌 방법이나 특허출원 중이 아닌 방법을 사용·양도 또는 대여하기 위하여 광고·간판 또는 표찰에 그 방법이 특허 또는 특허출원된 것으로 표시하거나 이와 혼동하기 쉬운 표시를 하는 행위

제224조의2(불복의 제한) ① 보정각하결정, 특허여부결정, 특허취소결정, 심결이나 특허취소신청서·심판청구서·재심청구서의 각하결정에 대해서는 다른 법률에 따른 불복을 할 수 없으며, 이 법에 따라 불복할 수 없도록 규정되어 있는 처분에 대해서는 다른 법률에 따라 불복을 할 수 없다.

② 제1항에 따른 처분 외의 처분의 불복에 대해서는 「행정심판법」 또는 「행정소송법」에 따른다.

제224조의3(비밀유지명령) ① 법원은 특허권 또는 전용실시권의 침해에 관한 소송에서 그 당사자가 보유한 영업비밀에 대하여 다음 각 호의 사유를 모두 소명한 경우에는 그 당사자의 신청에 따라 결정으로 다른 당사자(법인인 경우에는 그 대표자), 당사자를 위하여 소송을 대리하는 자, 그 밖에 그 소송으로 인하여 영업비밀을 알게 된 자에게 그 영업비밀을 그 소송의 계속적인 수행 외의 목적으로 사용하거나 그 영업비밀에 관계된 이 항에 따른 명령을 받은 자 외의 자에게 공개하지 아니할 것을 명할 수 있다. 다만, 그 신청 시점까지 다른 당사자(법인인 경우에는 그 대표자), 당사자를 위하여 소송을 대리하는 자, 그 밖에 그 소송으로 인하여 영업비밀을 알게 된 자가 제1호에 규정된 준비서면의 열람이나 증거조사 외의 방법으로 그 영업비밀을 이미 취득하고 있는 경우에는 그러하지 아니하다.

1. 이미 제출하였거나 제출하여야 할 준비서면, 이미 조사하였거나 조사하여야 할 증거 또는 제132조제3항에 따라 제출하였거나 제출하여야 할 자료에 영업비밀이 포함되어 있다는 것
2. 제1호의 영업비밀이 해당 소송 수행 외의 목적으로 사용되거나 공개되면 당사자의 영업에 지장을 줄 우려가 있어 이를 방지하기 위하여 영업비밀의 사용 또는 공개를 제한할 필요가 있다는 것

② 제1항에 따른 명령(이하 "비밀유지명령"이라 한다)의 신청은 다음 각 호의 사항을 적은 서면으로 하여야 한다.

1. 비밀유지명령을 받을 자
2. 비밀유지명령의 대상이 될 영업비밀을 특정하기에 충분한 사실
3. 제1항 각 호의 사유에 해당하는 사실

③ 법원은 비밀유지명령이 결정된 경우에는 그 결정서를 비밀유지명령을 받은 자에게 송달하여야 한다.

④ 비밀유지명령은 제3항의 결정서가 비밀유지명령을 받은 자에게 송달된 때부터 효력이 발생한다.

⑤ 비밀유지명령의 신청을 기각하거나 각하한 재판에 대해서는 즉시항고를 할 수 있다.

제224조의4(비밀유지명령의 취소) ① 비밀유지명령을 신청한 자 또는 비밀유지명령을 받은 자는 제224조의3제1항에 따른 요건을 갖추지 못하였거나 갖추지 못하게 된 경우 소송기록을 보관하고 있는 법원(소송기록을 보관하고 있는 법원이 없는 경우에는 비밀유지명령을 내린 법원)에 비밀유지명령의 취소를 신청할 수 있다.

② 법원은 비밀유지명령의 취소신청에 대한 재판이 있는 경우에는 그 결정서를 그 신청을 한 자 및 상대방에게 송달하여야 한다.

③ 비밀유지명령의 취소신청에 대한 재판에 대해서는 즉시항고를 할 수 있다.

④ 비밀유지명령을 취소하는 재판은 확정되어야 효력이 발생한다.

⑤ 비밀유지명령을 취소하는 재판을 한 법원은 비밀유지명령의 취소신청을 한 자 또는 상대방 외에 해당 영업비밀에 관한 비밀유지명령을 받은 자가 있는 경우에는 그 자에게 즉시 비밀유지명령의 취소 재판을 한 사실을 알려야 한다.

제224조의5(소송기록 열람 등의 청구 통지 등) ① 비밀유지명령이 내려진 소송(모든 비밀유지명령이 취소된 소송은 제외한다)에 관한 소송기록에 대하여 「민사소송법」 제163조제1항의 결정이 있었던 경우, 당사자가 같은 항에서 규정하는 비밀 기재부분의 열람 등의 청구를 하였으나 그 청구 절차를 해당 소송에서 비밀유지명령을 받지 아니한 자가 밟은 경우에는 법원서기관, 법원사무관, 법원주사 또는 법원주사보(이하 이 조에서 "법원사무관등"이라 한다)는 「민사소송법」 제163조제1항의 신청을 한 당사자(그 열람 등의 청구를 한 자는 제외한다. 이하 제3항에서 같다)에게 그 청구 직후에 그 열람 등의 청구가 있었다는 사실을 알려야 한다.

② 제1항의 경우에 법원사무관등은 제1항의 청구가 있었던 날부터 2주일이 지날 때까지(그 청구 절차를 밟은 자에 대한 비밀유지명령 신청이 그 기간 내에 이루어진 경우에는 그 신청에 대한 재판이 확정되는 시점까지) 그 청구 절차를 밟은 자에게 제1항의 비밀 기재부분의 열람 등을 하게 하여서는 아니 된다.

③ 제2항은 제1항의 열람 등의 청구를 한 자에게 제1항의 비밀 기재부분의 열람 등을 하게 하는 것에 대하여 「민사소송법」 제163조제1항의 신청을 한 당사자 모두가 동의하는 경우

에는 적용되지 아니한다.

제12장 벌 칙

제225조(침해죄) ① 특허권 또는 전용실시권을 침해한 자는 7년 이하의 징역 또는 1억원 이하의 벌금에 처한다.

② 제1항의 죄는 피해자의 명시적인 의사에 반하여 공소(公訴)를 제기할 수 없다.

제226조(비밀누설죄 등) ① 특허청 또는 특허심판원 소속 직원이거나 직원이었던 사람이 특허출원 중인 발명(국제출원 중인 발명을 포함한다)에 관하여 직무상 알게 된 비밀을 누설하거나 도용한 경우에는 5년 이하의 징역 또는 5천만원 이하의 벌금에 처한다.

② 전문심리위원 또는 전문심리위원이었던 자가 그 직무수행 중에 알게 된 다른 사람의 비밀을 누설하는 경우에는 2년 이하의 징역이나 금고 또는 1천만원 이하의 벌금에 처한다.

제226조의2(전문기관 등의 임직원에 대한 공무원 의제) ① 제58조제2항에 따른 전문기관, 제58조제3항에 따른 전담기관 또는 특허문서 전자화기관의 임직원이거나 임직원이었던 사람은 제226조제1항을 적용하는 경우에는 특허청 소속 직원 또는 직원이었던 사람으로 본다.

② 전문심리위원은 「형법」 제129조부터 제132조까지의 규정을 적용할 때에는 공무원으로 본다.

제227조(위증죄) ① 이 법에 따라 선서한 증인, 감정인 또는 통역인이 특허심판원에 대하여 거짓으로 진술·감정 또는 통역을 한 경우에는 5년 이하의 징역 또는 5천만원 이하의 벌금에 처한다.

② 제1항에 따른 죄를 범한 자가 그 사건의 특허취소신청에 대한 결정 또는 심결이 확정되기 전에 자수한 경우에는 그 형을 감경 또는 면제할 수 있다.

제228조(허위표시의 죄) 제224조를 위반한 자는 3년 이하의 징역 또는 3천만원 이하의 벌금에 처한다.

제229조(거짓행위의 죄) 거짓이나 그 밖의 부정한 행위로 특허, 특허권의 존속기간의 연장등록, 특허취소신청에 대한 결정 또는 심결을 받은 자는 3년 이하의 징역 또는 3천만원 이하의 벌금에 처한다.

제229조의2(비밀유지명령 위반죄) ① 국내외에서 정당한 사유 없이 제224조의3제1항에 따른 비밀유지명령을 위반한 자는 5년 이하의 징역 또는 5천만원 이하의 벌금에 처한다.

② 제1항의 죄는 비밀유지명령을 신청한 자의 고소가 없으면 공소를 제기할 수 없다.

제230조(양벌규정) 법인의 대표자나 법인 또는 개인의 대리인, 사용인, 그 밖의 종업원이 그 법인 또는 개인의 업무에 관하여 제225조제1항, 제228조 또는 제229조의 어느 하나에 해당하는 위반행위를 하면 그 행위자를 벌하는 외에 그 법인에는 다음 각 호의 구분에 따른 벌금형을, 그 개인에게는 해당 조문의 벌금형을 과(科)한다. 다만, 법인 또는 개인이 그 위반행위를 방지하기 위하여 해당 업무에 관하여 상당한 주의와 감독을 게을리하지 아니한 경우에는 그러하지 아니하다.

1. 제225조제1항의 경우: 3억원 이하의 벌금
2. 제228조 또는 제229조의 경우: 6천만원 이하의 벌금

제231조(몰수 등) ① 제225조제1항에 해당하는 침해행위를 조성한 물건 또는 그 침해행위로부터 생긴 물건은 몰수하거나 피해자의 청구에 따라 그 물건을 피해자에게 교부할 것을 선

고하여야 한다.

② 피해자는 제1항에 따른 물건을 받은 경우에는 그 물건의 가액을 초과하는 손해액에 대해서만 배상을 청구할 수 있다.

제232조(과태료) ① 다음 각 호의 어느 하나에 해당하는 자에게는 50만원 이하의 과태료를 부과한다.

1. 「민사소송법」 제299조제2항 및 같은 법 제367조에 따라 선서를 한 자로서 특허심판원에 대하여 거짓 진술을 한 자
2. 특허심판원으로부터 증거조사 또는 증거보전에 관하여 서류나 그 밖의 물건 제출 또는 제시의 명령을 받은 자로서 정당한 이유 없이 그 명령에 따르지 아니한 자
3. 특허심판원으로부터 증인 · 감정인 또는 통역인으로 소환된 자로서 정당한 이유 없이 소환에 따르지 아니하거나 선서 · 진술 · 증언 · 감정 또는 통역을 거부한 자

② 제1항에 따른 과태료는 대통령령으로 정하는 바에 따라 특허청장이 부과 · 징수한다.

참고문헌

특허청, 조문별.쟁점별 최근 특허판례, 2015

정승복, 해외특허분쟁 가이드북, 2008

최철 외 3인, 지식재산금융, 2013

특허청, 표준특허 길라잡이, 2016

특허청, 지식재산과 경영전략, 2015

특허청, 정부 R&D 효율화를 위한 정부 R&D 특허기술동향조사 사업 유형별 사례집, 2016

특허청, 사례 중심의 지식재산 경영 매뉴얼, 2008

특허청, 지식재산의 이해, 2019

특허청, 이공계를 위한 특허의 이해, 2012

특허청, 지식재산 입문, 2023

한규남, 이성수, 특허 전략이 미래를 바꾼다, 2015

김석준, 제7판 신 각주특허법, 2016

김석준, 제3판 특허법의 적용 및 사례, 2016

전자신문 2014년 7월 31일 3면

LG 스타일러 홈페이지, 삼성 BESPOKE 에어드레서 홈페이지

권동준, 김지웅, 박소라, 전자신문 2023년 1월 1일, 신년기획-반 · 디 · 배 공급망 진단...여전히 먼 소부장 독립

윤석철, 프린시피아 매네지멘타(Principia Managementa)

박규호, 지식재산연구 제6권 제4호(2011. 12), 전략적 특허경영의 구조와 주요 이슈에 대한 개념적 고찰, 189쪽

특허청, 기술보호 최적화를 위한 지식재산 믹스(IP-MIX) 전략 매뉴얼, 2023

특허청 보도자료 2023. 3. 23. '특허청, 우리기업 괴롭히는 해외 특허관리기업(NPE) 대응대책 발표'

매일경제 2022. 2. 22. '이러려고 한국 기술 샀구나 ... 특허괴물, 한국기업 무차별 공격'

호주연방과학원, www.csiro.au

특허청, 글로벌 시대 경쟁력 확보를 위한 알기쉬운 표준특허 핸드북, 2011

연합뉴스, 2016년 12월 28일 기사내용

한국발명진흥회, 창업을 부르는 발명과 특허, 2014

특허청, 특허관점의 R&D 혁신전략, 2016

Tim Hurison, THINK BETTER

특허청, 특허 · 실용신안 심사기준, www.kipo.go.kr

특허청/국제지식재산연수원, 제4차 산업혁명 기술과 지식재산권, 2019

특허청, www.kipo.go.kr

특허청, 파라미터발명의 사례분석 및 특허전략연구, 2009

Bregonje, M., World Patent Information. 2005

특허청, 국가 R&D 특허기술조사사업을 위한 맞춤형 특허정보활용 매뉴얼, 2008

특허청, 글로벌 기술패권 경쟁 대응을 위한 특허정보 분석 서비스 제공방안, 2021

특허청, 특허 빅데이터를 활용한 산업혁신전략, 2019

특허청, 특허법, 특허법시행령, 특허법시행규칙

PCT(Patent Cooperation Treaty, 특허협력조약) 홈페이지, www.pct.go.kr
한국발명진흥회, www.ipat.or.kr
Ian MacMillan, Industrial Research Institute "Crafting R&D Project Portfolio", 2002
김위찬, 르네 마보안, 블루오션 전략, 2005
STEMI Consulting, Advanced TRM 실무매뉴얼
한국발명진흥회, smart.kipa.org
산업통상자원부, 기술가치평가 실무가이드, 2017
한국특허전략개발원, 기술가치 평가 연계 IP-R&D 사업
기술의 이전 및 사업화 촉진에 관한 법률
한국특허전략개발원, IP기반 기술이전(수요기반 발명 인터뷰) 사업
특허청, 지식재산 금융투자 활성화 추진전략, 2020
반도체집적회로의 배치설계에 관한 법률
대한변리사회, 특허와상표 562호
이재웅, 수치한정발명과 파라미터발명, 2003

〈저자 약력〉

권기섭 교수
(현) 숭실대학교 지식재산(IP) 교수
(전) 한국특허전략개발원 본부장
(전) 한국특허전략개발원 특허전문위원
(전) ㈜LG화학 기술연구원 특허/연구기획 부장

전삼현 교수
(현) 숭실대학교 법과대학 법학과 교수
(전) 삼성SRA자산운용 사외이사
(전) 삼성증권 사외이사(이사회의장)
(전) 한국자산관리공사 사외이사

특허경영 가이드 북

초판 인쇄 2023년 11월 6일
초판 발행 2023년 11월 10일

저　　자 · 권기섭·전삼현
발 행 인 · 현근택
발 행 처 · 화산미디어

주　　소 · 경기도 고양시 덕양구 용현로 10, 507-102 (행신동, 무원마을)
신　　고 · 2009년 2월 16일/제395-2009-000012호
전　　화 · 031-971-6928
팩　　스 · 031-971-6929
홈페이지 · www.hwasanm.com

정 가 20,000원
ISBN 979-11-5977-069-2 (93360)